新时代外国语言文学
新发展研究丛书

总主编　罗选民　庄智象

教育语言学新发展研究

赖良涛 / 著

清华大学出版社
北京

内 容 简 介

语言在教育中的核心作用自古以来就受到人们的关注,但真正从学术角度关注语言与教育的互动关系还是最近几十年的事。教育语言学是从语言角度来研究教育教学规律的新兴学科,在其40多年的历史发展中,取得了很大成果,也存在一些不足。本书全面阐述教育语言学的内涵、外延、特征、属性,梳理其发展动力和研究现状,总结学科出现的理论体系和研究方法,评述新世纪以来的最新研究实践,梳理学科的本土化成果和所形成的主要研究范式,并展望未来的研究方向,对于我国和国际教育语言学的长足发展具有重要意义。

版权所有,侵权必究。举报:010-62782989,beiqinquan@tup.tsinghua.edu.cn。

图书在版编目(CIP)数据

教育语言学新发展研究 / 赖良涛著. —北京:清华大学出版社,2021.11
(新时代外国语言文学新发展研究丛书)
ISBN 978-7-302-57332-6

Ⅰ.①教… Ⅱ.①赖… Ⅲ.①教育学—语言学—研究 Ⅳ.①H09

中国版本图书馆 CIP 数据核字(2021)第 016128 号

策划编辑:郝建华
责任编辑:郝建华 倪雅莉
封面设计:黄华斌
责任校对:王荣静
责任印制:丛怀宇

出版发行:清华大学出版社
网　　址:http://www.tup.com.cn, http://www.wqbook.com
地　　址:北京清华大学学研大厦A座　邮　编:100084
社 总 机:010-62770175　邮　购:010-62786544
投稿与读者服务:010-62776969, c-service@tup.tsinghua.edu.cn
质量反馈:010-62772015, zhiliang@tup.tsinghua.edu.cn

印 刷 者:大厂回族自治县彩虹印刷有限公司
装 订 者:三河市启晨纸制品加工有限公司
经　　销:全国新华书店
开　　本:155mm×230mm　印　张:16.25　字　数:252 千字
版　　次:2021 年 12 月第 1 版　印　次:2021 年 12 月第 1 次印刷
定　　价:108.00 元

产品编号:088076-01

中国英汉语比较研究会
"新时代外国语言文学新发展研究丛书"
编委会名单

总主编

罗选民　庄智象

编委
（按姓氏拼音排序）

蔡基刚	陈　桦	陈　琳	邓联健	董洪川
董燕萍	顾曰国	韩子满	何　伟	胡开宝
黄国文	黄忠廉	李清平	李正栓	梁茂成
林克难	刘建达	刘正光	卢卫中	穆　雷
牛保义	彭宣维	冉永平	尚　新	沈　园
束定芳	司显柱	孙有中	屠国元	王东风
王俊菊	王克非	王　蔷	王文斌	王　寅
文秋芳	文卫平	文　旭	辛　斌	严辰松
杨连瑞	杨文地	杨晓荣	俞理明	袁传有
查明建	张春柏	张　旭	张跃军	周领顺

总　　序

外国语言文学是我国人文社会科学的一个重要组成部分。自1862年同文馆始建，我国的外国语言文学学科已历经一百五十余年。一百多年来，外国语言文学学科一直伴随着国家的发展、社会的变迁而发展壮大，推动了社会的进步，促进了政治、经济、文化、教育、科技、外交等各项事业的发展，增强了与国际社会的交流、沟通与合作，每个发展阶段无不体现出时代的要求和特征。

20世纪之前，中国语言研究的关注点主要在语文学和训诂学层面，由于"字"研究是核心，缺乏区分词类的语法标准，语法分析经常是拿孤立词的意义作为基本标准。1898年诞生了中国第一部语法著作《马氏文通》，尽管"字"研究仍然占据主导地位，但该书宣告了语法作为独立学科的存在，预示着语言学这块待开垦的土地即将迎来生机盎然的新纪元。1919年，反帝反封建的"五四运动"掀起了中国新文化运动的浪潮，语言文学研究（包括外国语言文学研究）得到蓬勃发展。中华人民共和国成立后，尤其是改革开放以来，外国语言文学学科的发展势头持续迅猛。至20世纪末，学术体系日臻完善，研究理念、方法、手段等日趋科学、先进，几乎达到与国际研究领先水平同频共振的程度，取得了令人瞩目的成绩，有力地推动和促进了人文社会科学的建设，并支持和服务于改革开放和各项事业的发展。

无独有偶，在处于转型时期的"五四运动"前后，翻译成为显学，成为了解外国文化、思想、教育、科技、政治和社会的重要途径和窗口，成为改造旧中国的利器。在那个时期，翻译家由边缘走向中国的学术中心，一批著名思想家、翻译家，通过对外国语言文学的文献和作品的译介塑造了中国现代性，其学术贡献彪炳史册，为中国学术培育做出了重大贡献。许多西方学术理论、学科都是经过翻译才得以为中国高校所熟悉和接受，如王国维翻译教育学和农学的基础读本、吴宓翻译哈佛大学白璧德的新人文主义美学作品等。这些翻译文本从一个侧面促成了中国高等教育学科体系的发展和完善，社会学、人类学、民俗学、美学、教育学等，几乎都是在这一时期得以创建和发展的。翻译服务对于文化交流交融和促进文明互鉴，功不可没，而翻译学也在经历了语文学、语言学、文化学等转向之后，日趋成熟，如今在让中国了解世界、让世界了解中国，尤其是"一带一路"建设、人类命运共同体构建，讲好中国故事、传递好中国声音等方面承担着重要使命与责任，任重而道远。

20世纪初，外国文学深刻地影响了中国现代文学的形成，犹如鲁迅所言，要学普罗米修斯，为中国的旧文学窃来"天国之火"，发出中国文学革命的呐喊，在直面人生、救治心灵、改造社会方面起到不可替代的作用。大量的外国先进文化也因此传入中国，为塑造中国现代性发挥了重大作用。从清末开始特别是"五四运动"以来，外国文学的引进和译介蔚然成风。经过几代翻译家和学者的持续努力，在翻译、评论、研究、教学等诸多方面成果累累。改革开放之后，外国文学研究更是进入繁荣时代，对外国作家及其作品的研究逐渐深化，在外国文学史的研究和著述方面越来越成熟，在文学理论与文学批评的译介和研究方面、在不断创新国外文学思想潮流中，基本上与欧美学术界同步进展。

外国文学翻译与研究的重大意义，在于展示了世界各国文学的优秀传统，在文学主题深化、表现形式多样化、题材类型丰富化、批评方法论的借鉴等方面显示出生机与活力，显著地启发了中国文学界不断形成新的文学观，使中国现当代文学创作获得了丰富的艺术资源，同时也有力地推动了高校相关领域学术研究的开展。

进入21世纪，中国的外国语言学研究得到了空前的发展，不仅及时引进了西方语言学研究的最新成果，还将这些理论运用到汉语研究的实践；不仅有介绍、评价，也有批评，更有审辨性的借鉴和吸收。英语、汉语比较研究得到空前重视，成绩卓著，"两张皮"现象得到很大改善。此外，在心理语言学、神经语言学和认知语言学等与当代科学技术联系紧密的学科领域，外国语言学学者充当了排头兵，与世界分享语言学研究的新成果和新发现。一些外语教学的先进理念和语言政策的研究成果为国家制定外语教育政策和发展战略也做出了积极的贡献。

习近平总书记指出："要着力推进国际传播能力的建设，创新对外宣传方式，加强话语体系建设，着力打造融通中外的新概念新范畴新表述，讲好中国故事，传播好中国声音，增强在国际上的话语权。"为贯彻这一要求，教育部近期提出要全面推进新工科、新医科、新农科、新文科等建设。新文科概念正式得到国家教育部门的认可，并被赋予新的内涵和定位，即以全球新技术革命、新经济发展、中国特色社会主义新时代为背景，突破传统的文科思维模式与文科建构体系，创建与新时代、新思想、新科技、新文化相呼应的新文科理论框架和研究范式。新文科具备传统文科和跨学科的特点，注重科学技术、战略创新和融合发展，立足中国，面向世界。

新文科建设理念对外国语言文学学科建设提出了新目标、新任务、新要求、新格局。具体而言，新文科旗帜下的外国语言文学学科的发展目标是：服务国家教育发展战略的知识体系框架，兼备迎接新科技革命的挑战能力，彰显人文学科与交叉学科的深度交融特点，夯实中外政治、文化、社会、历史等通识课程的建设，打通跨专业、跨领域的学习机制，确立多维立体互动教学模式。这些新文科要素将助推新文科精神、内涵、理念得以彻底贯彻落实到教育实践中，为国家培养出更多具有融合创新的专业能力，具有国际化视野，理解和通晓对象国人文、历史、地理、语言的人文社科领域外语人才。

进入新时代，我国外国语言文学的教育、教学和研究发生了巨大变化，无论是理论的探索和创新，方法的探讨和应用，还是具体的实验和实践，都成绩斐然。回顾、总结、梳理和提炼一个年代的学术发展，尤其是从理论、方法和实践等几个层面展开研究，更有其学科和学术价值及现实和深远意义。

鉴于上述理念和思考，我们策划、组织、编写了这套"新时代外国语言文学新发展研究丛书"，旨在分析和归纳近十年来我国外国语言文学学科重大理论的构建、研究领域的探索、核心议题的研讨、研究方法的探讨，以及各领域成果在我国的应用与实践，发现目前研究中存在的主要不足，为外国语言文学学科发展提出可资借鉴的建议。我们希望本丛书的出版，能够帮助该领域的研究者、学习者和爱好者了解和掌握学科前沿的最新发展成果，熟悉并了解现状，知晓存在的问题，探索发展趋势和路径，从而助力中国学者构建融通中外的话语体系，用学术成果来阐述中国故事，最终产生能屹立于世界学术之林的中国学派！

本丛书由中国英汉语比较研究会联合上海时代教育出版研究中心组织研发，由研究会下属29个二级分支机构协同创新、共同打造而成。罗选民和庄智象审阅了全部书稿提纲；研究会秘书处聘请了二十余位专家对书稿提纲逐一复审和批改；黄国文终审并批改了大部分书稿提纲。

本丛书的作者大都是知名学者或中青年骨干，接受过严格的学术训练，有很好的学术造诣，并在各自的研究领域有丰硕的科研成果，他们所承担的著作也分别都是迄今该领域动员资源最多的科研项目之一。本丛书主要包括"外国语言学""外国文学""翻译学""比较文学与跨文化研究"和"国别和区域研究"五个领域，集中反映和展示各自领域的最新理论、方法和实践的研究成果，每部著作内容涵盖理论界定、研究范畴、研究视角、研究方法、研究范式，同时也提出存在的问题，指明发展的前景。总之，本丛书基于外国语言文学学科的五个主要方向，借助基础研究与应用研究的有机契合、共时研究与历时研究的相辅相成、定量研究与定性研究的有效融合，科学系统地概括、总结、梳理、提炼近十年外国语言文学学科的发展历程、研究现状以及未来的发展趋势，为我国外国语言文学学科高质量建设与发展呈现可视性极强的研究成果，以期在提升国家软实力、构建人类命运共同体过程中承担起更重要的使命和责任。

感谢清华大学出版社和上海时代教育出版研究中心的大力支持。我们希望在研究会与出版社及研究中心的共同努力下，打造一套外国语言文学研究学术精品，向伟大的中国共产党建党一百周年献上一份诚挚的厚礼！

罗选民　庄智象
2021年6月

前　言

　　教育语言学是研究语言与教育之间互动关系的学科。在实践上，任何人只要掌握一定的语言资源，借助语言从事具体的教学活动，在此基础上探索基于语言的教育教学规律，都是在从事教育语言学的理论或实践研究。语言学界主要是从语言或语言学角度来研究教育教学的基本规律。由于人们处于不同的社会文化背景下，掌握着丰富多样的语言资源，持有丰富多彩的语言观，由此衍生出纷繁复杂的语言学理论和描写体系。这些不同的文化背景、语言资源、语言观、语言理论和描写体系被应用于教育教学研究中，形成了丰富多样的教育语言学理论体系和实践模式。当今的教育语言学正是这样一门充满各种观点、极具多样性和多声对话性、充满生机和活力的学科。

　　经过40多年的发展，教育语言学界形成了多个理论体系，采用了丰富多样的研究方法，并逐渐在全球范围内开展了基于语言的教育教学实践。特别是进入21世纪以来，教育语言学的理论和实践迅猛发展，产生了广泛的社会影响和良好的社会效益。在这种背景下，梳理新时期教育语言学在理论、方法、实践等方面的新发展，评价其取得的主要成就和所存在的局限性，有助于把握学科发展脉络，推动学科在未来迅猛发展。正是出于这个目的，本书致力于梳理教育语言学在新时期的新发展，期待能有承前启后、继往开来之功效。

　　在笔者看来，一门学科在一定时期从理论、方法到实践都进行全面革新，既不太可能也不太必要，而且还会产生学科身份认同危机。新发展更多的是在原有基础上，在某些方面有所突破。因而对新发展大致可做以下几个方面的解读：一是学科所建构的某个全新理论、采用的某个全新方法；二是对原有理论或者方法的新解读、新拓展；三是原有多种理论或方法在实践中的新融合；四是各种新旧理论和方法在各领域的新实践、新应用。本书所阐述的教育语言学所取得的新发展包括以上四个方面的内容。具体来说，这些新发展包括：对原有教育语言学的学科理论的新解读、新拓展和新评价，以及对新理论的阐释和解读；对原有研究方法的新归纳、总结以及对新方法的阐述；基于学科理论和方法所开展的新实践。另外，一门学科中的理论、方法和实践的发展往往并不整齐划一，而是呈现出相互借鉴、相互融合、多元对应的发展面貌。因而本书所阐述的理论、方法、实践的新发展三个部分也不强求一一对应，而是尽量以其自然面貌呈现。

  本书共分为五章。第 1 章是"教育语言学的学科新论"，包括笔者对学科的内涵、外延、属性的新解读，学科兴起推动力的新阐释，以及国际学界发展现状的新归纳和评价。第 2 章是"教育语言学的新理论"，其中"社会语言学视角的理论"和"语言民族志视角的理论"两部分是笔者对原有理论体系的新梳理和解读；"功能语言学视角的理论"部分是笔者基于 Halliday 对学科内涵的阐述，结合功能语言学理论、教育社会学和社会文化教育心理学所提出的一个框架；"社会文化视角的理论"部分是对 21 世纪提出的一个新理论的归纳和解读。第 3 章是"教育语言学的新方法"，其中"话语分析方法论"部分是笔者结合功能语言学的话语分析方法和教育社会学的教育话语理论所提出的一个方法论框架；"基于语类的行动研究方法"部分概述悉尼学派基于语类的教学法项目，突出其针对学生的语言（语类）困境所采取的干预主义行动研究方法；"社会语言学和民族志的方法"部分阐述 Spolsky 所发展的语言（教育）政策研究的新方法以及语言（教育）民族志学者提出的语言与教育研究新方法；"生态符号的研究方法"部分阐述 van Lier 综合生态学、生态语言学、符号学所提出的生态符号方法论。第 4 章是"教育语言学的新实践"，包括社会语言学与语言民族志视角的研究实践、功能语言学与教育社会学相结合的合法化语码研究实践、联合国教科文组织基于多语主义观念在全球实施的"教育中的多语"项目实践，同时综述国际学界代表性的教育语言学手册、丛书以及主要相关学术期刊的研究实践。第 5 章是"教育语言学的本土化、范式与展望"。本章主要评述我国开展的学科理论研究、学科建设活动，以及语言教学、普通语言学、社会语言学、教育学四个视角的研究实践，总结当前学界研究出现的有广泛影响力的研究范式，并对国际和国内学界的未来研究进行前瞻性的展望。

  本书的写作和出版得到了中国英汉语比较研究会及其下属教育语言学专业委员会、清华大学出版社、上海交通大学外国语学院、《教育语言学研究》编委会各位领导、专家、同事的大力支持。特别感谢胡壮麟教授、陆俭明教授、李宇明教授、罗选民教授、俞理明教授、黄国文教授等长期以来对笔者在教育语言学研究道路上的关心和指导。

赖良涛
2021 年 3 月

目 录

第1章 教育语言学的学科新论 …… 1

1.1 内涵与外延新论 …… 1
1.1.1 学科内涵 …… 1
1.1.2 学科外延 …… 3

1.2 学科特征新论 …… 5
1.2.1 语言学与教育有机结合 …… 5
1.2.2 以问题为导向 …… 7
1.2.3 以语言教学为核心 …… 9

1.3 学科属性新论 …… 13
1.3.1 适用语言学的属性 …… 13
1.3.2 交叉学科性 …… 19

1.4 学科兴起的推动力 …… 21
1.4.1 对应用语言学的扬弃 …… 21
1.4.2 语言学对教育的贡献 …… 23
1.4.3 基于语言的学习理论的提出 …… 24
1.4.4 教育学研究的语言转向 …… 27

1.5 国际学界的发展现状 …… 29
1.5.1 北美的研究 …… 29
1.5.2 欧洲的研究 …… 32
1.5.3 亚太的研究 …… 33
1.5.4 评价 …… 36

第 2 章 教育语言学的新理论 ········· 39

2.1 社会语言学视角的理论 ········· 39
- 2.1.1 学科内涵及理论模型 ········· 40
- 2.1.2 教育的语言障碍 ········· 42
- 2.1.3 教育语言学的语言观 ········· 45
- 2.1.4 语言习得的内涵与心理因素 ········· 47
- 2.1.5 语言教育目标与政策的社会语言学因素 ········· 48
- 2.1.6 评价 ········· 51

2.2 语言民族志视角的理论 ········· 51
- 2.2.1 教育中的语言问题 ········· 52
- 2.2.2 语言问题的进化根源 ········· 54
- 2.2.3 语言民族志的研究视角 ········· 56
- 2.2.4 言语社区交际模式对教育的影响 ········· 57
- 2.2.5 言语交际能力的研究与培养 ········· 59
- 2.2.6 评价 ········· 61

2.3 功能语言学视角的理论 ········· 61
- 2.3.1 教育语言学的内涵 ········· 62
- 2.3.2 个体发生视角的语言发展研究 ········· 63
- 2.3.3 系统发生视角的文化传承研究 ········· 65
- 2.3.4 语篇发生视角的教育话语研究 ········· 67
- 2.3.5 语言教学研究的系统功能路径 ········· 69
- 2.3.6 评价 ········· 70

2.4 社会文化视角的理论 ········· 71
- 2.4.1 理论背景概述 ········· 71
- 2.4.2 Vygotsky 与 Halliday 理论的互补性 ········· 73
- 2.4.3 求知类型与求知模型 ········· 75
- 2.4.4 话语在求知与求学中的角色 ········· 78

2.4.5 最近发展区理论的新发展 ········· 82
2.4.6 评价 ········· 83

第 3 章　教育语言学的新方法 ········· 85
3.1 话语分析方法论 ········· 85
3.1.1 教育的符号性 ········· 86
3.1.2 教育话语的特性 ········· 87
3.1.3 教育话语与个体发展和社会传承的关系 ········· 88
3.1.4 教育话语分析的范围 ········· 89
3.1.5 教育话语分析的方法 ········· 91
3.1.6 评价 ········· 93
3.2 基于语类的行动研究方法 ········· 93
3.2.1 发展历程 ········· 94
3.2.2 语类化教学的理据 ········· 95
3.2.3 课程语类的分析与设计 ········· 97
3.2.4 教学法语类的设计 ········· 100
3.2.5 科学知识建构的分析 ········· 102
3.2.6 评价 ········· 104
3.3 社会语言学和民族志的方法 ········· 104
3.3.1 语言（教育）政策的研究方法 ········· 105
3.3.2 语言民族志的研究方法 ········· 109
3.3.3 评价 ········· 112
3.4 生态符号的研究方法 ········· 113
3.4.1 语言与教育研究的生态视角 ········· 114
3.4.2 生态与符号视角的统一 ········· 115
3.4.3 语言生态与学习 ········· 117
3.4.4 评价 ········· 119

第 4 章　教育语言学的新实践 ………………………… 121

4.1　社会语言学与语言民族志视角的研究实践 ……… 121
4.1.1　民族志视角下语言生态与多语教育研究的新模型 ……………………………………………… 122
4.1.2　民族志视角下的多语生态与教育研究实践 … 125
4.1.3　语言政策规划与教育研究的新模型 ………… 127
4.1.4　学校领域的语言政策与教育研究实践 ……… 129
4.1.5　国家和政府领域的语言政策与教育研究实践 … 130
4.1.6　评价 …………………………………………… 132

4.2　功能语言学视角的教育语码研究实践 …………… 133
4.2.1　知识实践的合法化语码研究 ………………… 133
4.2.2　SFL 与 LCT 之间的合作 …………………… 135
4.2.3　教育实践项目："学科、知识与学校教育"项目 …………………………………………… 136
4.2.4　21 世纪主要研究成果 ……………………… 138
4.2.5　学术话语与教育话语研究实践 ……………… 140
4.2.6　评价 …………………………………………… 144

4.3　联合国教科文组织"教育中的多语"项目实践 … 145
4.3.1　项目概述 ……………………………………… 145
4.3.2　多语环境对教育系统的挑战 ………………… 147
4.3.3　语言与教育的准则性框架 …………………… 148
4.3.4　语言与教育的指导方针 ……………………… 150
4.3.5　读写教育实践 ………………………………… 151
4.3.6　评价 …………………………………………… 152

4.4　手册与丛书的研究实践 …………………………… 153
4.4.1　教育语言学手册 ……………………………… 153
4.4.2　"教育语言学系列丛书" …………………… 157

    4.4.3 "语言与教育百科全书" ·· 162
    4.4.4 "教育语言学：语言学的主要概念丛书" ············ 164
  4.5 主要学术期刊的研究实践 ·· **165**
    4.5.1 《教育语言学工作论文集》 ································ 165
    4.5.2 《语言与教育》 ·· 166
    4.5.3 《语言学与教育》 ·· 166
    4.5.4 《语言、身份与教育杂志》 ································ 167
    4.5.5 《国际双语教育与双语主义杂志》 ···················· 168
    4.5.6 其他语言与教育研究期刊 ···································· 168

第 5 章 教育语言学的本土化、范式与展望 ················· 171

  5.1 学科的本土化 ·· **171**
    5.1.1 学科理论研究与学科建设 ···································· 172
    5.1.2 语言教学视角的研究实践 ···································· 180
    5.1.3 普通语言学视角的研究实践 ································ 182
    5.1.4 社会语言学视角的研究实践 ································ 184
    5.1.5 教育学界的研究实践 ·· 186
    5.1.6 评价 ·· 188
  5.2 当前主要研究范式 ·· **189**
    5.2.1 语言教学的范式 ·· 189
    5.2.2 普通语言学的范式 ·· 191
    5.2.3 社会语言学的范式 ·· 193
    5.2.4 解释学的范式 ·· 195
    5.2.5 评价 ·· 196
  5.3 未来研究展望 ·· **197**

参考文献 ·· **201**

术语表 ·· **235**

第 1 章
教育语言学的学科新论

教育语言学（educational linguistics）作为一门新兴学科（discipline），历经近 40 年的发展，在国内外越来越得到学界的重视，日益发展成为一个成熟的学科。本章将讨论教育语言学的学科内涵、外延、主要特征和学科属性、兴起动力和发展现状等学科基本问题，从而使读者对于教育语言学有一个初步了解。

1.1 内涵与外延新论

1.1.1 学科内涵

教育语言学是一门怎样的学科呢？不同学者从各自的研究视角出发，对教育语言学下过不同定义。Spolsky 在许多著作里对教育语言学的内涵做过多样的解释：

> ……教育语言学是应用语言学之中一个连贯、逻辑统一的研究领域；其范围是语言和正式教育之间的互动，主要关注对语言教育各个方面的分析和描述（Spolsky, 1978：viii）；我选择"教育语言学"这个词（模仿教育心理学和教育社会学而创造）就是要表明这个研究领域是语言学的一个分支；虽然它和教育有密切的关系，但从事教育语言学研究的学者主要学术背景都是语言学的（Spolsky, 1978：2；1980：68）。教育语言学是最近新造的一个术语，指的是关注语言和教育之间互动关系的研究领域（Spolsky, 1985：

3095）。教育语言学这个术语指的是语言学这个学科与教育实践行业之间的交集（Spolsky，1999b：1）。

教育语言学的另一个主要推动者 Halliday 则从教育教学实践视角来解释其内涵：

"教育语言学"这个词的意义是什么？根据我的理解，此术语指人们做的某种事情。如果我们参与特定活动，遵循特定的原则，那我们就是在从事教育语言学。……这里"我们"指谁呢？通常来说指一个或数个学习者和一个老师……这些"活动"指什么呢？在最概括的意义上来说，主要指通过语言来进行教授和学习……（Halliday，2007：354）。……因而实际上，教育语言学的内涵从某些方面来说比一种语言理论要小得多（因为它忽略许多无关的语言特征），但从另一些方面来说又比一个语言理论的内涵多：它是一门关于学习的理论（Halliday，2007：353）。

根据宾夕法尼亚大学教育学院教育语言学博士专业的培养方案，当代美国教育语言学研究的领军人物 Hornberger（2001：3）对教育语言学做如下解释：

教育语言学博士专业综合了所有与教育理论、实践、政策相关的语言学知识、培训和研究内容。本专业关注语言和文化的多样性，研究地方、国家和国际范围的语言教学问题。当前教育语言学专业博士生的研究兴趣包括：二语习得、语言选择、维护与变迁、语言与种族、言语行为和话语的描述分析、语言多样性的教育意义、语言规划、双语教育、职业性口语交际、双语读写能力。毕业生可望在高等院校中获取教学、管理、研究职位，或在政府、社团、私人机构中获得管理、研究和顾问职位。要求本专业所有学生都必须打下坚实的语言学基础，因而除了教育学院的课程，还必修语言学系的课程。

我们也可以从这个术语本身可能包含的定义来理解其内涵。作为一个学科术语，"教育语言学"内在包含着三个关键词，即"教育""语言""学";把三者相结合可以看出,这是一门研究教育与语言之间互动关系的学科。教育与语言之间的互动关系可以从三个视角进行研究:我们可以研究教育中的语言(language in education),从语言角度来研究教育教学,关注语言在教育教学中所发挥的作用,包括语言对促进个体发展的作用、语言在具体教育教学过程中的媒介作用,以及语言对社会宏观教育机制和文化传承所发挥的作用;我们也可以从教育角度来研究语言,采用教育学理论研究语言的教育教学,关注社会宏观教育和微观教学中的个体语言发展、社会语言演化及其对语言本质结构和功能所带来的影响;还可以研究两者之间的各种中间交叉地带。概括来说,我们既可以研究教育中的语言,根本目的是建立基于语言的教育教学理论;也可以研究语言的教育,其基本目的是研究语言的教育教学规律;或者两者的某种中间地带,表现为建立基于语言(学)的(语言)教育教学规律。教育语言学的这几个方面是辩证统一的关系:基于语言的一般性教育教学包含并适用于语言教育教学,而通过语言教育教学发展语言能力(linguistic competence)、掌握语言的本质规律是开展基于语言的教育教学研究的基本前提。

对教育语言学学科含义的各种释义既有共同点,也有不同的侧重点。各种解读的利弊和影响将在后面的几节加以讨论。

1.1.2 学科外延

教育语言学的研究范围可以从其学科内涵来推导。从语言角度来研究教育教学,其所涉及的范围至少包括以下几个方面。从社会群体的语言和教育来看,教育语言学需要研究可能对教育教学施加影响的社会语言环境,包括国家、地区和社区存在的多样化语言资源、语言生态(ecology of language)、语言政策与规划(language policy and planning, LPP)状况,这些是教育教学的宏观社会语境;各教育机构(包括学校、家庭和社会教育机构)以及教育实施单位(比如班级、家庭)中存在的语言资源、语言生态和规划状况;教育者(教师以及家长等)和受教育者个人对各种教学目标和媒介语言的掌握情况;教材以及其他教育教学资料中所使用的各种语言资源及其相互关系。

从教育教学的具体过程来看，我们需要研究在教育教学中发挥作用的各种媒介语言资源，以及各语言内部的不同结构（structure）、成分、层次对教育教学所发挥的具体作用。这时我们聚焦于教育过程的语言媒介（medium）作用，具体包括：语言在知识中的一般建构作用、学科知识的语言特征、教材中教育知识的语言特征、教师对教育知识的语言建构、课堂组织的语言特征、师生互动的语言特征、教师的评价性语言、学生的反馈互动性语言；也包括教育规划和管理部门的教育政策、大纲、管理、评价性话语（discourse）的语言建构研究，以及社会群体和个人对教育教学的评价、反馈话语。

从学生学习和个体发展的角度来看，我们可以研究学生如何通过自己所掌握的语言资源来理解教材内容和教师所传授的知识，并如何内化为自己的知识；研究不同学科差异性的语言所建构起来的具体学科知识如何促进学生的个体思维能力和高级心理功能（higher mental function）的发展，或者研究具体语言内部的不同功能和结构成分对于各种不同思维能力发展具有何种作用。此外，我们还可以研究教学过程中的语言多样性、不同语言的相互关系及其在教育教学中发挥的具体作用，或者研究同一语言不同语义变体（包括方言变体和语域变体）在教师的教育教学和学生个体的学习发展中的不同作用。

从语言教育的角度来说，我们可以研究语言教育所涉及的各方面因素。从学校中的语言教育来看，这包括：语言教育的目标语言，包括母语教学、二语教学、外语教学等，可以是单语/单言、双语（bilingual）/双言（diglossia）或多语（multilingual）/多言（multidialectal）；也要关注语言教育的媒介语言，这可能与目标语言一致（比如母语教学一般通过母语进行），也可以不一致（比如外语教学往往需要借助母语进行），并关注目标语言与媒介语言之间的相互影响。从国家语言教育规划和管理的角度来看，我们还需要关注国家和社会整体的语言资源和语言生态、国家语言规划及其相应的语言教育规划，包括民族语言（national language）、民族方言（dialect）、国家通用语、世界通用语、国家建设和国际交流急需的各种外语等的教育政策和规划等。

1.2 学科特征新论

在传统上,教育语言学被认为主要有三个特点,即语言学与教育有机结合、以问题为导向、以语言教学为核心(Hornberger,2001)。本节对这三个基本特征进行解读,以期澄清其中可能的误读,从而对教育语言学的特征具有更为全面和深刻的认识。

1.2.1 语言学与教育有机结合

Hornberger 认为,教育语言学的第一个特点是由语言学与教育的密切关系所决定的。Hornberger 引用 van Lier(1994:204-207)的观点来阐述语言与教育之间的密切关系。具体来说,语言学对教育的影响体现在:首先,语言学直接影响母语(mother tongue)或二语课堂中语言教学和内容教学的方式;其次,语言是所有课程进行教育的基础;再者,学校与社区关系,包括教师和家长之间的交流都必须通过语言;最后,课堂互动,包括师生互动和学生之间的互动都必须通过语言进行。教育对语言的影响主要有两个方面:首先,教育决定着语言学知识传授给现在和未来老师的方式及其效果;其次,教育,特别是学校教育为语言理论和语言发展提供至关重要的数据(赖良涛,2015b)。在 van Lier 之外,Hudson(2004,2008)也对语言与教育的关系做了深入讨论,认为语言对于教育的特殊作用在于语言是教学、测试、练习以及大部分思维活动的媒介,指出语言学可以为教育提供基本的语言观(idea)、语言系统的理论模型(model)以及具体的语言描写(description)三个方面的知识;同时从语言学角度来研究各个学科的特定语域特征(包括其术语体系和表述特征)是学科教学的基本内容之一(赖良涛,2015b)。

我们认为,教育语言学的这个特点可以从两个层次来分别加以解释。首先是社会实践中语言与教育之间客观存在的密切关系。从根本上来说,语言既是教育的媒介,又是教育的内容和目标。语言是教育实践中进行人际交流的基本媒介,在教师、学生、教材、教育管理者、规划者、评价者以及社会教育环境等各种因素的交流中起着基本的显性媒介作用；同时也在各方参与人员的思维活动中起着根本性的隐性媒介作用。另外，语言也是教育的基本目标之一，即通过适当的教学活动发展学习者的语言思维和一般性高级思维能力，提升国家和社会的整体语言能力，传承由语言体现的社会文化。这些都决定了语言教育是教育的重要内容，由此学习者才得以发展语言能力和高级思维能力，国家和社会的语言能力才得以提升，社会文化才得以传承。

  语言与教育之间密切关系的存在，使得我们有必要也有可能建立教育语言学这门新兴学科来研究语言与教育之间的互动关系。这意味着我们必须把语言研究与教育研究相结合，从而发展自己的学科理论并指导研究实践。研究语言的学科是语言学，而研究教育的学科是教育学，因而教育语言学需要把语言学与教育学密切结合，以研究和指导语言与教育实践活动。如果我们再对理论与实践两个层面加以区分，则至少可以出现四种可能的组合方式，即语言理论和实践与教育理论和实践。这意味着我们可以用语言理论来研究教育实践，或用语言理论来研究教育理论；用教育理论来研究语言实践，或用教育理论来研究语言理论。第一种结合方式，正是 Hornberger 和 Spolsky 等学者所强调的结合方式，也是目前国际教育语言学界的主流方式，表现为采用适当的语言理论来研究教育教学实践，比如用社会语言学（sociolinguistics）的语言规划（language planning）与政策理论研究具体国家、地区、学校的语言规划政策对教育教学实践的影响；用功能语言学理论研究具体语言及其各种语义变体在教育教学实践中发挥的功能，这正是 Hudson 所提倡的学科语域研究以及 Stubbs 和 Halliday 等人所提倡的语义变体研究的基本出发点。第二种方式是把语言理论与教育理论相结合，表现为从语言学中汲取相关的理论知识来发展教育教学的相关理论，比如从解释学（hermeneutics）及其现象学的理论视角来透视教育本质，提出教育的语言存在论，并由此发展教育理论；或者如 Halliday 所提倡的，基于系统功能语言学（systemic functional linguistics）理论来发展基于语言的学习理论（language-based theory of learning）。与第一种结合方式相比，第二种方式具有更加宏大的研究目标，对于教育研究来说也更加具有根本性的启示意义甚至颠覆性意义。

  第一种和第二种结合方式都是从语言学理论出发来研究教育实

践与理论，在某种意义上可以看作是语言学的应用研究（linguistics applied），与传统意义上的应用语言学（applied linguistics）有所不同。但我们也可以采用教育学理论来研究语言问题，包括语言的实践和理论问题。因而第三种可能的结合方式，是采用教育学理论来研究语言实践。我们首先可以采用教育学理论来研究语言学习与教育实践，比如运用教育学、教育心理学（educational psychology）理论，研究学校教育环境下儿童、教师等的语言学习与语言发展；研究教师的语言教学（包括母语、二语、外语教学）；研究家庭环境下儿童与家长的语言学习与语言教育实践。此外，我们也可以采用教育社会学（sociology of education）理论来研究社会整体语言能力提升、语言生活情景、语言发展与演变等语言实践现象。我们还可以从教育学理论出发来研究语言的理论问题，比如从教育理论视角看语言本质、功能、结构，或者研究语言接触、语言迁移（language shift）等相关的理论问题。

1.2.2 以问题为导向

Hornberger（2001：11）提出教育语言学的第二个特点是以问题为导向，认为教育语言学以（语言）教育实践作为起点，把理论与实践、研究与政策相结合，采用整体视角来处理教育问题和挑战。同样，Spolsky（1978：2）也明确提出，对于教育语言学来说，更有成效的方式是从某个具体问题出发，而后从语言学以及其他相关学科寻求启示来找到问题的解决方案。Spolsky 所找到的主要问题就是教育的语言障碍问题，他认为发现和解决这个问题是教育语言学永远的追求；其中具体的问题包括多语主义（multilingualism）、语言情景（language situation）和政策、言语社区（speech community）等社会语言学问题以及与之相关的语言、社会和教育问题，此外还包括语言的本质、习得及其意义等心理语言学（psycholinguistics）问题，以及语言、个体和教育问题（Hornberger，2001：10）。Hymes（1979：16）也正是认识到教育中存在的语言问题而呼吁建立教育语言学这个学科，从而正视并处理教育中的语言能力差距（competence gap），并由此提出一系列我们必须考虑的根本性问题：语言是如何组织起来以供言语社区使用，并成为儿童入学的语言背景？社会中不同领域和不同层次的语言使用具有什么样的意义和价值？儿童与其他人在他们所自然涉入的系列场景中的真实言语能力是怎样的？这些能力与场景之间的匹配与失配情况是怎样的？Stubbs（1986：7）提出，任何对教育者感兴趣的语言问题都应该从描写、理论和实践三个方面去加以研究，由此强调了实践在教育语言学中的重要地位。Halliday（2007：354）则直接从实践角度来定义教育语言学，认为这个术语是指学习者和教师共同参与的、通过语言进行的教学和学习活动；Martin & Rose（2012）则把其教育语言学理论与实践的起因归结为三个问题：澳大利亚（以及其他地区）儿童的语类能力欠缺、传统语言教学法的语境缺失以及进步主义（progressivism）教学法提倡的隐性教学模态导致的教育不公。

应该说明的是，Hornberger（2001：9）在提出第二个特点时，把问题导向与实践导向相等同，并把宾夕法尼亚大学的教育语言学研究兴趣与实践总结为以实践为基础（practice-based），立足于学校和社会等教育环境中，并适应于专业教育实践的要求。然而以实践为基础和以问题为导向之间既有交叉，又有一定的差异。实践是任何学科理论的基础，因为理论归根到底是人类实践经验的总结；从根本上来说，并不存在脱离人类实践的所谓纯粹理论。这一点上，不同学科之间的差别在于与实践联系的紧密程度。理论性强的学科与实践的联系较为间接，而应用性强的学科则往往与实践具有直接联系，直接来源于实践并可直接指导实践。教育语言学以实践为基础，意味着教育语言学的理论和原则与教育教学实践具有直接的联系，并力图直接用来指导和优化教育教学实践。以问题为导向，意味着这门学科的推动力是学科研究领域中所观察到的各种有待解决的问题。任何新学科的诞生和发展，都是因为出现了学科现状所难以解决的新问题，因而需要提出新的理论、原则、方法来寻求这些问题的解决方案。然而，驱动学科发展的可以是实践层面的问题，也可以是理论层面的问题，往往两者兼而有之。实践问题往往是有形且直观的；而理论问题可以是因为原有理论无法解决当前出现的实践问题，也可以是因为原有理论本身有不足，比如有逻辑缺陷或者无法解决可预见的未来问题。Hornberger 把问题导向与实践导向等同，主要是强调教育语言学发展过程中教育实践问题所起的推动作用，但也相对忽略了理论问题在学科发展中的重要性。

教育语言学的历史发展无疑是具有鲜明的实践问题导向，表现为关注教育中的语言问题，包括言语资源和能力的社会分布不均、认识不足，并由此导致教育中言语（utterance）交际障碍和教育质量问题，因而提倡通过适当的语言规划政策和教育教学来丰富学习者的母语、二语、外语等语言资源库，提升学习者的言语交际能力，促使语言（及其变体）资源分布相对均衡，保障教育交际顺利进行，从而优化教育教学过程，提升教育质量。然而，教育实践问题的解决往往无法从现有的理论中找到既定的理想解决方案，因而也会对现有的语言学、教育学以及相关的学科理论提出新的问题和挑战。这要求教育语言学家不断变革现有的语言观、语言理论和语言描写体系，提出适用于解决新问题的新语言理论和教育理论，从而推动教育语言学的发展。在教育语言学的发展历程中，Hymes、Spolsky、Stubbs、Halliday 等各位学者的一个共同特点是不满意传统语法、结构主义以及形式主义等语言学理论忽略社会中语言的多样性和异质性，忽略具体语言多样化的功能与使用及其产生的多样化语义变体，无视语言使用的具体社会文化和情景语境的倾向，由此提出重视语境、功能、变体（variety）的新语言观和描写体系，并应用于研究和解决教育教学中的实践问题。在教育语言学未来的发展中，我们同样需要重视教育实践问题，同时也要重视不断提出的理论问题，使我们的语言哲学观、理论模型和描写体系与时俱进，满足于解决不断出现的新理论和实践问题的要求。

1.2.3 以语言教学为核心

Hornberger（2001）把教育语言学的第三个特点归结为以语言教学为核心，其理论依据很大程度上来源于 Spolsky 的有关学科论述。早在"教育语言学"提出之初，Spolsky（1974b：554）就把这个新学科的主要任务确定为"为语言教育政策的制定和执行提供相关信息"。随后在其《教育语言学导论》（*Educational Linguistics: An Introduction*）一书中，

Spolsky（1978：ii–iii）不时有意无意地把教育语言学的任务等同于语言教育，比如虽然"它的范围是语言与正式教育之间的互动"，但"它关注语言教育各方面的描述和分析"，"教育语言学始于对儿童入学时和整个学习生涯中的交际能力（communicative competence）的评估，包括对交际能力的社会性目标分析，囊括某个教育体系所采取的、致力于让学生的语言能力库（linguistic repertoire）与社会期望的交际能力水平更为一致的所有教育活动，因此它关注能带来变化的过程，无论这种变化是抑制、丰富、改变还是增加一种或多种言语风格、方言、变体或语言及其使用。"Spolsky（1985：3095）提出教育语言学的研究范围可以用学科研究涵盖的领域来定义，包括语言教育政策、母语和二语教学、阅读、读写能力、双语教育、写作、语言测试等，或者通过其分支领域来定义，包括一语和二语习得研究、母语教学、二语教学法、移民和少数族裔语言教育、语言规划等。这实际上是把教育语言学的实践研究范围等同于语言教学与习得。后来他又以 Carroll 的语言教学模型为起点，用作教育语言学这个整体研究领域的基础（Spolsky，1999b：6）。

Spolsky 和 Hornberger 等学者所倡导的教育语言学以语言教学为核心的特点，常常被误读为教育语言学等同于语言教育教学。这种误读在理论和实践上都产生了一些消极影响。在学科理论上，这使得大家认为既然教育语言学就是语言教育教学研究，那么这与主要关注语言教学（甚至是外语教学、二语习得）的狭义应用语言学没有本质差别，只不过是换了一个名号，新瓶装旧酒而已，唯一的差别也只是突出了应用语言学不是语言学的应用，因为正如 Spolsky（1999b：1）所说："它拒绝认为语言学就在那儿等着被应用，就像锤子等着把钉子钉进去。"既然它与狭义的应用语言学没有差别，那就完全没有必要再标新立异另扯一杆大旗，因而这个学科似乎没有存在的必要。

这种误读还可能带来另一个推论：既然教育语言学就是研究语言教育教学，而现有的不少语言学理论往往无法直接用于指导语言教育教学实践（这或许是因为这些语言学理论创立的宗旨与语言教学无关），语言教学反而更多是借助教育学、教育心理学等相关学科理论来指导，因而这个学科再以语言学为中心词来命名就不太合理了，反而是以教育学作为中心词更符合实际情况。于是我们完全可以把研究语言教育教学的

第 1 章　教育语言学的学科新论

学科称之为"语言教育学",而非"教育语言学",其根本原因就在于这门学科是以教育学而非语言学为基础理论。于是教育语言学作为一个学科似乎没有存在的必要,反倒是语言教育学更为合理。这样看来,教育语言学要能成为一门具有科学性的学科,关键在于能否找到或者建立合适的、能用于指导教育教学,特别是语言教育教学的语言学理论。我们将在第二章呈现目前已有的以语言学为基础的教育语言学流派,力图在一定程度上回答这个问题。

对以语言教学为核心这个特点的误读,也在很大程度上导致了教育语言学研究实践主要就是关注语言教育教学。比如 Hornberger(2001)所概述的宾夕法尼亚大学的教育语言学研究完全体现了语言教学这个中心。Spolsky & Hult(2008)所编著的《教育语言学手册》(*The Handbook of Educational Linguistics*),其主要实践研究章节都围绕语言教育政策、读写能力发展、语言习得(language acquisition)、语言评估、语言教学法等话题展开。这一核心也直接体现于 Bigelow & Ennser-Kananen(2015)所编著的《劳特里奇教育语言学手册》(*The Routledge Handbook of Educational Linguistics*)中,其中大部分实践研究章节都围绕多语教育、批评教学法与语言教育、语言教师教育、语言教育与评估等话题展开。由此可见,如果把"以语言教学为核心"理解为教育语言学等同于语言教育教学,必然带来教育语言学的身份危机——要么教育语言学只是狭义应用语言学换了个名称,要么它实际上应该是语言教育学,无论哪种解读,教育语言学作为独立学科的基础都将不复存在。这或许正是教育语言学历经 40 多年的发展,依然存在身份认同危机的主要原因之一。

那么,"以语言教学为核心"到底应该如何理解呢?我们或许可以从 Spolsky、Hymes、Stubbs、Halliday 等人对教育语言学的学理逻辑中找到答案。Spolsky(1978)所建立的教育语言学理论体系的基本逻辑大致可以概括为:语言对人类社会具有核心意义,是儿童个体社会化的核心;任何儿童所受教育的主要部分都与在其语言库(repertoire)里增添、抑制或者改善某一语言或变体相关;同时它还是教师、学生和教材等教学要素互动交流的基本媒介;但教育交际过程往往会在参与者(participant)、渠道、语码等维度上出现问题,从而造成教育的语言障碍。正是在这个意义上,语言习得与教学成为排除潜在语言障碍、保证教学过程顺利进行、实现教育目标的基本保障（参见 2.1 节）。Hymes（1980a，1996）的理论体系同样着眼于教育中的语言资源分布不均和交际能力障碍，追溯其根源在于语言本质上的平等性与事实上的不平等性之间的辩证关系，揭示由于语言进化（language evolution）及其导致的言语功能（functions of speech）竞争所造成的社会语言资源和能力的不均衡分布，提出通过累积式观察和记录来研究多样化言语社区在言语交际模式上的异同，理清学校教育的社会语言情景及其语言问题的根源，提出通过培养个体的言语交际能力来促进教育教学的顺利进行和个体可持续发展（参见 2.2 节）。Stubbs（1986，1990）则认为教育语言学是一个从描述、解释到干预的过程，必须基于语言在学校、家庭等社会机构中的使用来解释教育教学的基本规律，并提供策略、建议来干预教育教学过程，改进教育教学的效果，实现社会公平和正义，而这主要包括四个方面，即为教育者提供语言面貌的描写性信息以及在教育实践中传授语言的具体方式，提供概念框架以供教育者讨论语言的内在变体以及这些变体与语言使用的关系，说明这些语言描写和语言理论对于教师的实际价值，说明对语言变体（language variety）的理解如何能帮助教师和学生对他们所处的社会做文化分析，其主要目的之一是发展与学习者相关的、适用于教育教学目的的语言模式。Halliday（1988，1990）所提出的教育语言学理论框架，主要是要研究如何通过语言来进行教授和学习，从语言视角来研究教育教学问题，目标是要建立一套基于语言的学习理论，认为运用语法学（grammatics）理论更好地理解、研究教学过程是目前最紧要的任务之一（参见 2.3 节）。Halliday 的弟子 Martin 等人（Martin & Rose，2012）一方面研究语言在建构、教授知识中的作用从而为基于语言的教育教学提供描写依据，同时也提出基于语类（genre）的教学法，使学习者提升其语言读写能力，掌握日常知识和深奥知识所赖以建构的多种语码（语义变体），丰富自己的语言潜势库来满足高层次教育的语言要求（参见 3.2 节）。

　　从以上教育语言学主流派别的学理逻辑来看，它们的共同点在于把教育语言学的首要任务设定为从语言角度来研究教育教学问题，其差别只是在于所使用的语言学理论不同：前两者基于社会语言学与语言民族志（ethnography of language）来研究教育中的语言问题；后两者基于普通语言学（主要是功能语言学）来研究语言在教育教学中的作用。对于教育语言学的研究者来说，语言教育教学的作用在于，要从具体语言的角度来研究教育教学，首先要求发展相关的语言能力，掌握相关语言知识；对于教育教学实践来说，由于语言在教育的目标、内容和交际中的核心地位，必须通过适当的语言教学，发展学生丰富多样的语言潜势、语言能力库，充分发挥语言在教育中的显性和隐性中介（implicit mediation）作用，才能保证教育教学顺利进行。如果我们借用 Stubbs（1986）的模式，把教育语言学研究必须包括的内容概括为三个方面：描写（对实际使用中的语言进行描写）、理论（社会中的人与语言使用之间关系的理论）、实践（这里指各种社会机构和个人的教育教学实践），那么语言教育教学本身主要与教育实践有关，其主要目的是通过语言教学实施社会干预，优化个人和群体的语言交际能力和语言资源库，促进教育教学顺利进行。从这个意义上来说，语言教学是以实践为导向、致力于社会干预、实现教育公平公正的核心。但把语言教学等同于教育语言学研究的全部，显然是一种以偏概全的误读，并由此导致不必要的教育语言学身份认同危机。

1.3 学科属性新论

1.3.1 适用语言学的属性

教育语言学历经几十年的发展，其作为一门独立学科的身份地位却存在争议。上一节的讨论在一定程度上揭示了为什么教育语言学独立学科的地位会受到质疑，概括起来说大致有三方面的原因：语言与教育的互动结合被理解成了语言学理论与教育实践的结合，以问题为导向被理解成了以语言教育实践中的问题为导向，以语言教学为核心被理解为教育语言学等同于语言教育教学。造成的实际后果是重视解决实践问题，特别是语言教育实践的问题，而忽略理论建设，试图从既有的语言学理论中直接寻找解决实践问题的方案与启示。然而几乎所有的语言学理论都有自身的理论目的，并不适用于直接用来解决教育教学，特别是语言教育教学问题，往往需要经过一定的改造才具有一定的适用性。有一部分学者开始转而向教育学理论寻求解决方案，从而把学科实践变成了教育学与语言的结合，成了以教育学理论来研究语言教育实践的学科。无论哪种方式，最终结果都将导致教育语言学学科地位的不确定性甚至消亡。本节力图从学科与学科性（disciplinarity）的本质出发，论证教育语言学的学科地位的确定性。

学科是现代社会中学术研究与教育教学的基本存在形态，然而对于学科基本特性的研究在学界却并不多见。根据 Shumway & Messer-Davidow（1991）的考察，从词源上来说，"discipline"一词起源于古希腊的"didasko"，意思是"教"（teach），在拉丁语中"(di) disco"的意思是"learn"（学习），古拉丁语的"disciplina"已经兼具了知识体系和权势戒律的意思。在英语中"discipline"在中世纪用来指知识体系，而《牛津英语词典》（Oxford English Dictionary）把"discipline"解释为与学者或弟子有关，即与学者以及弟子们的学术、教学实践相关。另一方面，中世纪时"discipline"在英语中还用以指修道院中的戒律，后来又延伸为指军队和学校中的训练方法。Foucault（1981）对"discipline"的论述同时兼具了这两种意义，既指知识体系也指相关的权势纪律。因而，从其历史发展过程来看，学科既涉及学术研究活动也涉及教育教学活动；既涉及学术与教学活动过程的目标、对象、内容、方法、纪律，也涉及活动的结果即知识体系。学科性就是学科的身份特性（disciplinary identity），是一门学科之所以能独立存在的基本特性。研究学科性就是要考察特定学科的学术、教学活动过程的学理方法以及所涉及的知识体系。笔者将考察教育语言学在学术活动方面的学科性，主要从学科研究的目标对象、理论基础、知识结构体系及其学科性争议等几个方面展开讨论。

教育语言学要成为完整独立的学科，必须清楚地定义其内涵，设定其研究目标、对象、视角并界定其研究范围。教育语言学的学科内涵和外延在第一节已有论述，这里再稍作延伸。Spolsky（1978）和 Hymes（1980a，1996）把教育语言学定义为研究语言与教育之间互动关系的领域，力图研究语言在教育中的作用以及教育中存在的语言障碍，并通过适当的语言教育来保障教育顺利进行，促进教育公平正义；而 Stubbs

(1986)和 Halliday(2007)等基本认为教育语言学是从语言角度来研究各种教学活动的领域。两类定义的交集在于语言与教育之间的互动关系,这是教育语言学的基本研究对象。这意味着我们既可以从语言视角来研究教育,也可以从教育视角来研究语言。目前学界主要是采用前一种视角,把教育语言学定义为从语言角度来研究教育的学科,这意味着其目标是建立一套基于语言的教育理论并用于指导教育实践。从根本上说,教育语言学以教育(当然包括语言教育)为研究对象。从教育的组织形式来看,这里的教育既可以是正式的学校教育,也可以是民间、社团组织的社会教育,还可以指完全非正式的家庭教育等。从教育的内容来说,教育语言学研究的教育不仅仅是语言教育,还包括所有人文、社科、自然科学等各学科的知识技能教育以及道德情操方面的教育。从教育参与要素的角度来看,这里的教育研究包括对学习者个体、教育者个体、教育机构(群体)、教育哲学观、教材教法、教育制度政策、教育的社会语境等各个要素及其相互关系的研究。总之,教育语言学的研究对象是广义的教育,包括与教育有关的方方面面。

然而,与以往的教育研究不同,教育语言学采用语言的视角。语言的视角可以从两个维度来理解(赖良涛,2015a)。第一个维度是整体-结构的维度。我们可以把具体语言作为一个整体来研究它在社会知识文化传承以及个体学习发展中的作用,即研究社会中语言多样性、语言生态、语言接触、语言平等、语言规划与政策等对教育的影响,或研究母语、二语、外语等各种语言因素对个体发展的影响。我们也可以深入语言的内部,研究具体语言的形式、功能、系统(system)、结构、层次、语境等内在的运作机制对于知识文化传承以及个体发展的作用和启示,即从普通语言学的视角来研究教育教学问题。第二个维度是个体-社会维度。我们可以从个体内(intra-organism)的视角把语言的本质属性归结为个体使用者内在的神经、心理、认知机制,认为个体语言能力的习得主要受个体内部的神经、心理、认知因素的制约,通过关注个体语言认知来研究个体心智的全面发展。我们也可以采用个体间(inter-organism)视角,把语言的本质属性归结为社会性,从语言系统的功能结构及其对社会文化的建构作用出发来研究社会的教育体制,从个体语言使用能力发展的角度研究个体的学习过程,从语篇发生的视角出发来研究教育过程以及大纲、课程、课堂、教材等教育语篇的建构规律。

既然教育语言学采用语言的视角来研究教育，而研究语言的学科是语言学，那么一个必然的推论是语言学应该成为教育语言学研究的基础理论，或者说，我们总可以从语言学理论中找到研究教育教学问题，特别是语言教育教学问题的理论线索。然而，现实总是比我们预想的复杂，理论语言学（theoretical linguistics）的适用性一直是一个争论不休的问题。Widdowson（1984：7–21）早就已经注意到了这一点。在谈到"应用语言学"未必是"语言学的应用"（the application of linguistics）这个问题时，Widdowson（1984：7）说：

> "应用语言学"这个术语暗示着它的关注点是把语言理论的研究发现用来解决另一领域中出现的这种或那种问题。应用语言学总是与语言教学紧密关联（以至于在某些领域被当作是同义词）就是基于这么一种信念，即语言理论研究的发现必然与语言教学实践相关。既然语言学家研究语言而教师教授语言，两者之间肯定存在某种有待人们发现的相关联系，这看起来似乎是不言自明的……我想，语言学的这种相关性不能被认为是理所当然的，因为语言学家看待语言的方式未必就最适合于教学目的。我想表明的是，应用语言学的主要任务应该是建立起适合于教学领域的语言概念或模型，而且无须自带偏见地假定相关的语言模型不可避免地要源自于某种专业意义上的语言描写的形式模型。

同样，Chomsky 也对这种想当然的假定提出了警告（Allen & van Buren，1971）：

> 有可能——甚至有很大可能——心理学和语言学的原理以及这些学科中的研究会给语言教师提供有用的见解。但这点必须加以证明，而不能只是假定。语言教师自己必须对任何具体的建议加以证实或证伪。他能基于信念来接受的心理学或语言学见解寥寥无几。

虽然这里 Widdowson 和 Chomsky 都是谈理论语言学，特别是形式语言学对于语言教学的适用性问题，但他们的基本观点同样适用于从语言角度来研究教育教学的教育语言学。换言之，研究语言在教育教学中发挥的作用，当前已有的语言学理论未必都能作为直接的理论依据；我们不能指望能把某种现成的语言学理论直接应用到教育的语言研究中来解决各种问题。针对这个问题，Widdowson给出的答案是"（在应用语言学里）我们的任务是寻找能与作为语言使用者的学习者经历相关的语言描写模型"（Widdowson, 1984：5）；"我们应该认真考虑与教育相关的语言研究路径，探求语言学的教学法相关性，寻求来源于并诉诸作为语言使用者的学习者的经历而建立的语言模型"（Widdowson, 1984：20）。同样，我们也可以说，教育语言学的首要任务是寻找到能与教育参与者（教师和学生以及其他相关人员）的教授与学习经历相关的鲜活语言描写模型。这种语言描写模型应该能清晰地描写学习者从婴幼儿、幼儿园、小学、中学、大学等各发展阶段的语言变体及其发展过程；能描写教师以及其他教育参与者对于传授知识、引导并评价学习者所使用的各种语言变体；能描写教育所处的多样化社会文化与情景语境中所存在的对教育有影响的各种语言资源及其变体形式。这种语言描写模型与理论语言学基于成人成熟语言中的标准方言所建立的描写模型可能有或大或小的差异。这种语言描写模型的基本切入点应该是语言的使用，特别是语言在真实社会语境，尤其是教育教学语境中的具体使用。在此基础上，我们才有可能建立适用于教育教学研究的语言学理论，用以指导我们的教育语境中真实的语言描写，为教育教学实践提供启示，从语言角度来发掘教育教学的基本规律。

　　正是看到了以往的结构主义、形式主义等语言学理论忽视真实语境中人们交往中的语言使用，Hymes、Spolsky、Halliday 等学者从语言在社会中的使用、功能以及学习者的交际能力等视角出发，发展了适用于教育教学研究的社会语言学、语言民族志以及功能语言学等理论，并建立了相应的教育语言学研究框架。随着新时代社会的新发展，教育理论与实践必将出现新的问题、遇到新的挑战，这也要求教育语言学家不断创新学科的语言学基础理论，从而不断发展完善新时代下能够适应新教育挑战的教育语言学理论体系。从这个意义上来说，教育语言学是一门适用语言学（appliable linguistics）。

　　Halliday 把其语言学研究的指导原则描述为致力于建立一门"适用"语言学，并对适用语言学做出了明确的解释：

一套综合的、理论强大的语言模型,且由于其综合性和强大性,能用以解决现代社会中必须以某种方式与语言打交道的各类人群在任何时间所面临的各种问题,包括研究问题和实践问题。(Halliday,2013:36)

按照我的理解,适用语言学是用来处理问题并努力答疑解惑的理论——但不是由专业的语言学家提出的问题与疑惑,而是由以某种方式关心语言的其他人提出的问题与疑惑,无论他们的提问专业与否。这样的人大量存在:教育家、翻译家、法律和医学专业人士、计算机科学家、文学与戏剧领域的学生……(Halliday,2013:128)

我使用"适用"(appliable)一词是因为"应用语言学"已经发挥了某种与"语言学"(指"语言学本体"或理论语言学)对立的功能,而我反对这种对立;我想要的是能把二者统一的单一概念。我不用"可用"(applicable)一词是因为这意味着"可用于"某种特定的活动领域,而我想要一个概括性术语,表达某事物有被应用的潜能——能在应用的语境中进化。(Halliday,2013:144)

概括起来说,适用语言学是这样一种语言研究方式,它以多样化社会、职业和学术语境中与日常真实生活中使用的语言相关问题(包括理论和实践问题)为出发点,由此发展和完善与此语境相对应并适用于此语境的语言理论模型(Mahboob & Knight,2010),其源泉在于认为"理论的价值在于其使用"(Halliday,1985:7),认为"理论是一项解决问题的事业,从而力图发展一种能对日常活动和任务施加影响的理论路径和语言理论模型"(Halliday,2006:19)。就教育语言学来说,它是以多样化的教育语境中真实的语言使用为出发点,发展与教育教学语境相适应的语言学模型,并用以解决教育理论研究者与实践者关于教育中的语言问题的有关疑惑,从而从语言角度为教育教学理论与实践提供启示。这样的教育语言学不是应用语言学,因为我们并不是简单地把某一派现存的理论语言学直接应用到教育教学实践中来解决有关问题,而是基于教育教学中多样化的真实语言使用所建立的,适用于教育教学理论与实践的语言学,本质上是适用语言学。作为适用语言学的教育语言学,有其明确的区别于其他学科(特别是应用语言学)的内涵、外延、目标、任务、理论路径、研究方法、适用范围,并且建立起了相应的独具一格的知识体系，应用于教育教学实践上也取得了丰硕成果，完全获得了独立学科的各种属性，是一门确定无疑的独立学科。

1.3.2 交叉学科性

除了外部对于其学科地位的质疑，教育语言学内部对于这是一个学科还是研究领域也有争议。Spolsky（1978：1；1980：68；1999b：1；2008：1）和 Hornberger（2001）等人在论述教育语言学的本质时使用"领域（field）"而不是"学科"一词，未对其学科性做过深入系统的论述。Halliday（2007：358）则明确提出教育语言学只是一个主题性的研究领域（thematic field）而不是一个学科，其主题是研究人们如何通过语言进行表意和交流来学习。Martin 等悉尼学派（Sydney School）学者秉承了 Halliday 的观点，只把教育语言学作为一个研究领域，从语言的视角研究读写能力教学等实践问题，而不深入探讨学科的基础理论体系。Stubbs 对于教育语言学是学科还是研究领域未加以详细讨论。我国从事教育语言学研究的学者基本把它当作一门独立学科，比如梅德明（2018）在论述教育语言学的学科内涵时，提出教育语言学学科的概念，即把教育语言学作为一门独立学科；赖良涛、俞理明（2015）则从学科与学科性的基本内涵出发，从教育语言学的起源、任务、目标、对象、理论基础、知识体系等几个方面寻求证据，力证教育语言学的独立学科地位。

对教育语言学学科性的争议在一定程度上受到了当前西方学界对于学科性批判思潮的影响。西方有些学者认为学科是精英阶层为了维护其既定利益而人为建构的一个话语权势体系，是过时、僵化、保守、行将就木的。为了促进社会发展，需要打破学科之间的藩篱，甚至抛弃学科体系，采用"进步""时尚"的跨学科（trans-discipline）、交叉学科（inter-discipline）[1]或者多学科（multi-discipline），甚至是非学科的主题

---

[1] 胡壮麟教授把"trans-discipline"和"inter-discipline"分别翻译为"超学科"和"学科间性"。教育学中还有"super-discipline"一词，似乎更适合译为"超学科"；而"trans-"前缀一般指跨界性的现象，因而本文把"trans-discipline"译为"跨学科"，指把一个学科的理论跨界应用于另一学科领域的现象。"inter-discipline"的译法采用的是 Halliday（2007：358）的观点，即认为强调的是学科交集（intersection），因而译为"交叉学科"。

性视角来研究实际问题（Christie & Maton，2011b；Moore，2011）。Halliday（2007：358-359）就明确指出以前以学科形式存在的知识形态是成功的，但是在未来要超越学科界限从而取得进一步发展，原有各学科所秉持的方法论（methodology）差异过大，难以实现对话。他认为要实现对话和发展，就必须有共同的语义维度，即看问题的共同视角，这就是所谓的主题。他提出21世纪的知识结构形态可能是主题性而非学科性的，而教育语言学就是这样一个主题性的领域。

西方学界对学科性的批判具有一定的合理性。这是因为世界的发展总是要不断突破原有的限制、界限，单纯固守原有的学科界限而不突破创新无法实现知识体系的发展。然而，越界本身不是目的，而是一种过程、手段，一方面要以原有的学科体系为前提，另一方面要以形成新的学科体系为归宿。具体到教育语言学来说，Spolsky（1978，1999b）、Hornberger（2001）等人在理论和实践上都把教育语言学视为用语言学理论来解决教育实践问题的领域。"语言学与教育的结合"（Hornberger，2001）本质上是一种跨学科观点，即把语言学理论跨越到教育实践中来解决实际问题。这实际上默认了教育语言学是语言学的一个分支，认为这是运用语言学理论来解决教育实践问题的学科（Spolsky，1978：viii），因而本质上还是具有语言学的学科性。另外，任何一门学科本身也不是完全封闭的，要获得发展必然具有一定的开放性，需要从其他多种学科中汲取源泉。教育语言学自然也需要从其他相关学科中获取理论、方法、视角来推动其发展。这或许就是所谓的多学科性。然而，跨学科或者多学科本身要以学科为前提和归宿，用"领域"这个日常词汇来取代"学科"这个术语并不能否定教育语言学的学科性。

对教育语言学的长远发展比较有启示意义的是交叉学科性（interdisciplinarity）。Halliday（2007：358）把交叉学科性解释为学科交集。按笔者理解，交集可以有两种形态。在初级阶段，我们只是简单地把两种或多种学科的相邻元素并置在一起，就像把两种化学物质混合在一起，但没有发生化学反应，因而只是一种混合物，而在高级阶段，可以通过某种催化作用使两种物质发生化学反应，形成新的物质。换句话说，成熟的教育语言学应该是为了适应新的需求（研究语言与教育之间的互动），从语言学与教育学（以及相关外围学科）各选一部分元素，通过科学严谨的整合，融合为一个新的学科。这个新学科即包含原来母学科的基本元素，但又不同于原来的母学科，而是获得了其自身独特的学科性。当前教育语言学研究可能还处于交叉的初级阶段，更多的是语言与教育的混搭，更像一个以问题或主题为导向的松散研究领域，因而其学科性特征不明显。未来的方向应该是推进两者的融合，逐渐形成具有普遍解释力的学科理论体系并指导研究实践，从而演化成为一个崭新的成熟学科。

1.4 学科兴起的推动力

虽然语言对于教育的作用十分明显，且一直是学界所关注的一个话题，但真正把语言与教育之间的互动关系作为一个严肃的研究领域，采用系统、科学的方法来进行深入细致的研究却是最近几十年的事。作为一个新兴学科，教育语言学的思想萌芽于20世纪60年代，正式出现于70年代，发展壮大于80年代和90年代，在21世纪已经成为一个日渐成熟的新兴学科，引起国际学界的广泛关注（俞理明，2018b）。教育语言学的兴起，是语言学与教育学两个学科在理论研究、实践问题与学科性等各方因素共同作用下产生的结果。本节从其学科发展历史的角度阐述教育语言学兴起的主要推动力。

1.4.1 对应用语言学的扬弃

Spolsky（1978：1-2；1980：67-68；1999b：1；2008a：1-2）把其提出建立教育语言学的原因归结为对如何定义应用语言学的不满。首先学界对于什么是应用语言学有不同的认识。在最狭义的意义上，应用语言学似乎就研究外语教学，因为许多20世纪60年代的应用语言学课程与教材都在谈论外语教学问题。在最广泛的意义上，应用语言学可以包括除了语言理论、语言史和语言描写之外的所有研究，比如当前国际应用语言学大会的议题就包括语言教学、翻译学、语言规划，甚至社会语言学、心理语言学、计算语言学等，这造成应用语言学作为一个学科缺乏内核。在 Spolsky 看来，应用语言学的发展体现的是枯燥乏味地试图把一些基本互不相关的模式应用于一些范围狭窄的问题，尤其是应用于外语教学中。其后果是语言教学中产生一些潜在的怪物，比如听说教学法中要命的句型操练，以及早期自然教学法的无序混乱状态。

　　Spolsky（2008a：1–2）把应用语言学的这种混乱状态归结为人们的简单主义观念，即认为应用语言学就是把语言学应用于某些实际问题中，比如外语教学和阅读教学中，从而认为应用语言学只是语言学在语言教学中的应用，而对于其他至关重要的相关学科，比如社会学、心理学、教育学、学习理论、言语交际等因素视而不见。Spolsky 认为，这种观念的误导性通过听说教学法的失败以及转换生成语法拒绝承担实践责任而得以确认。其根源在于语言学界的两种极端观念。一方面，许多语言学家坚信其研究领域不应被任何与实际问题的相关性这类主张所玷污，对他们来说，语言学是一门纯粹的科学，其研究动力仅仅是增加人类知识的求知欲；另一方面，其他语言学家声称语言学为任何出现的（语言）教育问题提供了万灵药，且能为克服语言规划或教学中的任何困难提供帮助。Spolsky 指出这两种观点都是错误的，因为语言学显然往往与教育有关，但这种关系极少是直接的关系。与此同时，Spolsky（1978：7；1999b：26–27）清醒地意识到了语言在教育中扮演的核心角色，认为儿童社会化成长的主要部分之一就是不断丰富其语言库；同时语言还是教育中师生人际交流的主要载体（Spolsky，1978：15–16）。

　　正是在这些因素的综合作用下，Spolsky（1978，1985，1999b）提出要建立教育语言学作为应用语言学之中一个连贯、逻辑统一的研究领域；其范围是语言和正式教育之间的互动，主要关注对语言教育各个方面的分析和描述；其研究任务包括与正式和非正式教育有关的语言学各分支学科中的知识以及与学习者语言技能直接相关的正式和非正式教育的知识；其研究范围可以通过考察语言教育的背景、动因、操作过程以及结果等得出，根据学科研究涵盖领域来说包括语言教育政策、母语和二语教学、阅读、读写能力、双语教育、写作、语言测试等，根据学科理论基础来源则包括理论语言学、社会语言学、心理语言学、人类语言学等，根据其分支领域则包括一语和二语习得研究、母语教学、二语教学法、移民和少数族裔语言教育、语言规划等。

1.4.2 语言学对教育的贡献

教育语言学发展的另一个主要推动者是 Dell Hymes。Hymes（1979）对 20 世纪六七十年代主流的语言学一直持批评态度，认为当时的语言学理论对研究语言在人类生活中的角色是无法胜任的，它的学科假设、研究方法以及优先问题都阻碍了语言学对教育做出贡献。这种语言观的典型代表正是 Chomsky 的语言能力观。Chomsky（1957，1959，1965）提出语言学应该研究完全同质的言语社区中完美地知道其语言的理想化的说话者-听话者的天生能力，在这种能力基础上他能够产出（generate）无穷数的形式正确的话语。Hymes（1972：53–56）批评 Chomsky 的语言能力是一种高度理想化和高度抽象的概念，罔顾语言的个体差异性以及言语社区的异质性等社会文化特征；其语言能力习得也被认为是一个只需要适当的言语环境而独立于社会文化的过程（俞理明，2018b）。这样的语言观和语言能力观脱离了社会语境，对语言学习和教育的意义不大。

Hymes（1979）认为任何严肃的语言研究都应该能对教育有所贡献。在他看来，继续脱离语言学所依赖并支持它的社会需求来定义语言学研究领域的方式是无法忍受的。与此同时，教育界也存在语言意识淡薄的问题，这表现在学校处理语言情景的能力十分有限，比如虽然学校强调要以儿童已有基础为起点来充分发展其潜力，但对于儿童所处言语社区的言语方式所知甚少，因而对儿童实际的言语基础也所知甚少。为此，Hymes（1980a：142）提出我们要去客观了解学校儿童的交际世界，其中充满了一系列多样的情景语境以及与之相适应的言语方式，充满了多样的规范来划分和选择言语风格，充满各种情景敏感的、风格化的意义互动和理解方式，以至于某一类情景（比如课堂中与教师互动的情景或正式考试的情景）在与其他情景的关系中才获得其自身的意义，其中，每个情景都包含着在系列类似情景中具有一定位置的某种口头或书面的语类，这种语类表现为依赖于特定运用（performance）规则而存在的某类言语表现的可能性。为此我们要了解言语库中出现于教育场景中的那一部内容，要能够跨越一系列场景去比较交际方式和意义的各种选择、比较交际和认知能力的各种表现，要理解某个童儿（或教师）在学校中的言语方式，要去了解整个社会的言语交际方式，而这一切需要语言民族志，从而去调查国家的语言情景，获得真实的在社会中使用的语言知识。

就当前的美国语言情景来说，它一方面充满着内在的异质性和多样性，但同时也充满着各种显性与隐性的语言不平等、语言歧视和语言霸权。语言学家研究语言直觉和普遍的语言模式但忽略了语言使用与言语社区的真实情景，而教育者则仍然执着于语言使用的语法正误、标准与非标准。这两种做法对于儿童的教育和成长都同样有害。学校中对待语言的方式应该能帮助而不是伤害受教育者；应该能帮助儿童并通过儿童帮助他们的家人和社区建立和培养自尊和自信；应该有助于建立并培养尊重多样化的文化背景和抱负，有助于维护人际平等而非造成不平等。然而当前的语言假设以及对语言的无知有悖于这些目标的实现。为此Hymes（1980a：163）指出，语言学要成为一门真正的语言科学，真正作为教育之基础，必须成为交际互动研究的一部分，把语言能力理解为交际能力的一部分，并联系塑造了这些语言能力的社会历史和社会结构来理解语言能力的特性。在 Hymes 看来，这样的语言学有一个基本特征，即其理论和实践对于言语所用的所有手段和所说的意义来说都是充分和足够的。这样看来，一方面，语言学要关注教育的需求，就意味着要在根本上做出改变；另一方面，教育界也要关注教育中的语言问题，了解教育情景中的儿童语言背景、语言知识、语言态度（language attitude）以及整个言语社区和社会的语言情景知识。正是在这个意义上，Hymes 提出需要建立教育语言学这门学科。

1.4.3　基于语言的学习理论的提出

教育语言学发展的另一个动力是 Halliday 基于其功能语言学理论的教育语言学模式。Halliday et al.（1964：163–170）的《语言科学与语言教学》（*The Linguistic Sciences and Language Teaching*）提出，语言理论与应用之间没有必然的冲突，在应用中最有用的方法应该从理论上最有效和最强大的方法中来寻找。语言学不是用来教语言教师如何教学的，但

第 1 章　教育语言学的学科新论

语言科学中描写语言学对语言教学的主要贡献在于能为所要教授的语言做出很好的语言结构（langue）描写，而机构语言学（institutional linguistics）则能为语言教学提供与具体语境中的语言使用及使用者等因素相关的语言变体和语域（register）描写。这成为 Halliday 发展适用于教育教学研究的语言学模型的先声。Halliday（1990）认为，在教育语言学研究中，我们不是把语言作为一种现象来关注，而是关注人们如何通过创造和交流意义来学习。人们主要是通过语言来创造和交流意义的，"如何表意"与"如何学习"这两个主题相互交织，从而为教育语言学提供了研究视角。

Halliday（1990）回顾了有关语言的教育思维（educational thinking about language）的发展历史，认为直到 20 世纪 50 年代，人们都是用一些片段化的表达来思考语言的；读写能力被认为是一套需要学习的技巧，而语言被看作是拼写、语法和结构等与衡量规则相关的内容，但语言这个词本身很少出现在课程或政策说明里，人们对语言作为系统和语篇的性质以及儿童的语言发展等几乎没有什么认识；语法被当作是正确与否的旁注，唯一被认为值得研究的是主流文学的一些语篇。20 世纪 50 年代教育者开始描述非文学语域，开始认识到除正确性之外的语言使用概念，并赋予了口头语言作为学习工具的一席之地。到 60 年代人们开始提出跨课程的语言（language across the curriculum），承认有科学的语言、历史的语言等语域，承认任何学习这些科目的人都必须学习它们的特殊语域（对于英语教学来说即所谓的特殊用途英语）。随后人们开始谈及语言在学习中的角色，认为学校学习不但涉及教材中的学科语言，还涉及课堂、分发材料、展示以及其他材料的语言、教师与学生笔记语言、学生论文、图书馆资料、学生间讨论、家庭作业语言等。在英语教学领域体现为学术英语研究。同时教师开始发展出综合的语言发展观念，认为儿童一出生就开始学习语言，而且家庭、社区和学校之间的学习环境是连续一体的。这些机构性和发展性的两股思潮相互融合，形成了更具建构主义（constructivism）倾向的语言教育观，即大脑内部和外部的经验现实不是既定的、等待人们去习得，而是必须建构起来，而语言正是我们建构现实的主要手段。

Halliday 系统功能语言学的发展正是契合了建构主义语言观的发

展。Halliday（1994a）引述 Vygotsky、Bernstein 和 Bruner 等人的观点，认为语言是现实构建的主要因素，人类经验是以语言形式建构起来的，因而语言的发展方式和过程必然会给我们认识学习的本质提供启示，因为儿童在学习语言的同时也在运用语言来学习，这两者本来是统一的学习过程，是研究者们出于分析目的才把两者一分为二。概括起来说，儿童学习过程是一个通过语言持续进行的经验重构过程，由此儿童逐渐脱离即时、具体的经验范畴，通过相似性或类比来建构概括性的一般范畴，然后发展抽象范畴，最后发展出语法隐喻性的范畴，而语法隐喻（grammatical metaphor）的范畴要求学习者同时用两个视角去建构经验，其中每一个发展步骤都使儿童得以创造出语义空间的新维度。知识（即由语言建构的经验）开始变得具有对话性，通过问答式的意义交流方式来不断扩展。学习者常常出现回归性的经验重构，在更高的符号（semiotic）水平上回归重构相似的经验从而实现螺旋式发展，其中每个步骤都包含与学习者自我关系的不断更新以及学习者与所学内容的不断交融。在此过程中学习者总是处于语言系统与实例的辩证关系中，并且一直在发展知识所赖以建构的元功能潜势。在此基础上，Halliday 提出要通过观察研究儿童语言发展的过程来研究学习过程，提出语言发展视角的教育研究路径，从而作为教育语言学的理论基础。

  Halliday（1988：344–353）指出教育语言学要成为一个有意义的研究领域，需要建立在五个方面的研究基础之上。第一，要研究婴幼儿以及学前儿童语言的发展，对学前儿童语言潜势的正确认识是教育语言学研究的基础。第二，要把语言看作意义潜势系统，研究个体语义潜势的扩展和细化过程，学习过程的基本运作单位是语篇而不是句子。第三，强调研究语言如何建构我们的经验，语言（确切地说是语义系统）就是用知识的形式对经验的表征，是知识存在的形式或载体。第四，强调语言接触对于教育的意义，认为把母语和二语绝对区分的观念脱离了教育实践的现实。第五，强调语言的功能变体（即语域）对教育语言学研究的意义。他认为由于语言本身就是其功能变体的总和，学习者要全面完整地体验一门语言就需要接触一系列的功能变体。

  总体来看，Halliday 打破了主流语言学把理论与实践应用相脱离的模式，强调从语言在具体语境中的功能角度来建立适用性的语言理论和描写模型，把语言看作表意的潜势系统，把学习过程视为学习如何通过语言潜势表达意义的过程，注重具体语境下的语义变体分析及其对教育教学的意义，把其创立的系统功能语言学理论和语篇分析方法运用到儿童语言发展、科学语言建构、语言教学等各种教育语言学研究实践中，从而为教育语言学研究开辟了一条基于普通语言学的研究道路，为 Stubbs 和悉尼学派 Martin 等学者的教育语言学研究奠定了基础。

1.4.4 教育学研究的语言转向

教育语言学不仅仅是对语言学的批判和继承，同时也是对教育学的批判和发展。除了语言学界的驱动力外，教育语言学的发展还受益于教育学界的驱动力，表现为教育学界的学者开始渐渐认识到语言在教育教学中的重要地位，从而出现了教育研究的语言转向。从根源上来说，教育研究的语言转向是 19 世纪末 20 世纪初兴起的人文社科研究中语言学转向的一个部分（Rorty，1967），其中哲学问题被认为来源于对语言逻辑的误解，需要通过精密的语言分析得以澄清，而语言被认为是思维的隐性中介，并构建了现实（俞理明，2018b）。这种思想体现在教育研究的方方面面，比如 Vygotsky 等教育心理学的学者（Vygotsky & Luria，1993；Vygotsky，1986，1997a）突出强调语言与思维的直接关系，认为语言是高级心理功能发展的主要隐性媒介，而通过人为干预实现高级心理功能的发展是教育的主要目标，同时强调知识的学习与传承主要是通过以语言为中介的师生互动来完成，因而语言在学习过程中还发挥着主要的显性中介（explicit mediation）的作用。Wells（2004）等新维果斯基主义学者（neo-Vygotskyan scholars）继承了 Vygotsky 的思想，并进一步从语言学中寻找相关的语言描写模型，成功地把系统功能语言学与教育心理学的学习研究相结合，推动了语言视角的教育教学研究（参见 2.4 节）。

在教育社会学领域，Bernstein（2000）等学者开始意识到不同的社会阶层掌握着不同的语码资源，其中中产与上层社会掌握着能表达概括、抽象、深奥思想观念的精密语码（elaborate code），同时也掌握着生活中所用的表达具体、形象、日常知识的局限性语码，但劳动阶层人民只掌握局限性语码，而没有掌握精密语码。这种社会阶层的语码差异被传递给下一代，从而使得劳动阶层的儿童从一开始就在教育中处于不利地位。为了进一步寻找语码差异的语言证据，Bernstein 开始与 Halliday 等语言学家合作，采用功能语言学理论来对社会不同阶层掌握的语码资源、编码倾向（coding orientation）、知识结构（knowledge structure）、教育机制（pedagogic device）、教育话语（pedagogic discourse）以及符号控制等做语言学解释，并力图通过适当的语言教学来解决这个问题。Maton（2014）进一步发展了 Bernstein 的理论，提出了合法化语码理论（legitimation code theory, LCT），明确在语义性和专业性等分析维度上，借用语义重力（semantic gravity）、语义密度（semantic density）、社会关系（social relation）和认知关系（epistemic relation）等语言学相关概念，并开发转换工具（translation device），借用语言学手段来做具体的分析测量，从而探究各教育相关领域相关语言编码模式的合法性程度（参见 4.2 节）。

随着哲学研究中语言学转向的出现，教育界学者还有一部分学者从语言角度来研究教育的本质，提出教育的语言本体论（谢登斌，2005；李政涛，2006；谢延龙，2012）。他们从 Saussure 的语言学理论出发，指出人们对事物的概念依赖于建构此概念的语言符号，而对世界的整体认识依赖于建构概念体系的语言符号系统，即现实世界是由语言建构起来，因而要从语言角度来研究知识的建构以及教学，而这正是教育教学的主要内容。另外，现代解释学的发展也推动了教育的语言本体论的发展。Heidegger（1971）认为语言、人和存在是三位一体的，人的存在是以人通过语言在逻各斯（logos，即语言实现的言语过程和文本）中的存在；Gadamer（1976）也主张语言与世界不可分离、人通过语言来拥有世界。由此语言与人的存在紧密联系起来了，具备了构成人与世界存在的本体论地位，人类起源和发展的全部奥秘都被认为是存在于语言之中，语言创造了人，因而要从语言角度来研究人的发展。由于教育以人的发展为导向，人在语言中的成长成为教育研究的核心，教育存在的本质可以看作是在语言中的存在。Gallagher（1992）的《解释学与教育》（*Hermeneutics and Education*），以及我国学者谢延龙（2012）的《在通往语言途中的教育——语言论教育论纲》都提倡教育的语言存在论,力图通过考察语言在人的成长中的作用来解释教育教学的本质。

总体来看,教育语言学的兴起是多方合力的结果,其中包括 Spolsky 应用性社会语言学视角的教育研究,Hymes 语言民族志视角下以言语交际能力为核心的教育研究,Halliday 功能语言学视角下以语言发展和语义变体分析为核心的教育过程与教育话语研究,以及教育界在解释学视角下以教育的语言本体论为核心的研究。在这些先驱们的共同推动下,20 世纪 70 年代教育语言学兴起,八九十年代开始发展壮大,进入 21 世纪以来开花结果,成为语言学和教育研究中具有重要影响力的一个新兴学科。

1.5 国际学界的发展现状

国际教育语言学界经过 40 多年的发展,形成了几个主要的研究阵地。本节主要按地域因素,同时适当顾及历史发展过程,综述国际教育语言学的研究现状,从而使我们对西方学界的研究有一个整体认识。我国教育语言学研究起步相对较晚,将放在第 5 章从本土化视角来阐述。本节阐述教育语言学在北美、欧洲、亚太三个主要地区的发展现状,其他国家和地区的研究总体上来看发源于这三个地区。另外本节主要集中于 20 世纪以及 21 世纪第一个十年的研究,2010 年之后的研究将在后面的章节中重点论述。

1.5.1 北美的研究

北美的教育语言学研究主要涉及美国、加拿大两个国家,其中美国是西方教育语言学的发源地,也是教育语言学的主要研究阵地,其代表性人物包括 Spolsky、Hymes、Hornberger、van Lier、Wells 等人。Spolsky 于 1972 年在哥本哈根召开的"第三届应用语言学年会"首次提出"教育语言学"这一学科概念(Spolsky, 1978: vii)。随后 Spolsky

在新墨西哥大学教育学院设立了第一个教育语言学博士专业,研究方向包括语言保护(language maintenance)与复兴、语言政策与规划、双语现象、语言评价等。1974 年 Spolsky 发表了两篇论文,1978 年出版了专著《教育语言学导论》,成为教育语言学学科理论最早的文献;1999 年 Spolsky 编辑出版了《教育语言学简明百科全书》(*Concise Encyclopedia of Educational Linguistics*);2008 年 Spolsky & Hult 合作编辑出版了《教育语言学手册》。作为教育语言学的主要发起者和推动者,Spolsky(1978:2)强调教育语言学的问题导向性,提倡从语言学及相关学科中去寻找问题的解决方案,把教育语言学的主要任务设定为给语言教育政策的制定和执行提供相关信息,其学科理论研究主要围绕社会语言学对教育教学的启示展开(参见 2.1 节),而其实践研究主要把社会语言学和交际人种学应用于语言研究与语言教育实践,从而研究语言规划与语言教学等问题(参见 2.1、3.3 和 4.1 节)。

Hymes 是北美教育语言学研究的灵魂性人物。早在 1976 年,Hymes(1976)就提出要建立教育语言学;到 1980 年,Hymes(1980)出版了个人文集《教育中的语言:语言民族志视角的研究》(*Language in Education: Ethnolinguistic Essays*),这是教育语言学发展的另一部具有里程碑意义的著作。在 Hymes 的领导下,宾夕法尼亚大学教育学院在 1976 年设立了语言教育系,下设教育语言学博士专业。其中 Nancy Hornberger、Teresa Pica、Yuko Butler、Francis Hult 等北美教育语言学的新生代学者都先后在宾夕法尼亚大学教育语言学专业学习或工作。1984 年,Hymes 领导宾夕法尼亚大学教育学院编辑出版《教育语言学工作论文集》(*Working Papers in Educational Linguistics*,WPEL),这是国际教育语言学界第一本正式的学术期刊。Hymes(1972,1976,1980,1984)强调语言在特定语境中的功能,提出了交际能力的概念,建立了基于其语言(交际)民族志的教育语言学研究模型,倡导用民族志的参与观察方法来记录和分析社会中的语言交际模式,并应用于解决教育中的语言问题,对现代教育语言学的发展起了重要的推动作用。语言民族志路径下的教育语言学研究从语言本质上的平等性与事实上的不平等性之间的辩证关系出发,揭示由于语言进化及其导致的言语功能竞争所造成的社会语言资源和能力的不均衡分布,提出通过累积式观察和记录来研究多样化言语社区在言语交际模式上的异同,理清学校教育的社会语言情景及其语言问题的根源,提出通过培养个体的言语交际能力来促进教育教学的顺利进行和个体可持续发展(参见 2.2 节)。受 Hymes 的影响,Hornberger(2001)对教育语言学的主要特点和研究范围进行了论述(参见 1.2 节);其研究实践主要致力于语言规划与教育政策以及少数民族、土著、移民的语言文化研究(参见 4.1.1 节和 4.1.2 节)。Hult(2008,2010)基于 Spolsky、Hymes 以及 Hornberger 等人的观点对教育语言学的学科内涵和前景等做了探讨。

北美另一位重要的教育语言学者是 Leo van Lier。van Lier(1994,2004,2008)积极探讨教育语言学的学科发展历史和学科理论框架,提出教育语言学者必须把理论与实践有机结合,通过适当调整其他语言学分支来寻求生存空间,并提出要重视课程、教材建设,争取政策支持并积极筹资,从而使其真正成长为一个独立学科。van Lier(1994)对语言学与教育的关系进行了有益探讨,认为教育学可以为语言学的教学法提供启示,而教育实践为语言学与语言发展提供了丰富数据;认为语言学应该采用经验体验的视角把语言看作动态表意过程,由此可以在跨课程的语言、学校与职业话语、课堂互动、母语与二语(以及外语)教学、家校关系、语言权利与控制等方面为教育研究提供启示。van Lier(2004,2008)把教育语言学看作是应用语言学的分支,提出教育语言学研究的生态-符号视角,把教育看作生态系统,而语言则是表意符号系统,研究教育场景中语言的使用与功能,并研究社会文化和个体认知通过语言表意功能在传授与学习过程中发挥的作用(参见 3.4 节)。

此外,Gordon Wells 的研究也具有较大的影响。虽然他并未明确把自己纳入到教育语言学的麾下,但因为他明确借鉴系统功能语言学并结合 Vygotsky 的教育心理学、发展心理学作为理论基础来研究教育教学,因而实际上也是从语言视角研究教育教学。Wells 的代表作包括《对话式学习:社会文化视角的教育理论与实践》(*Dialogic Inquiry: Towards a Sociocultural Practice and Theory of Education*)(Wells,2004)、《意义表述者:学习说话与说以致学》(*The Meaning Makers: Learning to Talk and Talking to Learn*)(Wells,2009)等,其研究特色在于把新维果斯基主义社会文化导向的教育心理学、心理符号学与功能语言学、社会符号学相结合,把教育中的个体心智发展与社会文化传承目标相结合，从而设计求知模型和课堂教学模型，提倡在教育教学中通过师生对话性互动来引导学生积极求学。Wells 的相关理论详见 2.4 节。

1.5.2 欧洲的研究

欧洲的教育语言学者中，为教育语言学发展做出最大贡献的无疑是 Michael Stubbs。Stubbs 一直从事语言与教育教学的研究，早期的代表性成果包括 1976 年出版的《语言、学校与课堂》(*Language, Schools and Classrooms*) 以及 1980 年出版的《语言与读写：阅读与写作的社会语言学研究》(*Language and Literacy: the Sociolinguistics of Reading and Writing*)。1986 年，Stubbs 出版了其教育语言学研究的代表作《教育语言学》(*Educational Linguistics*)，成为继 Spolsky 后第二部明确以教育语言学命名的学科专著，极大推动了教育语言学的发展。Stubbs（1976，1980，1986，1990，1991）把教育语言学的研究范围设定为所有与语言教育相关的各个方面，包括学校、宗教以及其他世俗机构中的语言研究（机构语言学）、语言描写、语言变体、语言规划与政策、课堂实践、教育学，涉及方言与标准语言、家庭与学校用语、书面语与口语等不同变体之间的异同、师生互动话语、成人与儿童互动话语、教材语言、课程语言、教师培训语言等各方面。Stubbs 主要以系统功能语言学以及社会语言学为基础，强调语言教育研究的社会、文化、历史视角，提倡用批判性方法研究语言教育中的权力与正义问题，突出应用性话语分析在教育语言学研究中的作用；其自身的研究实践涉及语言、学校、大纲、课堂、读写教育、语言规划与语言政策等各领域。

欧洲另一位学者 Richard Hudson 对教育语言学的学科理论发展也做出了重要贡献。2004 年 Hudson 发表了《为什么教育需要语言学（反之亦然）》一文，对教育与语言学之间的相互关系做了深入讨论；2008 年他在《教育语言学手册》(Spolsky & Hult, 2008) 中发表了《语言学理论》一文，对教育语言学的语言学理论基础做了深入阐释。Hudson（2004，2008）提出，语言是教育实践中教学、测试、练习以及大部分思维活动的媒介；语言学则可为教育提供基本的语言观（比如描写主义、语言变体等）、语言系统的理论模型以及具体的语言描写等三类知识，从而为母语和外语教学提供重要指导与启示。就学科研究来说，Hudson 指出，语言对于学科必不可少，因为每门学科都有自己特定的语域，表现为其独特的术语体系和语言表述特征，而研究和掌握这些语域特征是学科教学的基本内容。另外，教育语言学还需要研究语言使用如何促进教学，这涉及跨课程的语言、学生的学习语言、教师的教学语言等方面的研究。

欧洲教育语言学研究的另一重要成果是 Springer 出版社 2003 年起推出的"教育语言学系列丛书"（Educational Linguistics Series），目前已经出版 49 卷，主要从社会语言学、功能语言学、语言民族志、语言生态、语言景观、形式语言学、认知语言学、心理语言学等各语言学流派视角对教育教学（特别是语言教学与习得）进行深入研究。Springer 出版社还推出了《语言与教育百科全书》（Encyclopedia of Language and Education），第 1 版共 8 卷，1997 年出版；第 2 版共 10 卷，2008 年出版；第 3 版共 10 卷，2017 年出版，主要从语言政策规划、语言民族志、语言生态、多语主义、话语、语言技术、语言社会化与发展等方面研究语言与教育之间的关系。Routledge 出版社于 2012 年出版了一套"教育语言学：语言学的主要概念丛书"（Educational Linguistics: Critical Concepts in Linguistics），所收录的文章从语言多样性、生态、政策规划、身份、习得和教学等角度讨论语言与教育的理论问题，从而拓展学科的理论基础。这些丛书的出版扩大了学科的研究广度和深度，扩大了学科的影响力，推动了学科深入发展。

1.5.3 亚太的研究

亚太地区的教育语言学研究主要以澳大利亚为代表，也包括日本、新加坡、越南等东亚和东南亚、南亚国家的相关研究，主要以 Halliday、Hasan、Martin、Matthiessen 等系统功能语言学派的学者为代表。系统功能语言学的创立与发展在很大程度上具有教育动因。早在 1964 年，Halliday et al.（1964）就出版了《语言科学与语言教学》（*The Linguistic Sciences and Language Teaching*）一书，探讨语言学对语言教学的启示与指导。书中，Halliday 提出了其语域理论，探讨了语域在语言教学中的运用；这成为早期系统功能主义语言教学实践的主要理论基础，也为交际性教学法、专门用途英语等提供了直接的理论指导。同时 Halliday 还区分规定性（prescriptive）、描述性（descriptive）和生产性（productive）等三种不同的教学模式。1964—1971 年，Halliday 主持了"纳菲尔德学校理事会语言学与英语教学项目"（The Nuffield Schools Council Programme in Linguistics and English Teaching），致力于小学、初中到高中各阶段英语教学的课程发展和研究，开发了系列语言教材，包括面向小学生的《读写能力突破》（*Breakthrough to Literacy*）（Mackay el al., 1970），面向初中生的《语言使用》（*Language in Use*）（Doughty el al., 1971）以及面向高中生的《语言与交际》（*Language and Communication 1, 2, and 3*）（Forsyth & Wood, 1977, 1980a, 1980b）。同时 Halliday 还撰写了系列论文对语言教学进行探讨。

随着教育语言学的兴起，20 世纪 80 年代末 90 年代初，Halliday（1988，1990，1991，1994a）开始探讨教育语言学的理论体系（参见 2.3 节）。Halliday（1990：354）从实践角度，把教育语言学的内涵界定为教师和学习者（以及其他参与者）遵从一定的原理从事基于语言的教学活动；强调教育语言学不是学科性或跨学科性的，而是一个主题性研究领域，其研究主题是人们如何通过表意与交流来学习。Halliday（1988）强调学科的发展应以整个学习经验为基础，并至少以幼儿及学前语言发展、语言作为表意过程以及语篇的本质、语言作为现实的构建、语言接触、语言的功能变体等几个方面的研究为前提。Halliday（1990）从教与学两个视角界定学科的研究范围。从教师（研究者）角度来看，研究内容包括学校教材语域、课程语类、课堂话语、模式间学习过程、基于语言的学习理论、机构性变量（比如学习者的语言背景以及不同的机构模式）等；从学习者角度看，研究内容包括学校语法、语言用途、语言的机构性（比如家庭和邻里关系构成的微观语言环境）、学校中的外语、功能语法及语篇等。Halliday（1990，1991）提出语言是学习的主要资源，要建立基于语言的学习理论作为学科的基础理论，并从学习语言（learning language，即掌握语言交际能力）、学习语言知识（learning about language，包括语法、语义、语篇、语境知识）以及通过语言进行学习（learning through language，即用语言来学习学科知识）三个视角对语言与学习的关系进行深入讨论。此外，Halliday（1994a）认为语言识解人类经验，语言发展过程有助于我们认识人类经验发展和人类学习的过程和本质，因而提出基于语言发展的教育研究方法（a language development approach to education）。

在 Halliday 的引领之下，其他系统功能派的学者也积极投身于教育语言学研究。其中最具影响力的是以 Martin、Christie、Rothery、Rose 等人为代表的悉尼学派的研究（参见 2.3.5 节和 3.2 节）。以 Martin 为核心的悉尼学派学者继承了 Halliday 的教育语言学思想，发展了语类与语域理论（genre and register theory）以及语篇语义理论并用于指导（语言）教育实践（Christie & Unsworth，2005；Halliday & Martin，1993；Martin，1985，1993a，1993b，1999；Martin & Rothery，1986）。在实践上，Martin 等人（Martin & Rose，2012）开展了以语类理论为基础的读写教育（genre-based literacy）项目，形成了一整套基于语类的读写教学法（genre-based literary pedagogy）（Martin，1999；Martin & Rose，2012；Martin & Rothery，1986），发展学生的批判性阅读与写作能力；同时分析不同学科的语域特征，帮助各个层次的学生通过阅读来掌握语言表意能力并获取相关学科知识（Christie & Unsworth，2005；Martin & Rose，2012；Martin & Veel，1998）。此外悉尼学派的学者结合 Bernstein 的教育社会学理论，把学校教育过程看作教育话语，用一系列语类（包括课程语类、教学语类以及教材中涉及的各种具体语类）来描述和分析，并探讨其中涉及的符号资源分配与控制以及社会权势、公平、正义等问题（Christie，2002；Martin & Rose，2012）。悉尼学派之外，Painter（1990，1999）对幼儿语言发展做了深入研究；Hasan（2005，2011）则对不同社会阶层的编码倾向（coding orientation）等社会语境对于教育教学的影响做了深入探讨。

1.5.4 评价

经过学者们40多年的共同努力，国际教育语言学取得了长足发展，其成就大致可以概括为以下几个方面。首先，教育语言学从无到有，从发展到壮大，在国际语言学界逐渐站稳了脚跟，有了自己的一席之地，表现为一大批教育语言学者的出现，一系列学科理论与实践著作以及学术期刊的出版，以及一些大学中教育语言学专业的开设。其次，在学科理论上，学者们深入探讨了教育语言学的内涵、外延、理论基础、研究方法等系列根本问题，认为教育语言学是研究教育与语言之间的交叉学科，需要以各流派的语言学理论为基础，同时综合运用教育学、社会学、心理学等各相关学科的理论成果来开展研究；认为其研究范围十分广泛，即要研究微观的语言教育教学问题，也要研究宏观的社会语言政策规划、语言交际对教育教学的影响，还要从语言的内在结构、功能及其在社会历史文化语境中的使用角度研究语言在教授、学习、学科、课程、课堂等教育教学各方面所发挥的作用。这些探讨为教育语言学的发展奠定了坚实的学科理论基础。在实践上，学者们强调以问题来驱动教育语言学研究，采用多样化的研究方法，以语言教育教学为手段，通过提高学习者的语言表意能力来优化教育交际过程，保证教育教学顺利进行；通过适当的语言管理来充分发挥不同语言及其变体在教育教学中的作用，优化教育教学中的语言生态；通过研究教育过程话语、学科话语、师生参与者互动话语等语域特征，揭示语言在教育教学各领域中所发挥的作用。这些研究使学科一开始就紧密联系实践，展示出极大的应用前景。

当前国际教育语言学的发展也存在一些不足。第一，教育语言学的内涵虽然被定义为语言与教育的互动，但其焦点往往被设定语言教育教学，从而对其他方面的研究缺乏关注，并导致误解，以至于把教育语言学等同于语言教育教学研究，从而对学科的发展产生了负面影响。第二，学者们强调以问题来推动学科发展，一方面凸显了其实践导向的优势，另一方面导致了其学科理论建设相对薄弱。虽然其学科内涵被定义为研究教育与语言的关系，但是学者们并没有从语言学的角度深入探讨语言在教育内容（即知识）的构建、控制、传递等过程中所起的关键作用,也缺乏从教育学角度对语言发展和教学的深入探讨。学者们建议综合运用各学科的理论,但是缺乏对各派理论的提炼、融合,缺乏相对完整统一的理论体系。第三,理论体系的不足也导致了实际研究的不足,表现为往往只把语言作为教育对象,而缺乏对语言作为媒介在教育中所发挥作用的深入研究,缺乏对教育政策、教学过程、教材、课程、大纲、学生、教师等教育各因素严谨、细致、科学、统一的语言学分析。今后的研究有必要加强学科基础理论研究和学科体系建设,以理论指导实践,扩大研究视野和研究范围,从而推动教育语言学的进一步发展。

第2章
教育语言学的新理论

教育语言学是研究语言与教育之间互动关系的一个学科领域（Spolsky，1985：3095）。语言学界把教育语言学作为语言学的一个分支，力图从语言学的视角来研究教育教学问题。原则上各语言学流派都有可能从自己的语言理论出发来研究教育教学问题，从而形成自己独特的教育语言学理论模式。理论上的可能性代表的是学科发展潜力，因而纷繁复杂的现代语言学流派有可能形成纷繁复杂的教育语言学理论流派。然而受各种社会历史条件的限制，只有少数几个现代语言学流派的理论与教育研究相结合，发展成为相对完整且具有较大影响的理论模式，包括社会语言学视角的理论、语言民族志视角的理论、系统功能语言学视角的理论、社会文化视角的理论。本章对提出这些理论模式的主要学者及其代表性著述、主要理论、概念、观点、议题等进行阐述。

2.1 社会语言学视角的理论

社会语言学视角的流派主要是由 Spolsky 创立的，也包括其他学者的一些论述。本节主要阐述 Spolsky 提出的相对完整的理论体系。Spolsky 在 1972 年哥本哈根"第二届应用语言学年会"上提出教育语言学的学科概念，随后在新墨西哥大学教育学院设立了第一个教育语言学博士专业，研究方向包括语言保持与复兴、语言政策与规划、双语现象、语言评价等。1974 年 Spolsky 的两篇论文（Spolsky，1974a，1974b）及其 1978 年出版的第一本教育语言学专著《教育语言学导论》（Spolsky，1978）是该领域最早的文献。1980 年 Spolsky 在其论文《教育语言学的范围》中论述了教育语言学的研究范围，1999 年 Spolsky 编辑出版了《教育语言学简明百科全书》；2008 年 Spolsky 与 Hult 编辑出版了《教育语言学手册》。Spolsky 的教育语言学理论包括其对教育语言学学科内涵的论述，以及其应用性教育社会语言学的教育研究视角两个方面。

2.1.1　学科内涵及理论模型

Spolsky 认为，"……教育语言学是应用语言学之中一个连贯、逻辑统一的研究领域，其范围是语言和正式教育之间的互动，主要关注对语言教育各个方面的分析和描述"（Spolsky，1978：viii）；"教育语言学是最近新造的一个术语，指的是关注语言和教育之间互动关系的研究领域"（Spolsky，1985：3095）；"教育语言学这个术语指的是语言学这个学科与教育实践行业之间的交集"（Spolsky，1999b：1）。Spolsky（1980，1999b）认为教育语言学是类似于教育心理学或教育社会学的一个独立学科，主要是作为语言学与教育学之间的交叉来研究语言与教育之间的关系，一方面教育语言学要关注语言学对教育的启示，另一方面也要关注教育学科对语言的启示。

Spolsky 总体上认为教育语言学是语言学分支，"我选择'教育语言学'这个词（模仿教育心理学和教育社会学而创造）就是要表明这个研究领域是语言学的一个分支；虽然它和教育有密切的关系，但从事教育语言学研究的学者主要学术背景都是语言学的"（Spolsky，1978：2；1980：68）。在具体归属上则有前后矛盾之处。有时他认为"教育语言学是应用语言学中的一个连贯的、逻辑统一的研究领域"（Spolsky，1978：vii），"可以被认为是应用语言学的一个分支，虽然应用语言学这个词本身经常只用来指语言教学"（Spolsky，1985：3095）。有时认为这是一个新的研究领域，不属于应用语言学，比如他说"'教育语言学'这个词仿造于教育心理学和教育社会学。它指的是一个学科（语言学）和一个实践性的行业（教育）之间的交叉。'语言学'作为这个名词词组的核心词使它保留了学术领域的高地位，同时它拒绝认为语言学就在

第 2 章　教育语言学的新理论

那儿等着被应用,就像锤子等着把钉子钉进去。相反,使用这个词是为了强调有必要仔细考虑教育这个方面来开拓一个重要的新领域。"Spolsky(1999b:1)"通过与教育心理学对比,我希望可以定义一个有关教育的但是以语言学为基础的领域"(Spolsky,2008a:2)。

Spolsky(1978,1980,1985,1999b,2003)认为教育语言学的研究范围是语言学以及其他相关的语言科学与正式和非正式教育之间的交集,包括语言教育研究的各个分支学科以及与语言教育有关的语言学和其他学科知识。Spolsky(1985:3095)认为其具体研究范围可以用学科研究涵盖的领域来定义,包括语言教育政策、母语和二语教学、阅读、读写能力、双语教育、写作、语言测试等;可以用学科理论基础的来源来定义,包括理论语言学、社会语言学、心理语言学、人类语言学等;可以通过其分支领域来定义,包括一语和二语习得研究、母语教学、二语教学法、移民和少数族裔语言教育、语言规划等。这些研究领域的统一性通过考察语言教育的背景、动因、操作过程以及结果等可以得出。Spolsky(1999b)把教育语言学的研究任务概括为两个方面:既要研究与正式和非正式教育有关的语言学各分支学科中的知识,也要包括与学习者语言技能直接相关的正式和非正式教育的知识。Spolsky(1978:viii)指出教育语言学要从评估儿童入学时以及整个学校教育过程中的交际能力入手,分析研究社会对于儿童交际能力培养的目标,并涵盖教育体系中为把儿童的语言技能培养成社会预期状态所采取的所有教育活动。Spolsky(1978:2)提出教育语言学要从具体问题出发,再从语言学和其他相关学科寻找解决问题的方法。

Spolsky(1978,1980)提出了教育语言学研究的理论模型,由此说明教育语言学要汲取语言学以及其他相关学科的理论和启示来研究语言教育问题。如图 2-1 所示,Spolsky 认为在普通语言学中发展起来的语言理论(theory of language)是学习理论(theory of learning)的一部分,至少要和学习理论保持一致,后者被认为是心理学研究的内容。两者结合发展出的语言学习理论必须和语言使用理论(theory of language use)保持一致,后者被认为是社会语言学研究的内容。语言描写作为普通语言学的一部分必须基于语言理论之上。语言描写、语言学习理论和语言使用理论三者综合,可以发展成(第二)语言教学法,作为教育语言学的研究内容。这样教育语言学的理论包括普通语言学、心理语言学和社会语言学。普通语言学提供可以满足语言教学需求的实用性教学语法；心理语言学提供关于语言学习发生方式的解释或者可验证的假说；社会语言学主要提供语言使用条件、学习者的态度和动因以及交际能力发展等理论。不过，Spolsky 认为此模型的缺陷在于忽略了语言教育过程中现实世界的实际条件和各种压力，比如教学设施和教学者态度等，这些都会直接影响语言教育政策的实施。

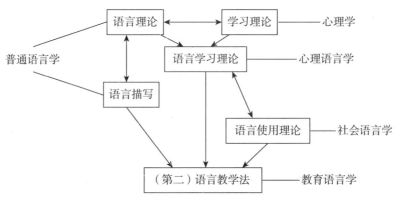

图 2-1　Spolsky 的教育语言学框架（Spolsky，1978：5）

Spolsky（1999b：6）采用 J. B. Carroll 的语言教学模型作为教育语言学研究的起点。简单地说，个体的语言水平（linguistic proficiency）或者语言能力（linguistic capacity/competence）由多因素综合作用决定，包括个体的语言学习能力、个体获得更高语言水平的由个人或社会决定的动因，以及个人或社会决定的对其他语言变体的接触程度。教育语言学的作用就在于研究这些因素和语言学习过程的本质，找到优化和改善途径，使得发展个体或社会所需求的语言能力成为可能。

2.1.2　教育的语言障碍

Spolsky（1978：7）指出，语言对人类社会具有核心意义，而语言学习是社会化（socialization）的核心组成部分；儿童要成为其所属社

第 2 章　教育语言学的新理论

会的成熟的、具有生产力的成员，就必须学习该社会的语言以及制约语言何时、如何使用的系列规则；任何儿童所受教育的主要部分都与不断改善其语言并在其语言库里丰富、增添或抑制某一语言变体息息相关。Spolsky（1978：15-16）提出，大部分教师的教学活动都是通过语言进行的，而大部分学生的学习也依赖于学生对教师和教材的理解能力；学习依赖于教师与学习者之间以及学习者与教材之间的互动，没有互动交流就不太可能存在有效的教育教学。因而，要正确理解语言与教育之间互动关系，首要任务就是准确描述教育系统所处的语言情景及其语言目标，唯有如此，才能制订系统的能够实现的教育目标及切实可行的实施计划。学校教育系统的首要目标必须是使得所有儿童能在学校教育场域里有效地发掘自身潜能，而这要求我们排除教育中的语言障碍，否则会有一大部分人被阻挡于享受充分教育的门槛之外。

　　Spolsky（1978：10）把真实的教育过程看作语言交际事件（communicative event），认为无论是看似简单的家庭教育还是复杂的现代技术社会中的教育机制，其基本的结构都是一样的，即基于所掌握的专业知识而选派特定教师，该教师花一定时间在学习者身上，从而传授某个领域的知识给学习者。由此 Spolsky（1978：10-16）借用 Jakobson（1960）的言语交际事件的要素图式来分析教育中可能存在的语言障碍，把其中影响最大的语言要素归结为交际参与者、交际渠道（channel）、语码（code）三个维度，但忽略了其中的语境和消息两个要素。交际参与者等同于 Jakobson 模式中的发话者（addresser）与受话者（addressee），指教育中的教育者和受教育者；交际渠道对应于 Jakobson 模式中的接触（contact），指交际进行的物理渠道和交际参与者之间的心理联系，可以是无读写能力前的纯口语、书面语、掌握读写能力后的电子化口语或者某种混合模式；语码对应于 Jakobson 模式中的语码，指被选择用于教学目标及其教学工具的语言及其语言变体，涉及教育中所选择的语言的数量、种类及其被选目的。Spolsky 认为这三个维度说明了正式与非正式语言学习之间的冲突，是语言教育困境的根源。扫除这些语言障碍，学校教育才能取得成功。

　　在参与者维度上，Spolsky（1978：11-12）主要从学生与教师语言的同质或异质性来考察。首先，学生数量和生源种类对于教育的语言质量有较大影响。精英教育模式中，学生只来源于社会顶层，因而家庭语言与学校教育语言之间往往具有同质性。普及教育中，学生数量大大增加，而且学生从家庭中所带来的语言变体（包括各种语言和方言）也大大增加，由此导致学校环境中的语言异质性，即少数族裔和底层家庭儿童的语言与学校教育要求的语言不一致，导致其学业表现糟糕。此外，现代社会中教师往往属于社会中下阶层，地位类似于下层公务员，其语言可能与儿童的语言相同或相异；两者语言相异将导致教育障碍，其中一方必须学会另一方的语言才能使得教育顺利进行，而这往往被语言教育政策所忽视。

在交际渠道上，Spolsky（1978：12-14）主要考察口语和书面语差异。有的语言只有口语系统（比如许多部落语言），有的只有书面语形式（比如现代教育体系中的拉丁语、梵语）。文字文明出现之前的社会教育是口头进行的；文字系统的出现使得培养学生的读写能力成为学校教育的首要目标。同一语言的口语与书面语也有显著差异，前者往往是线性、一维的，冗余度比较高，而后者冗余度比较低，尤其在语法和词汇两方面。因而学习者接受学校教育的首要任务就是必须发展书面语读写能力，而这有较高难度。读写能力不足是造成各阶层相当部分学习者教育失败的主因之一。电子化的后读写社会中口语渠道在学校教育中重新获得了重要地位，表现为各种影音材料的广泛使用，这种口语与日常会话相比仍然更为精细并带有一定的书面语特征，但还是可以在一定程度上降低家庭口语和学校书面语之间的差异从而降低学习难度。

在语码维度上，Spolsky（1978：14-16）主要关注教育系统对语码或语言变体的选择，即哪一种或多种语言及其方言被选为教育媒介语言以及教学目标语言。学校可以让教师进行单语或多语教学，让学生在学校教育中继续使用母语，或增加使用第二语言，或者从使用一门语言过渡为使用另一语言。其语言教育可能要求学生掌握两种或多种语言且每门语言在各种用途中地位平等，或者要求各语言在地位和使用上各有差异，与特定的使用领域相联系。此外学校教育中往往选择官方或民族语言的标准方言作为教学媒介语言或者目标语言，而这往往相异于与大多数儿童在家庭中习得和使用的语言及其变体。但学校往往想当然地认为每个儿童都已经或者至少能潜移默化地掌握了学校教育所要求的标准语言或方言，从而导致儿童因为语言差异而无法理解课堂内容造成教育失败。

2.1.3 教育语言学的语言观

Spolsky（1978：81-83）仔细比较各种普通语言学理论来用作教育语言学的基础理论。他借用 Hjemslev 的符号学（semiotics）理论，认为我们可以把语言本体看作是实体（substance）或形式（form）来研究，而每个角度又可分别关注说话内容（content）或表达手段（expression），由此产生四个可能的研究视角：内容实体（content-substance）视角，关注我们能够用语言来讨论的所有事情；内容形式（content-form）视角，关注这些事情是如何组织为语言单位；表达实体（expression-substance）视角，主要研究语言的物理媒介；表达形式（expression-form）视角，关注物理媒介如何形式化为语言单位。他认为，就教育语言学的研究目的来说，最有效果的研究视角必须能揭示语言的结构如何源自于语言功能，即能揭示语言的样貌是由其需要做的事所决定。所有的符号系统中对人类语言系统要发挥的功能要求最高，因为人类语言是作为一个交际系统进化来的专用符号系统，需要用来交流和传递无限多的消息。

Spolsky（1978：83-87）指出，与动物语言相比人类语言的独特优势在于其结构二重性（double articulation），从而可以由数量很少的语音组合成数量较多的音节，再进一步组成海量的词汇，进一步组合为数量无穷的句子和语篇。语言的结构二重性导致意义与形式之间只存在间接关系，两者需要通过语法来连接，由此语言可以视为包含三个相互联系的系统，即语义系统、语音系统以及连接两者的语法系统。语言研究可以从三个系统的任何一个开始。Spolsky 认为美国结构主义语言学理论是从直接可见的语音及其系统着手，先识别语言的音位和组合规则，再识别形位以及形位组词造句的句法规则，而语义只是用来帮助发现这些音位和形位及其规则的一个技术手段，未能对语义系统加以深入研究，同时也未能解释句子歧义、各种句间关系以及语法的无限创造性。对于转换生成语法，Spolsky 认为 Chomsky 倾向于从语言的核心成分（即句法）入手，深层句法为语义解释提供基础，而表层句法用来处理音系成分，两者由转换规则相连接，从而解决了结构主义语言学的部分问题。但 Spolsky 最感兴趣的是 Wallace Chafe 等人的生成语义学（generative semantics）的模式，其中语义系统被认为是语言的基本系统，因为语言的基本功能是用来交流语义。语言由一系列语义规则组成，语义规则生成了可接受的语义结构，再经由一系列句法规则把深层语义结构转换为表层结构，再由一列音位规则确定句子的语音形态。Spolsky 认为生成语义学由于认识到语言在建立语音和语义联系中的根本功能，对于回答语言生成相关的问题极具吸引力。

Spolsky（1978：89–91）指出，这些语言学理论为研究语言基本结构和语言习得提供了很好的理论基础，但也存在两个难以克服的问题。一是语法的心理现实性问题，即如果我们把语言学视为认知心理科学的一个部分，则需要思考在多大程度上我们可以找到实验证据来支持语法学家的基本假设。语言能力作为语法学家的研究对象只是决定语言表现的众多因素之一，而许多其他因素与语言本身无关，另外也不清楚语法学家能在多大程度上基于语言能力来解释说话者和听话者的语言表现。第二个问题与社会语言学相关，即这些语言学理论未能解释语言使用的复杂性。美国结构主义、转换生成语法和生成语义学家都假设在完全同质性言语社区中存在着理想化、完美化的说话者，进而研究其语言能力，而把任何语言使用的多样性视为某种自由变异（free variation），未能考虑说话者个体的风格变体和特定言语社区中具有社会制约性的风格变体。他认为，这些语言学研究把两类数据排除在外：一是由于地理、社会地位、社会教育以及情景因素（比如风格、话题、听众）而导致的语言变体数据；二是真实言语过程中对语言解释有影响的停顿、重复、磕巴等各种各样的不流畅性现象（non-fluencies）。Spolsky 指出，这些现象也是有规律、受规则制约的，其背后的规律性应该得到解释，同时与这些规律性相关的语言习得原理也应纳入到语言习得理论中，因为儿童不能只学习某种单一的语言变体，而应该掌握其所处的言语社区中的各种语言变体和变异。

Spolsky 认为，语言学如果不考虑这些问题，那么就和任何正常的语言使用毫无关系。对于教育语言学来说，同质性言语社区中某个理想化的单语、单变体的说话者-听话者的语言能力只能作为研究的第一步；对于教育语言学最相关的语言学理论必须能够解释交际能力的各个方面，包括个体说话者和某个言语社区的所有语言能力库。综合起来看，Spolsky 认为语言的主要功能是交流信息，且其本质构造是语言的功能，即使用的结果，因而最适合教育语言学的语言观是功能主义的语言观。

2.1.4　语言习得的内涵与心理因素

由于教育过程中可能存在各种语言障碍，教育语言学的重要任务就是研究如何帮助学习者学习各种教育过程中需要的语言技能来促进教育教学的顺利进行。为此 Spolsky（1978：95）把教育语言学对语言的基本兴趣定位为研究语言是如何习得的。对于教育语言学研究来说，重要的是要弄清楚语言习得过程中哪些能力是先天的（即无法通过后天的教育来加以改善和提升），哪些能力是后天的且可以通过教育手段来改善的。在综合 Chomsky 和 Hymes 理论的基础上，Spolsky（1978：110）把语言解释为一套联系意义和声音的复杂规则系统，此系统带有一系列特征来定义这些规则在不同社会情景中的使用适当性；认为语言习得一方面依赖于个体先天的语言倾向性（即一套先天的语言假设以及验证假设的规程），同时也依赖于个体在有意义的情景中受到的目标语言的影响。由于 Chomsky 式的纯语言能力很大程度上是先天的，难以通过后天的教育干预来改善，因而 Spolsky（1978：95-110）把 Chomsky 对纯语言能力（即一套复杂的语法规则）的描述作为教育语言学研究的第一步；由于 Hymes 的交际能力是基于先天语言能力在后天社会情景中发展起来的，可以通过后天教育来优化，因而 Spolsky 强调教育语言学更应关注交际能力的习得。

Spolsky（1978：113-126）指出，教育语言学既要关注儿童语言能力的提升，也要关注语言能力的评估和测试，为此需要厘清学习者需掌握的个体交际能力的具体含义。在 Spolsky 看来，完整的交际能力包括纯语言能力以及恰当的语言使用能力。前者指 Chomsky 式的纯语言能力，即学习者需要掌握的潜在语言知识，包括语法、音系、语义等知识。学习者还需要 Hymes 式的交际能力，即掌握系列语码及其使用能力。交际能力涉及交际事件所包含的发话者、受话者、消息形式、交际渠道、交际语码、话题和场景七个要素以及各要素之间的互动关系。言语社区的个体成员必须能同时充当发话者和受话者角色，且能根据受话者、交际话题和场景等要素选择恰当的消息形式、交际渠道和交际语码。总之，在 Spolsky 看来，对于个体交际能力的完整解释应该至少包含五个方面，即语言知识（音系、词汇、语法、语义知识）、媒介（口语、书面语、手势语等）、语码（包括语言变体以及语码选择规则）、话题（可以谈论的话题）、情境（在不同情境域中运用语言的能力）。Spolsky 认为个体交际能力理论是语言教育和测试的理论基础。

Spolsky（1978：129-144）对个体语言教育涉及的心理语言学因素进行了探讨，提出我们可以研究个体语言发展的过程、导致个体交际能力差异的影响因素以及学校教育可控的因素。他描述了儿童语言发展的基本过程，讨论了制约个体交际能力发展的先天遗传因素以及个体能力、学习动因、学习策略、性格等后天因素，并把后天因素看作是造成个体间交际能力差异的主要心理因素。Spolsky（1978：145-159）把制约个体语言交际能力发展的外部环境因素分为两类。一类是学校不能控制的因素，包括家庭、社区、社会阶层的编码倾向（Bernstein，2000）对其个体成员的语言发展施加的影响；另一类是学校能控制的教导因素，包括采取措施增强学生的学习动因、增加学生对目标语言或语言变体的接触量等。

2.1.5 语言教育目标与政策的社会语言学因素

Spolsky（1978：17）认为要理解语言与教育的关系，首先要描述教育体系赖以发挥作用的语言情景，这可以从个人和群体两个角度进行。个人角度描写个人社会关系网络中个体的语言能力和语言运用（language performance），包括个体具有单语还是多语能力，具备多语

第 2 章 教育语言学的新理论

能力时他对每种语言的精通程度,以及个体语码选择的制约因素(包括交际对象和主题两类因素)。交际对象因素包括说话者、听话者以及任何在场的第三者,涉及不同的民族、社会经济、宗教、年龄或性别群体使用何种语言进行交际,他人与这些群体交际时又使用何种语言等。交际话题包括日常家庭话题、学校教育话题等,能引发交际语码的变化。群体性语言情景描述可对社会群体从语言上加以定义,描写群体是单语还是多语、使用的语言种类及语码选择。Spolsky(1978:17-27)指出,由于频繁语言接触,单语社会只是罕见的例外情况,大部分社会都是多语或多言的,掌握社会中各种不同的语言及其变体能力是个体社会化的重要组成部分。这些语言变体包括标准语(具有标准化、自主性、历史性、生命力等特征)、白话(vernacular)(缺乏标准化特征)、古典语(缺乏生命力特征)、方言(缺乏自主性和标准化特征),还有各种形式的皮钦语(pidgin)和克里奥语(creole),也包括政治实体中按功能区分的官方或国家语言、地方语言以及国际通用语(lingua franca)等。

Spolsky(1978:50-67)考察了制约语言教育目标和政策的其他社会语言学因素,包括人口(一个社会中所使用语言的数量以及每种语言使用的人数)、家庭、宗教、种族、文化、经济、技术媒体、法律、军事以及教育等。Spolsky(1978:69-80)提出,除了宏观的语言情景和社会语言学因素,各学校还要根据其所处的言语社区制定恰当的语言教育目标和政策。任何言语社区都包含复杂的语言变体及其使用模式,以及多样的语言需求。各学校的语言教育目标和政策必须建立于对其学生现在所处以及将要面对的社会语言学情景的充分理解之上,并应能根据其言语社区的具体情况完善全国性和地区性的语言目标,制订适合当地言语社区的语言目标。

Spolsky(1978:161)提出,从儿童视角来看,当他初步接触学校教育系统时,学校语言教育政策的描述应该包含四个要素。一是儿童的交际能力,即其与老师和同学的交际能力。根据儿童与老师和同学所掌握的语言变体的同异程度,可能为完全没有障碍(儿童与老师和同学掌握相同的语言变体)、单向交际障碍(其所掌握的语言变体也被老师或同学掌握,但后者还掌握其他变体用以交流)、双向交际障碍即完全无法交际(交际双方掌握不同的语言变体而无法进行语言沟通)。二是学校系统对儿童掌握的某种或多种语言变体的接受度，包括积极鼓励、基本接受和完全拒绝。积极鼓励的态度只出现于儿童的语言变体正好是学校认可的标准变体时；当两者不一致时，学校有可能容忍和接受儿童掌握的语言变体用于实现某些特殊的交际目的，出现过渡性双语教育项目（transitional bilingual program）；当儿童的语言变体为学校、老师和同学所诘难或批评时，此变体会被学校教育系统拒绝，并造成巨大的情感伤害。三是学校教育系统所包含的各种语言变体的性质，是世界语言（在世界各地广为使用并成为掌握现代科学、技术、经济、文化的基础语言）、标准语言（在特定政治实体中充分使用并用以表述其科学技术、经济文化等理论）、地方白话（某种社会或地域方言，未被标准化，缺乏适当词汇来表述科学技术、经济文化生活中的重要领域）。高等教育学习者必须掌握通向先进科技文化的世界语言；初等和中等教育学习者需要掌握基本读写能力和现代生活所要求的语言；大众教育要求尽可能多的学习者掌握现代社会所要求的世界语言；民族政治文化视角的教育要求学习者发展标准语言能力。四是学校的语言同质程度也是语言教育政策的一个关键因素，上节已有论述。

在此基础上，Spolsky（1978：165-167）区分四种不同的语言教育政策。M型政策是一种单语和中产阶层性政策，适用于所有儿童都持有某种世界语言的标准变体时，主要涉及丰富儿童的母语能力（包括扩充词汇和语体风格）、母语读写教学、适用于有限用途的某种或数种外语或古典语言教学。A型政策适用于学校选的教育媒介语言（世界通用语言或通用方言）不同于儿童母语或者方言，涉及对儿童母语使用的压制、作为全场景使用的标准语言或方言教学、标准语言或方言的读写教学、对某种或数种外语或古典语言的选择性教学。B型政策强调突出某一语言是最重要的本土语言，同时认可其他语言服务于局部、有限的用途，其语言教育包括提高母语能力、语言读写教学、供各种情景使用的标准变体教学、服务于有限用途的外语或古典语言教学。C型政策适用于多语竞争国家，其中每种语言都拥有各自的传统和众多强力的支持者，其语言教育包括增强母语能力、读写能力教学、教授第二语言以供该政治实体内广泛交流、选择性教授一门外语或古典语言。Spolsky（1978：171-175）指出，从社会语言学视角来看，语言教育政策表现为在儿童的语言能力库中增加一种或数种语言变体以在特定领域中使用，或者通过增加特定交际渠道或风格来提升儿童已经掌握的某种语言变体能力，同时语言教育政策也涉及优化儿童掌握的、依据特定交际情景来选择恰当语言变体的选择规则。语言教育的核心目标是提升儿童的语言交际能力，而语言教育课程中各个分支（包括母语教学、读写教学、二语或外语等额外语言的教学）应该视为一个整体才能有所裨益。

2.1.6 评价

Spolsky 看到了语言在教育教学中的根本性角色，特别是看到了个体和社会语言能力不足而可能对教育造成的巨大阻碍，因而提出要建立教育语言学这个新兴学科，研究语言与教育的相互作用，通过科学严谨的语言教育来提高个体和社会的语言能力，从而为个体和社会教育顺利进行提供保障。Spolsky 提出的理论体系力图以普通语言学的语言理论和描写为基础，同时融合学习理论、心理语言学（心理学）以及社会语言学（社会学）相关理论，阐述个体语言习得的本质含义和影响因素，以及社会（学校）语言教育目标和政策的社会语言学基础和基本要素。在 Spolsky 的理论阐释和研究实践中虽然也涉及心理语言学要素，但他总体上提倡把社会功能的语言观和交际能力的语言理论作为最合适教育语言学的基础语言理论，研究个体交际能力发展的社会因素以及学校语言教育的目标和政策对个体语言交际能力的促进作用。Spolsky 的教育语言学理论总体上是一种社会语言学视角的理论，并被其描述为"教育性应用社会语言学"（educational applied sociolinguistics）式的一个学科领域（Spolsky，1985：3095）。

2.2 语言民族志视角的理论

基于语言民族志视角的教育语言学理论起源于 Dell Hymes，理论基础是 Hymes 建立的民族志视角的社会语言学描写理论（Hymes，

1974）。民族志（enthography）作为社会人类学的一个分支，指学者们通过参与观察的方法对特定民族的社会、文化做描述、记录、分析，并以社会学或人类学理论来解释此类观察结果的一种研究方法。虽然人们很早就意识到语言与文化之间的密切关系，然而语言学与民族志学很长时间以来都未能深入去研究两者之间的关系。Hymes（1962）提出语言民族志，后来又扩展为交际民族志（Gumperz & Hymes，1964），其理论自诞生以来就置身于对教育研究的考量之中（Hymes，1996），对于社会文化导向的教育语言学研究具有重大影响。这一理论流派的经典著述主要是 Hymes（1974，1980a，1996，1972，1976）撰写的一系列开拓性著述，包括《社会语言学基础：民族志的路径》（*Foundations in Sociolinguistics: An Ethnographic Approach*）、《教育中的语言：语言民族志论文集》（*Language in Education: Ethnolinguistic Essays*）、《民族志、语言学与叙事的不平等性：理解声音之路》（*Ethnography, Linguistics, Narrative Inequality: Toward an Understanding of Voice*），以及论文《论交际能力》（"On Communicative Competence"）、《教育语言学发凡》（"Toward Educational Linguistics"）等；也包括 Hornberger 撰写的学科理论研究成果，比如其论文《作为学科领域的教育语言学》（"Educational Linguistics as a Field"）（Hornberger，2001）、《海姆斯教育中的语言学与民族志理论》（"Hymes' Linguistics and Ethnography in Education"）（Hornberger，2009a）。本节主要阐述 Hymes 的理论体系。

2.2.1 教育中的语言问题

语言民族志视角的教育语言学研究源于对教育中存在的语言问题的观察。Hymes（1980a：1-2，139-140）提出，世界政治经济进步的合理目标应该是让世界人民尽可能平等、和平地分享工业化文明的成果，这要求我们在教育形式和内容上进行革新，从而提高教育质量为社会做出贡献。这个目标能否实现涉及言语功能问题。宏观上，社区语言资源和言语能力在社会中的分布不均导致单语主义、语言霸权与语言歧视，并引起教育质量问题。微观上，各学校对社会复杂的语言状况处理能力

第 2 章　教育语言学的新理论

严重不足，表现为虽然教育者提出教育要以学习者已有的能力为出发点并充分发展其潜能，但他们对学习者最重要的能力即其言语交际能力以及其社会文化背景即儿童所属言语社区的言语方式却知之甚少。

从言语交际来看，教育中（以及整个社会生活中）潜在的语言问题表现在以下四个方面（Hymes，1996：25-46）。一是语言多样性，这能造成现实生活中的交际和理解障碍。二是语言媒介，言语社区内部和社区之间存在的差异化的语言媒介规范对意义交流和理解的影响。三是语言结构，语言的结构形式（手段）会制约所能表达的意义。受制于特定的社会历史和使用模式，语言的结构形式（手段）总是不能让人完全满意，特定使用者在特定场景中只能用语言的结构形式（手段）很好地表达某些事情，而另外一些事情表达起来就比较笨拙甚至无法表达。四是语言功能，多样性的语言在不同的言语交际场景中扮演着多样化的社会角色，发挥着多样化的语言功能，需要深入研究。

教育中的语言问题很大程度上可归因于对语言的不恰当观念。如果我们的语言学理论只聚焦于语言直觉与普遍语法模型，忽略异质性的多样化言语社区与语言使用现实，忽略人们的社会需求以及语言在人类生活中的角色，这种语言观、研究方法和关注焦点就会阻碍（且已经阻碍了）语言研究为教育研究和实践做出贡献（Hymes，1980a：139-140）。这种语言观会导致两个错误观念，即认为所有语言在功能上具有对等性（equivalence），且所有语言在进化程度上具有平等性（Hymes，1980a：1-2）。这些不恰当的观念有其历史根源（Hymes，1996：26-62，206-213）。因为理论语言学家意识到需要克服一些狭隘观念，特别是认为某些少数族裔的语言或某种语言变体比较原始、有缺陷的观念，所以提出语言（以及语言变体）之间的差异没有优劣之分，对于其使用者来说都有其社会意义。Hymes 认为语言（及其变体）之间本质上的功能等同性和平等性主要表现为两个方面。首先，各民族的语言是其所属言语社区生活的一个部分，承载着该言语社区的文化与价值观，并为该言语社区的利益服务，传达他们的声音；其次，所有的语言和语言变体都能根据其所处的社会语境做出具有适应性的发展变化，从而满足其所属言语社区成员的使用需求。由此语言学家往往强调语言的相对性和本质上的平等性，认为所有语言以及语言变体之间的平等是理所当然的，并把其本质上的潜在平等性等同于现实生活中的语言平等，从而忽略语言的现实不平等性。

对于教育教学实践来说，忽略语言本质上的平等性和事实上的不平等性都是十分有害的。一方面，民众意识到现实中通过一门语言能做的事往往用另一门语言却无法完成，由此使言语社区中的各具体语言甚至语言使用者形成优劣等级观念，在教育媒介语言与目标语言的选择上，往往表现为歧视甚至排斥弱势语言及其使用者，从而造成以这些语言为母语的学习者的教育交际障碍。另一方面，想当然地认为所有语言在事实上具有平等性，忽略不同语言在媒介、结构、功能等方面的差异性，也会造成教育教学中无法根据不同的交际目的选择不同的语言（及其变体），无法发挥不同语言（及其变体）的交际优势，从而也造成教育交际障碍。因而，教育语言学研究者需要从多样化语言在社会中真实的使用情景出发，既要坚持语言之间本质上的功能平等性从而避免语言歧视，也要深入调查不同语言在事实上的不平衡性及其不同语言使用在语言交际能力上的差异性，并探究其成因，从而有的放矢地通过适当的语言教育教学改善教育中的语言交际，促进教育顺利进行。

2.2.2 语言问题的进化根源

语言在事实上不平等主要是由现实社会中言语社区内部和社区之间言语功能的多样性和相互竞争造成。Hymes（1996：59，211-213）指出，人类社会的历史可以看作是语言多样性的历史，表现在语言种类、媒介、结构和功能等方面。这些多样化的语言之间充满了接触与融合，形成异质的言语社区，而自主单一的言语社区十分稀有，即使单一的言语社区也充满了多样的语言变体。这些多样的语言及其变体成为社会与个体语言库中的可选资源，总是处于潜在的相互竞争中。它们的现实功能则很大程度上依赖于它们在言语社区及其宏观社会中的文化生态位置，受政府政策与教育资源等因素的影响。

言语功能的多样化差异和竞争是语言进化的必然结果。各语言在适应社会环境需求的进化过程中，会因环境不同而表现出丰富的差异性和

第 2 章 教育语言学的新理论

多样性。Hymes（1980a：1-18）从狭义进化（specific evolution）和广义进化（general evolution）两个视角进行论证。前者的单位是社区群体（population）特有的言语习惯（speech habit）。语言的社会和自然环境、使用者的社会地位、社会习俗以及语码保持等因素造成选择压力（selective pressure），导致具体言语习惯的使用和维持在群体成员间有所差异，但总体上能满足言语习惯的环境要求以及语码维持的基本要求。从广义进化视角来看，不同语种在进化程度上的高低可以通过两个标准来衡量：特定语言种类适应环境的范围延展程度与多样性增长程度，以及支配性语言类别的演替。

Hymes（1980a：2-6）提出，言语模式的差异性可以从四个方面来衡量：由于适应性资源（adaptive resources）的差异，言语社区可以用来做具体事情的语言资源有所差异；由于文化模型不同而导致参与者文化角色和个性身份（personalities）有所差异以及相应的语言资源有所差异；由具体言语社区的习俗所导致的语言资源差异；由言语社区的不同价值信念所导致的语言资源差异。这些差异性导致不同语言和语言变体之间功能对等性缺失，从而造成在具体语境中掌握不同语言和语言变体的使用者之间的不平等。

由进化而导致的言语功能多样性要求我们充分考虑来自不同社会背景的学习者所处言语社区的复杂多样性。这种复杂多样性导致他们所掌握的语言及其变体也各不相同，能够选择利用进行教育交际的语言资源也各有差异。广义进化意味着学校教育所选择的语言种类一般是使用范围广、变体丰富多样、能适应各种交际需求、处于社会支配地位的语言。学习者从社区生活环境所掌握的语言种类各不相同，可能与学校教育的语言一致、接近或者完全不同。狭义进化意味着即使学习者所掌握的语言与学校语言一致，其生活所处的言语社区用的是日常交流口语变体，而学校教育性言语社团用的是传递知识文化的书面语体，两者之间具有很大差异。此外，学校选择用来教育交际的语言及其变体应该反映并符合社会发展的需求。这要求我们从社会群体环境中语言竞争的视角来分析不同言语社区的群体性以及学习者个体性的言语习惯，关注群体与个体言语习惯的变异以及相关言语功能的差异，关注特定言语特征的生存、发展和消亡，从而有助于动态选择合适的教育媒介和目标语言，制定并实施与不同言语社区的群体性和个体性言语习惯相适应的教育教学内容。

2.2.3 语言民族志的研究视角

语言进化引起言语功能多样性竞争并造成教育问题,这需要我们通过客观调查理清各语言及其变体在社区中的言语方式和功能,揭示多样化言语功能之间的相互关系及其对教育的影响。为此,Hymes(1980a,1984)提出以言语习惯代表所有的语言现象,以多样化功能表示语言在社会生活中扮演的多样化角色,采用民族志的方法去观察和记录各言语社区的言语习惯和社会整体的语言状况,采用进化、对比的方法阐释具体言语习惯在社会中的言语功能。

在具体方法上,Hymes(1964:1-5;1974:83-118)反对把语言结构与语境化的意义相割裂,提倡恰当的研究方法应该具备两个特征。第一,以民族志为基础,以鲜活的数据材料来研究情景语境中语言的使用(the use of language),从而发现相互割裂的语法、心理、社会、宗教等各学科研究未能发现的综合性言语活动模型,建立系统的语言理论。第二,以言语社区的复杂交际模式为基本目标,不以语言形式、特定语码甚至言语本身为参考框架,而把言语社区作为语境,从整体上研究其交际习惯,并把任何特定交际渠道和语码看作是言语社区成员所使用的部分交际资源。由此语言不是抽象形式或者言语社区的某种关联物(correlate),而是置身于动态变化的系列交际事件模式之中。

在研究对象上,Hymes(1964:10-12;1974:83-118)提出语言研究的焦点应该为:Saussure 的言语部分(parole)而非抽象的语言结构;言语功能优先于言语结构;语言组织的功能多元性,而不同的功能制约了不同语言组织形式;语言成分和消息的恰切性;多元的语言与其他交际手段的功能多元性;以言语社区及其他社会语境作为理解和分析的起点;功能本身受制于社会语境,而语言与其他交际手段在言语社区中的位置、界限和组织形式应作为研究问题。

语言民族志的视角强调从语言在社会中的使用出发,采取累积性的方式，通过客观调查来发现和记录不同言语社区中已有的和新涌现的独特言语功能和组织形式，以及其中所体现的不同社区的习俗、动机、个性，揭示各言语社区的言语功能和社会文化的多样性。其范式中言语优先于语码，功能优先于结构，语境优先于消息，恰切性优先于任意性或可能性，目的是通过研究语言手段的组织形式及其所服务的交际目的来研究交际模式。这些研究可以使学校汲取社区成员已经潜移默化掌握的交际知识，特别是与社区文化语境相关的言语方式方面的知识，促进教育交际顺利进行。由于各学科知识本质上要反映现实世界，语言民族志研究所揭示出来的不同语境（言语社区）中服务于不同交际目的的语言使用模式、功能、组织形式，可以为理解和传授学校教育中不同学科知识提供基础。我们也可以把学校看作是大小不一的言语社区，采用民族志的方法去调查、记录学校教育中涉及的多样化语言及其使用模式、言语功能、组织形式和交际目的，从而使学校语境更有利于学生发展。

2.2.4 言语社区交际模式对教育的影响

多样性的言语功能及其组织形式最终都服务于言语社区成员之间的相互交流，其造成的教育问题最终通过教育中的言语交际体现出来。因而我们需要仔细研究不同言语社区的交际模式，从而揭示不同交际模式对教育教学的影响。

Hymes（1964，1967，1972）把交际活动模式看作文化系统的一部分，提出言语交际事件的 SPEAKING 模式来研究交际事件实现目标所涉及的主要因素。S（setting and scene）指场景，即交际事件发生的时间、地点等物理环境以及心理背景和文化内涵；P（participant）指交际事件中担任特定社会角色的参与者，比如发话者与听话者、信息发出者和接受者等角色；E（ends）指约定俗成的预期结果以及情景化的个人交际目的；A（act sequence）指活动序列，即交际的实际形式和内容，包括措辞选择、使用方式、与当前话题的关系；K（key）指基调，即特定信息传递时采用的语调、语式，比如轻松或严肃，简洁或学究、嘲讽或尖刻、浮华等；I（instrumentality）指交际渠道和功能变体（语码）的选择；N（norms）指交际中附着于言语的特定活动特征、听话者的理解方式和具体交际规范等；G（genre）指交际中言语所属的语类。

　　Hymes（1964：18-20）认为言语社区通过言语交际事件组织起来；其系统性主要看言语交际事件各成分的共现是否受制于特定言语社区的文化背景。特定社区的文化表现为社区中的成员所习得或表现出的所有才能，可以通过研究社区中交际事件各成分的容量（capacity）和状态（state）来考察。Hymes（1996：212）提出具体标准来衡量社区群体的语言。一是语言手段的规模，这与其在各语言层面和使用领域的外在形式（简单化还是复杂化）和内在形式（压缩还是扩充）有关。二是语言手段的起源，即其传统根源。三是社会角色的范围是受限的还是扩展的，这与具体语言在言语社区内与社区间是作为主要还是次要交际形式有关。四是语境，与语言使用的选择与渠道，使用者的动机、身份、交际资源库，以及与其他规范的关系有关。社区群体中的语言接触与融合会使相关语言在某个或多个维度发生变化，造成具体语言在使用上以及手段上的扩充或压缩。另外，每个言语社区与宏观社会语境的关系都在不断变化，由此社区成员特定的语言能力所获得的运用机会也会发生变化，但新的语言能力要求会不断出现。这种能力与机会之间的动态关系也是评估言语社区的重要标准。

　　对于教育语言学来说，复杂多样的言语社区及其交际模式实际上是社会的宏观和微观语言情景，这构成了学校教育教学的基本社会语境。对学校教育的社会语言情景做深入研究，对于促进教育教学顺利进行具有重要意义。首先，我们可以深入研究特定学校所处各种言语社区所包含的交际事件类型，研究特定交际事件所包含的交际目的、语类、场景、渠道、语码、基调、参与者、活动序列、相关规范等。把这些言语社区所蕴含的主要交际模式和学校教育所要求的主要交际模式相比较，就可以预测哪些交际模式或者要素特征与学校教育的要求相一致，可以促进教育交际；哪些有所差异，但可以与教育交际模式互补；哪些完全不同，可能阻碍教育交际的顺利进行。其次，不同学校本身也是一个个复杂多样的言语社区，其内部的言语交际模式需要进行深入细致的研究。我们可以研究特定学校社区所涉及的言语交际事件类型，研究这些交际事件所包含的交际目的、语类、场景、渠道、语码、基调、参与者、活动序列、相关规范等主要的要素特征，并把这些事件类型和要素特征与社会宏观以及学校微观的教育政策规划相比较，从而发现这些言语交际模式的长短优劣及其改进方法。最后，复杂多样的言语社区所蕴含的多样性言语交际模式是学校语言教育教学的基础。我们需要通过深入细致的研究理清哪些言语社区的哪些交际事件类型在社会生活的哪些方面发挥着何种功能，从而根据国家、社会和学生的具体需求制定具体的语言教学方案，使得其所发展起来的言语交际能力既能够满足国家和社会的要求，又能满足学生当前学习生活和今后工作生活的需求。

2.2.5 言语交际能力的研究与培养

语言进化导致复杂多样的言语社区、交际模式以及言语功能之间的相互竞争，由此导致教育中的语言问题，而这最终通过真实具体的教育交际体现出来。因而对教育参与者交际能力的研究和培养是解决教育中的语言问题、促进教育教学顺利进行的根本途径。

Hymes 交际能力理论的提出源于对 Chomsky 语言能力观的反对。Hymes（1972：53-56；1974：131-134）批评 Chomsky 的语言能力是理想化个体所具有的完美的、隐性的语言结构知识，与社会文化相割裂而高度理想化和抽象化，忽略语言能力的个体差异以及社区异质性等社会文化特征；语言运用被看作是语言能力的扭曲反映，与社会交际无关。为此，Hymes（1972：63-67）从社会文化的交际视角提出交际能力概念。交际能力包含四个基本要素标准：形式上的系统可能性，即一个形式系统中可能的语言形式应合乎语法、合乎文化并且在特定情景下具有交际性；实现手段上的可行性，主要指心理上的记忆、感知能力、动机、情感等限制因素，以及其他与文化相关的身体和物质环境特征等执行手段方面的限制；特定语境下的恰切性，主要指语言形式在当时的交际语境中是否恰当；完成性以及蕴含条件，主要指具体语言形式出现的概率。Hymes 的交际能力克服了语言能力与语言使用的对立，目的是说明如何把语言形式系统上的可能性、可行性、恰切性与其在特定文化中实际出现的概率相结合。从语言使用者的角度来看，这包括关于此四个标准的隐性知识以及合乎此四个标准的使用能力。

Hymes摈弃抽象、同质、完美化的语言能力观，突出交际能力在不同个体和社区之间以及同一个体和社区不同发展阶段上的变化和差异。Hymes（1972，1974，1984）强调任何个体无法穷尽性地掌握其所属言语社区的所有交际手段，学习者的交际能力存在个体差异，且随着发展阶段的变化各不相同。他区分儿童早期所展现的先天性差异不大的语言能力（短期语言能力），以及个体一生中持续社会化的语言能力（长期语言能力）及其变化过程。此外，他强调学校或社区中存在相互影响的多样性交际能力体系，突出其对个体能力发展变化的影响，并称之为社会语言学干预（sociolinguistic interference）或交际干预（communicative interference）。社会语言学干预基于情景的异质性（包括社会的和语言的异质性），预设存在着相互干预的多种社会语言学系统，从而要求建立综合的社会语言学描写理论。该理论从语言变体或者语码入手，包含个体言语技能库（verbal repertoire）、言语惯例（句子之上的个体活动或个体间互动的语言组织形式）和言语行为域（某种语言变体惯常使用的场合）三个基本概念。

Hymes的交际能力理论对于教育语言学的发展具有十分重要的意义。首先，Hymes突破了与社会文化相割裂的抽象语言能力观，引入了社会文化的交际能力观，其交际能力概念既包含语法性的内容又融入了文化性、交际性、恰切性、可行性、完成性等多种社会文化的语境要素，从而为把可塑的具体交际能力与具体的教育教学以及个体发展相联系创造了可能，为学校语言教育奠定了理论基础。其次，Hymes突破同质性言语社区中的完美的、理想化的语言能力概念，把先天的差异不大的语言能力与后天可塑的交际能力相区分，强调言语社区的异质性以及个体交际能力的差异性，这是因地制宜、因材施教、有针对性地实行差异化语言教学的基础，对培养语言背景相对弱势的儿童的交际能力尤其具有重要意义。最后，Hymes的交际能力理论强调学校或社区中存在相互影响的多样化差异性交际能力系统及其对个体交际能力发展的影响，要求建立综合的社会语言学描写理论，为从个体和群体交际能力库的角度描写社会语言情景开拓了道路,也为个体言语交际能力的培养提供了更为深入细致的语言情景描写基础。

2.2.6 评价

语言民族志视角的教育语言学理论敏锐地观察到了语言问题对于教育教学的阻碍,把其根源在理论上归因于语言学家往往强调语言本质上的平等性而忽略事实上的不平等性,在实践上归因于语言进化所导致的多样化言语功能竞争,由此形成社会语言资源和语言能力的不平衡分布。为此,学者们提出要采用民族志的累积式观察和记录方法来研究特定言语社区的交际事件类型,通过对交际事件具体要素的容量和状态等标准来研究言语社区的言语交际模型和组织形式,从而考察真实的多样化言语社区所形成的多样化言语功能及其相互之间的异同,理清学校教育的社会语言情景以及教育中语言问题的社会根源。在个体语言发展方面,他们突破隐性、抽象、理想化的去语境化语言能力观,提出社会文化的交际能力观,把形式系统的语法性与可能性、可行性、恰切性及其在特定文化中实际出现的概率相联系,强调个体交际能力的后天可塑性和差异性以及异质性的社会交际能力体系的干预作用,提倡通过发展适当的交际能力来解决教育中的语言问题,从而促进教育教学顺利进行和个体可持续发展。

2.3 功能语言学视角的理论

在教育语言学的发展过程中,Halliday 创立的系统功能语言学对教育语言学的发展有重大影响,形成了比较完整的基于系统功能语言学的理论模式。系统功能视角的研究大体上可以分为两类:Halliday、Hasan、Stubbs 等人的学科理论研究,主要著述包括论文《教育语言学的基本概念》("Some Basic Concepts of Educational Linguistics")(Halliday,1988)、《论'教育语言学'之概念》("On the Concept of Educational Linguistics")(Halliday,1990)、《教育研究的语言发展路径》(A Language Development Approach to Education)(Halliday,1994a)、个人文集《语言与教育》(*Language and Education*)(Halliday,2007)、《语言与教育:社会中的教学》(*Language and Education: Teaching and Learning in Society*)(Hasan,2011)、《教育语言学》(Stubbs,1986)。另一类是以Martin、Rose、Christie、Schleppegrell等为代表的所谓悉尼学派学者的研究,主要著述包括论文《教育语言学之多维度发展》("Developing Dimensions of an Educational Linguistics")(Christie & Unsworth,2005)、专著《学校教育之语言》(*The Language of Schooling*)(Schleppegrell,2004)、《学以致写与读以致学:悉尼学派的语类、知识与教学法》(*Learning to Write, Reading to Learn: Genre, Knowledge and Pedagogy in the Sydney School*)(Martin & Rose,2012)。本节基于系统功能语言学的相关理论观点,阐述功能语言学视角的教育语言学理论。

2.3.1 教育语言学的内涵

Halliday(2007:353)把教育语言学定义为一门关于学习的理论,认为"教育语言学这个术语指人们做的某种事情。如果我们参与特定活动,遵循特定的原则,那我们就是在从事教育语言学……'我们'指谁呢?通常来说指一个或数个学习者和一个老师……这些'活动'指什么呢?在最概括的意义上来说,主要指通过语言来进行教授和学习"。换言之,教育语言学从语言的视角来研究通过语言进行的教学活动,关注语言在教授与学习中的运用,致力于建立基于语言的教育教学理论。因而对语言本质的理解在教育语言学理论中具有根本性意义。

Halliday(1973,1978)创立的系统功能语言学把语言视为社会符号系统。其功能观体现为关注语言在社会生活中的使用,认为社会中语言进化所服务的功能决定了语言的本质,也塑造了语言的结构形式,由此从语言的社会功能视角来揭示语言服务于人类的基本目的以及人类如何通过具体语言活动来实现这些目的。语言在社会中的功能被归纳为三个方面,其中概念元功能(ideational metafunction)识解我们的经验,包括关于外部世界和内心意识世界的经验;人际元功能(interpersonal metafunction)调节社会角色关系,表达个人情感、实现与他人互动;

语篇元功能（textual metafunction）创造语篇使得说话者得以组织其话语从而使前两个元功能得以在语境中实现。系统功能语言学的系统观在于把语言看作社会行为中的表意潜势系统，由此人们可根据具体社会语境来选择语义资源，从而表达意义并实现其社会目的。作为表意潜势系统的语言体现着社会行为的模式，又由词汇语法来体现。系统功能语言学把语言在社会的功能等同于语言的意义。从系统功能的角度研究教育教学，就是从语言创造意义、表达意义的视角来研究教育教学。

意义的创造与表达被视为语义发生过程（semogenesis），可以从系统语义发生（phylogenesis）、个体语义发生（ontogenesis）和语篇语义发生（logogenesis）三个时间维度来考察（Halliday & Matthiessen, 1999: 17–18）。系统语义发生指人类语言整体以及具体语言系统的发展进化过程；个体语义发生指个体语言潜势的发展过程；语篇语义发生指具体表意活动过程，即用语篇形式即时建构意义的过程。我们可把教育过程视作由语言承载的语义发生过程，由此确定教育语言学的研究对象。从系统语义发生的角度来看，语言等符号系统建构社会的教育意义潜势，即可用于教育的社会知识总和。语言承载的教学实践活动再把社会知识传承给下一代，并由此演绎社会结构、意识形态等社会语境，为社会结构重构和改革提供可能。从个体语义发生的角度来看，学习者个体在教师引导下重构社会知识为其个体知识，实现个体的社会化发展；这本质上体现为个体用语言进行表意从而与教师互动交流，学习教师用语言传授的教育知识，并经由其个体语义资源重构为个体知识，由此不断丰富其个体意义潜势。社会文化知识的建构和传承以及个体发展都需通过语篇语义发生过程、构建系列话语来实现。因而整个教育过程可被视为以语言等符号系统所建构的系列话语过程，包括教育意义潜势的建构过程，教育潜势向教育话语转化的知识重构过程，以及使教育话语得以实现的教学实践过程。

2.3.2 个体发生视角的语言发展研究

从个体发生视角来看，教育过程是学习者个体在教师指导下通过学习而获得发展的过程。大多数人类学习（特别是教育性学习）都包含语言等符号系统成分（Halliday，2007：365），因而个体的语义潜势发展过程对于教育研究具有重要意义。此外，知识、现实都是由语言所建构起来的人类经验（Halliday，2007：373）；学习主要是通过语言来学习知识经验，因而学习语言与通过语言来学习是同时进行的一体化过程（Halliday，1993）。这意味着学习过程可以通过考察个体语言发展来研究。语言是一个语义潜势系统，学习语言就是学习如何表达意义，因而学习的动力是语义的和功能的（Halliday，1978），由此学习者不断扩展和细化自己的语义潜势（Halliday，1988）。从语言角度研究教育就要研究个体语义潜势的扩展和细化过程。另外，语言表意的基本单位是语篇，因而学习过程的基本单位也是语篇而不是句子。语篇是一个语义单位，一个互动性的社会符号事件，由此构成社会系统的语义得以交换（Halliday，1978：139）。从语言角度研究教育过程，应该从互动性的语篇着手。

把学习语言视作学习如何表意对于研究语言发展具有重要启示。首先，语言学习和发展是儿童不断丰富其表意潜势、发展表意能力的过程；儿童的表意潜势系统与结构由儿童自己建构，并动态发展。Halliday（2004：344）认为，婴幼儿在9到18个月时的原型语言（proto-language）是其自我构建以表达意义，而非对成人语言的模仿，因而是"孩语"（child tongue）而不是"母语"（mother tongue）。大多数母亲都理解这点，并把这原型语言当作有意义的交流方式，试图去理解其意义并与儿童互动交流，由此帮助儿童发展自己的语言潜势。随后儿童在母亲的引导下开始学习母语，学习如何通过语言来理解周围环境从而建构对其自身有意义的经验世界，同时学习如何通过语言与周围的人互动交流从而控制环境、满足其自身需求。其次，儿童不是简单模仿成人语言，而是按照自己的需求建构其语义潜势，学习如何通过语言表达意义；儿童的语法错误只是不符合成人语言的规则而已；这些所谓的"错误"表达若能满足其表意需求就很难被成人所纠正。此外，正常儿童的社会环境具有足够丰富的语言特征来发展儿童的表意潜势，满足其发展表意能力的需求，所谓"输入不足"（deficient input）并不存在。

学习通过一系列相互协作的表意过程来实现，因而对具体表意方式的研究可以揭示学习过程的规律。Halliday（2007：373–382）考察了具体表意方式对学习的意义，提出学习过程是经验不断重构的过程。具体来说，学习者通过相似或者类比的方式，把即时、具体的经验发展为概括、抽象的范畴，再到语法隐喻性的范畴（这要求兼具动态和静态两种互补的经验识解视角），由此不断拓展新的语义空间维度。知识信息的学习具有对话性，要求学习者发展问询和告知等语义交换能力。学习者常常不断借助其原有的经验并在更高的符号层次上重构此类经验，从而实现螺旋上升式发展，其中主要的关口是通过与他人互动来投入学习内容之中。在整个学习过程中，学习者总是置身于语言系统与实例的辩证关系中，即一方面通过具体的学习内容来发展自己的语言表意系统，另一方面不断从表意系统中选择具体语义资源来创造学习实例，由此不断地演绎着语言的反映模式与活动模式，发展自己的概念和人际元功能潜势，不断建构、发展自己的知识体系。

2.3.3 系统发生视角的文化传承研究

从系统语义发生视角来看，教育是个体通过学习社会文化知识而实现社会化传承的过程，而语言的进化发展是知识文化创造和传承的主要因素。系统功能语言学强调在具有社会意义的语境中研究语言的功能，提出社会学的语义学（sociological semantics）（Halliday，1973：48–102）。我们可以通过研究语言的宏观社会语境、社会群体间的语义变异以及知识文化的社会传承来研究教育教学。宏观社会语境对于研究语言在教育中的功能具有重要意义。语义通过语言的语法结构来体现，又体现了语言赖以发挥功能的社会语境，因而我们所做的语义选择具有社会文化意义，表现为不同社会阶层的差异化语义选择体现着异质性的社会结构。不同社会群体差异化的表意方式就是语义变体，不仅体现在不同文化之间，也体现在同一文化的不同社会群体之间，表现为不同社会群体的差异化表意编码倾向（Halliday，2007：363）。Hasan（1992）研究了不同社会阶层的家庭中母亲和孩子的交流方式，揭示了不同社会阶层以及不同性别的群体之间存在差异化编码倾向。这种差异化的编码倾向正是语言赖以实现其具体功能的宏观社会语境。

Bernstein（2000）把教育中具有决定性意义的差异化编码倾向归结为不同类型的语码，由此研究社会知识文化的传承。语码是一种潜移默化地习得的调控原则，它选择、整合交际中合法的意义、交际互动形式以及意义体现形式，并压制、排除非法的意义和形式。Bernstein（1990：13-62）从社会阶级关系出发来讨论语码对文化传承的作用，认为不同阶级掌握着不同的交际形式，这些不同的交际形式承载着社会中的支配语码和从属语码，而个体也在学习这些不同地位语码的过程中获得不同的社会化定位。概括起来说，由阶级关系决定的不同语码把学习者差别性地定位于支配或从属的交际形式，以及支配或从属的社会关系地位中，从而实现不同阶级的知识文化传承。

语码理论对研究学校教育中的具体问题及其解决方案具有重要意义。在学校教育中，具有差异性影响的典型语码包括局限语码（restricted code）和精密语码（Bernstein，1990：81-112）。局限语码局限于具体社会语境，其表意方式语义密度低、重力大，语义具体、形象，与日常生活紧密相关，为所有阶层所掌握。精密语码的表意方式语义密度高、重力小，语义概括、抽象，与日常生活距离远，只为中产以上社会阶层所掌握。现代学校教育往往要求两种语码都掌握，其中精密语码的支配作用随着教育层次的提高而提高。因而来自只掌握局限语码而未掌握精密语码的社会阶层的儿童在学校教育中一开始就处于不利地位，表现为他们未掌握学校教育所要求的语码，不懂得学校所要求的表意方式，无法听懂相关课程或进行恰当的表意交流。另外，不同学科和教育层次所要求掌握的表意方式也不尽相同。学习者若未能掌握特定层次、学科所要求的表意方式，也往往无法理解此学科内容或达到该层次的教学要求。正是在这个意义上，Halliday（1973：18）把教育失败归结为语言失败。

由此看来，教学的主要任务之一就是给学生解构、传授特定层次和学科所蕴含的表意方式，扫除语意理解和表达障碍，使所有学习者得到均衡发展。其前提是要研究不同社会阶层掌握的差异性表意方式，以及不同学科和教育层次所要求的表意资源和表意能力。具体来看，教育性的语义变体研究可包括三个方面：一是不同社会阶层、社会群体所掌握的差异性语义资源，即教育的社会语境中存在的语义资源；二是教育的主要参与者即学习者和教师所掌握的语义资源；三是教学内容即不同学科中的知识文化所蕴含的语义资源。来自不同阶层的儿童学习者会通过家庭教育潜移默化地传承其家庭所属阶层的表意方式；成人学习者所掌握的表意方式和语义资源还会受其所属行业、职业等社会环境的直接影响。这些学习者所掌握的表意方式和语义资源，与教学所要求掌握的表意方式和语义资源之间会有异同，可能产生正面或负面迁移。同样，教师所掌握的表意方式和语义资源也受到其所属的具体社会阶层、职业、性别等各种社会因素的制约，也会对教学产生影响。

2.3.4 语篇发生视角的教育话语研究

从语篇语义发生的视角来看，教育过程可视为由语言等各种符号系统共同实现的话语过程（Halliday，2007：90-91），由此我们可通过教育话语分析来透视教育过程的规律（赖良涛，2018b）。整个教育过程可分为知识创造（production）、语境重构（recontextualization）和再生产（reproduction）过程，即科学知识建构的过程、科学知识重构为教育知识的过程和课堂知识传授的过程（Bernstein，2000）。这些过程都需要通过具体语篇来实现。

知识建构是教育语言学研究的重要内容。知识是用语言形式对经验的表征，是由语言构成的，而不是语言编码的其他存在物；语言不是认识世界的工具，而是知识存在的载体（Halliday，1990；Halliday & Matthiessen，1999：1-3）。由于语言的使用单位是语篇，因而知识建构的实际承载物也是语篇。语篇既是过程也是产品，因而语言建构知识既包括识解现实世界的过程（knowing），也包括识解的产物输出（knowledge）。因而学习知识就是学习如何用语言识解经验，包括已经建构起来的知识经验，以及知识建构的过程和方式。日常知识是用日常语言对日常生活经验的建构；科学知识是用学术性语言对某一部分经验世界的特殊识解，形成独特的系统性意义潜势；不同学科的学术知识建构各有其独特规律。对不同学科话语进行具体分析可以揭示不同学科的知识建构规律，从而为具体学科知识的教学提供依据。家庭和社会教育主要是让学习者潜移默化地学习如何使用日常语言建构日常生活经验；学校教育则需要教师引导学生通过学习特定学科所发展起来的特殊表意方式和知识建构规律来学习科学知识。

语境重构指教育过程中需要把学术知识置于教育语境中重新建构为适合学生学习的教育知识。在特定情景与文化语境中建构的科学知识不可避免地体现着知识建构者所处社会群体的意识形态。与之相比，教育知识重构的社会语境和交际目的有所不同；深入研究知识重构的社会语境（包括其中的意识形态等因素）和重构规律，以及与知识创造语境和规律的异同具有重要的教育意义。语境重构也是一个话语过程，包括调控话语（regulative discourse）和内容话语（instructional discourse）两方面的重构（Bernstein，2000：39-53）。调控话语是教育的指导评价性话语，其建构是由合法的机构、个人等，按照一定标准，建构教学大纲、课程结构、课程说明等话语的过程，其中体现着具体情景语境、文化语境以及相应社会阶级的意识形态。内容话语承载教育知识，由合法的建构者根据调控话语的要求，从总体教育意义潜势中选择意义，建构成各课程的教材语篇，由此学术知识语篇重构为教育知识语篇。当前学界对教育中的调控话语以及内容话语缺乏关注，但这些研究对实现国家的教育目标、贯彻国家的教育理念、政策、规划意义重大。此外，对学术知识的语境重构进行深入研究有助于保障教学过程顺利进行，对微观课堂教学实践具有重要启示。

教学过程是知识再生产的实现环节，由此社会文化知识通过教师传授给学生，而学生也在教师指导下通过表意活动建构自己的知识体系，从而实现社会知识的传承与学生社会化的个体发展。教学过程也是一个语篇发生过程，其中教育者既建构课堂组织等调控话语，使师生互动得以顺利进行，也建构内容话语向学生传授知识技能。教师的课堂组织、提问、评价话语，学生的课堂问答话语，师生互动的话语机制等都是课堂调控话语研究的重要内容。系统功能语言学强调知识建构中个体的自我建构、与他人互动协商以及社会语境等因素共同发挥作用（Halliday，2004：133-143）。因而教学不是把某种独立于语言而客观存在的知识交付给学生。教师传授的是根据自己对社会知识的理解和其个人经验而重构起来的个性化知识，而学生必须理解教师传授的个性化知识，在此基础上根据自己的理解和经验建构自己的知识体系。因而，课堂上教师用语言重构教育知识的方式，学生问答、作业中体现出来的个性化知识建构，以及师生建构与学科知识建构之间的异同，这些都是内容话语研究的重要部分。

2.3.5 语言教学研究的系统功能路径

鉴于语言在个体学习发展、社会知识传承以及教育教学实践中发挥着核心作用，教育语言学要从语言角度来研究教育教学问题，而其前提是通过语言教学来掌握必要的语言知识技能。系统功能派的语言教学理论与实践与其社会符号的语言观一脉相承（Halliday et al., 1964；张德禄等，2005）。语言教学的目的被设定通过向学生传授关于语言功能的知识，发展学生在目标语上的表意潜势，使其能够根据具体语境从语义资源库做出适当语义选择来表意交流。由于语言被认为是社会性的表意潜势系统并在社会语境中发挥功能，因而语言学习必须通过语言与语境的互动、通过语境化的语篇来进行。语篇是一个表意单位，因而语言教学要以语言的意义而非形式为出发点和归宿点，而语法的教学要为发展学生的表意能力、实现交际目的服务。语言变体（包括方言变体和语域变体）作为语言的普遍特征是语言教学的重要内容。我们要选择合适的方言变体（一般是标准语）和语域变体进行教学，发展学生根据社会语境选择合适变体的能力。系统功能学派的基本语言观直接影响了交际教学法、特殊用途英语、以文化为基础的教学法以及基于语类的教学法的发展。

系统功能派的语言教学法中，最具特色的是 Martin 等人发展的基于语类的教学法。Martin & Rose（2012）对结构主义的语言教学法提出批评，认为它把语言学习看作是记住一套语言特征并在阅读和写作中加以运用的过程，以词汇语法项的教学为出发点，要求学习者学习词汇语法等语言成分，加以组合直至能阅读和写作完整的语篇，但却忽略更为重要的篇章语义和语境特征而让学习者自己去体会，因而是一种隐性教学法，主要有利于熟知学校教育语篇、更为有经验的学生。Martin 等人基于语类的教学法采用从上到下的模式，以语类作为语言教学的出发点。语类被认为建构着不同类型的社会文化语境及其相关的人类经验，也建构着各教育层次的不同具体学科。通过研究各门学科中所包含的语类，Martin 力图厘清学生所需掌握的具体语类以及其所蕴含的各类知识，在此基础上研究各语类的语域特征以及具体的语篇语义和词汇语法特征，由此重新组织课程内容，并强调教师显性地指导学生在各层次上对语言模式的识别、理解和应用。其基本原则是在经验共享的语境中通过师生互动来提供指导，激发学生的主动性，使学生能在熟悉的语境中使用语言表达意义，并逐渐掌握在陌生语境中使用语言表达意义的能力，最终获得从语类到词汇各个层次的语言知识和读写能力。

2.3.6 评价

系统功能语言学从语言在社会中的功能出发，把语言看作社会性的表意资源系统，具有识解人类经验、演绎人际关系和使能语篇生成三大功能，并从个体、社会、语篇三个视角研究语义发生过程。由此教育过程可以看作是语言承载的三位一体的语义发生过程。其中个体的社会化发展是在教师指导下，个体经由一系列相互协作的表意过程，学习由语言建构的知识文化，发展其社会化的表意潜势过程。个体表意潜势发展是考察个体学习发展的绝佳视角。社会知识文化的建构与传承是由发展进化起来的语言实现的，我们可以通过研究宏观社会语境、群体间差异化的语义变异以及基于语言的互动机制来透视社会知识分布与传承的规律。教育过程本质上是一个语篇发生过程（即话语过程），包括知识创造、知识的教育语境重构和教学实践的传承等系列话语过程，对这些话语过程的动态和静态分析可揭示知识的语言建构和重构规律、国家宏观的教育调控机制以及教学中微观的知识传授机制。系统功能路径的语言教学法秉持社会符号的语言观，以语境化的语言表意功能为核心，使词汇语法教学服务于表意交流目的，最终发展学生从语类、语域、篇章语义到词汇语法等各层次的语言知识和读写能力。总之，系统功能语言学秉持社会符号的语言观以及语言描写理论，是从语言角度来研究教育教学的基本视角之一。

2.4 社会文化视角的理论

教育语言学的发展过程中，新维果斯基主义社会文化视角的心理符号学理论与现代语言学理论相结合，成为许多学者建构自己理论体系的基础，产生了广泛的影响力。虽然这些学者理论建构中并未明确采用教育语言学这个术语，但由于他们的研究对象都是教授（teaching）和学习（learning），或者是更宏观的教育理论，而且其分析工具又是语言学的工具，因而本质上仍然属于教育语言学的范围。这些成果中比较有代表性的是 Wells 的对话性学习理论。Wells 把其理论称为社会文化视角的理论，因而本节也采用这个名称，主要围绕 Wells 的理论阐述新维果斯基主义社会文化视角下的教育语言学研究。

2.4.1 理论背景概述

Vygotsky 是苏联著名心理学家，社会文化心理学的创始人。其主要研究兴趣包括：发展心理学、儿童发展、教育心理学等；核心研究话题包括：高级心理功能的发展、最近发展区（zone of proximal development, ZPD）、学习与人类发展、概念成型、语言与思维发展的内在关系、知识的内在化（internalization）等。新维果斯基主义主要指 Vygotsky 开创的社会历史文化的心理学和教育学理论，以及其追随者对这些理论在新时期的创新、发展和应用。其早期的核心学者除了 Vygotsky 外，还包括 Leont'ev、Luria；后期的代表性人物包括钦琴科、加里培林、赞可夫、查包罗塞茨、艾利康宁和达维多夫等。随着这些理论不断创新、发展，新维果斯基主义理论在西方学界也产生了广泛的影响，比如普莱南出版公司 1998 年出版了六卷本的《维果斯基作品选集》，牛津大学出版社 2007 年也出版了《牛津维果斯基手册》（*The Cambridge Companion to Vygotsky*）（Daniels et al., 2007）。

在教育语言学领域，学者们借鉴新维果斯基主义基于符号中介的学习与发展理论，并与特定语言学，特别是功能语言学理论相联系，发展自己的理论体系和分析框架。其中代表性的研究成果包括：《对话式学习：社会文化视角的教育理论与实践》（*Dialogic Inquiry: Towards a Sociocultural Practice and Theory of Education*）(Wells，2004)、《意义表述者：学习说话与说以致学》（*The Meaning Makers: Learning to Talk and Talking to Learn*）(Wells，2009)、《高级语言学习：韩礼德与维果斯基之贡献》（*Advanced Language Learning: The Contribution of Halliday and Vygotsky*）(Byrnes，2009)、《母语与二语高级读写能力之发展》（*Developing Advanced Literacy in First and Second Languages*）(Schleppegrell & Colombi，2002) 等。这些研究中，体系比较完备、比较成熟的是 Wells 的对话性学习理论。

Wells（2004：xi-xiii）提出的对话性学习理论主要关注教育进行的方式方法，其核心观点是，教育应该通过围绕参与者所关心和感兴趣的事物进行对话来实施；其背景是 20 世纪教育改革陷入困境与争议，即一部分学者提倡儿童中心论的"进步主义"教育，而另一部分学者则宣扬要回归更具结构化、教师导向的、强调基础知识与技能学习的课程教育。Wells 认为，Vygotsky 的社会建构主义理论充分认识到各种教学活动以及发展性学习过程中文化延续性和个体创造性之间的互补和相互依赖，从而为解决这类争议提供了很好的方案。与传统灌输式（transmissional）教学法和非结构化的发现式学习法不同，Vygotsky 强调成熟的知多者（more knowledgeable one）和未成熟的知少者（less knowledgeable one）参与共同活动，进行知识共建；另一方面，也关注符号（特别是语言符号）的中介作用，并用来帮助知少者学会利用特定文化的已有资源来解决其所面对的重要问题。与竞争性的个人主义不同，Vygotsky 的理论强调建立以教师为引导的合作性团队，所有参与者都通过对话性活动来共同学习、相互促进。同时，Wells 认为，Halliday 的系统功能语言学理论证明了语言发展的规律可以在对话互动中得到解释，揭示了智力发展主要是一个与他人表意会话的过程，强调话语在各层次教育中的核心角色，并为教育教学的分析研究提供了具体的分析工具。由此，Wells 把新维果斯基主义理论与 Halliday 的功能语言学理论相结合，建立起对话性学习理论。

2.4.2 Vygotsky 与 Halliday 理论的互补性

Wells 力图把 Vygotsky 社会文化导向的心理符号学理论与 Halliday 的社会符号的系统功能语言学理论相结合，论证语言（话语）在学习与教授活动过程中的核心地位，从而作为其对话性学习理论的基础。在 Wells（2004：3-50）看来，Halliday 与 Vygotsky 的理论既相互兼容，又相互补充。其兼容性主要表现为：首先，两者的长期目标以及所选择的视角相一致。两人都曾长期投入大量精力把其理论应用于实践来改善儿童的教育体验，并且都采用发展性视角（genetic approach）来研究语言与学习。这种发展性视角不局限于对当前表象的描述，而是力图解释语言与学习的起源和发展过程。Vygotsky 通过研究语言与思维的关系来透视儿童高级心理功能的发展，并把发展性的研究方法应用于系统发生（即人类的发展演化）、社会文化历史（特定文化在一定时期的发展）、个体发生（即个体一生的发展）、微观发生（即由具体社会文化场景下的特定互动活动所引发的发展）四个领域。在各领域中，当前阶段的发展状态只能通过研究前几个发展阶段才能理解。同样，Halliday 也采用个体发生视角来研究语言发展，并通过个体语言发展来透视人类语言的系统发生过程，同时又引入语篇发生（即具体语篇的发展过程）作为语言活动的微观发生过程来研究具体的话语过程。如果说 Vygotsky 的终极目标是解释个体心理功能的运作，Halliday 的目标则是解释语言作为人类社会性生活资源的本质以及由此所决定的组织方式，并解释特定的语言文化群体中人们如何使用语言资源来表达意义。

其次，Wells 强调，Vygotsky 和 Halliday 都认为，采用发展性视角来研究语言在使用情景中发挥作用的方式是理解语言的最好方法。Vygotsky 把语言看作符号性工具，强调语言的符号中介作用，认为语言是工具的工具，不但使参与者得以通过外部语言来规划、协调和审视其行为从而发挥其在社会活动中的中介调节作用，同时也作为这些活动得以表征的媒介，提供符号工具在内部语言的内在话语中调节相互关联的心理活动。内部语言的中介作用是 Vygotsky 关注的主要内容。Halliday 则把语言看作社会符号，承认语言与社会语境之间的相互建构作用，强调从其所处的社会文化语境中来解释语言，并把社会文化本身也看作符号建构物。两人都把语言看作是服务于社会活动和互动所发展起来的文化工具。Halliday 采用个体间视角关注语言的社会行为属性,而 Vygotsky 采用个体内视角,关注个体所参与的、语言中介化的社会互动对于个体心理发展的意义,而其共同点在于都关心作为特定文化成员的个体在其发展过程中语言所发挥的作用。

在 Wells 看来,Vygotsky 和 Halliday 都认为,在日常活动和互动中,符号工具,特别是语言的使用,也是文化得以演绎并得以社会性地传承给后代的主要方式。所谓的社会化或者文化化(enculturation),本质上是个体所参与的对话性活动提供了渠道,使个体得以学习某种文化中一般性的符号资源。具体来说,儿童通过参与由特定文化中其他成员也参与的日常性活动所发展起来的对话交流,学会使用语言这个符号工具,同时使他得以与其他人员紧密相连。通过在这些社会性活动中发挥中介角色的对话,儿童同时也吸收了此文化中语言的语义系统所表征的一般性人类经验。这种社会化或文化化过程既可以发生在儿童参与的日常性非正式对话中,也可以发生于双方通过对话所共同建构起来的语篇中。

Wells 认为,Vygotsky 和 Halliday 都认同语言与智力发展之间的关系。Vygotsky 作为心理学家主要关注个体内的活动,借助词语意义(word-meaning)以及"内部语言"来解释概念和思维等高级心理功能的发展。这种发展遵循社会文化起源律和内在化律,即任何儿童心理功能的发展都首先作为个体间的社会心理范畴出现于社会层面,而后再内在化为个体内的心理范畴。其中,符号,特别是语言符号的中介作用把两个层面相联系起来,即语言总是先作为影响他人、实现社会目的手段出现,随后才发展成为自我影响的手段。在个体发展过程中,社会语言功能性地分化为交际语言和自我中心的语言,后者又进一步发展为内部语言。由此,语言不仅是社会互动交际的工具,也是个体思维的工具。内部语言的概念使 Vygotsky 得以解释言语思维的本质,找到其在外部语言中的发展前提,并研究社会活动中出现的心智间言语性思维如何得以继续影响心智内的言语性思维。此外,Vygotsky 强调个体发展的社会情景,提出最近发展区概念来解释教授活动在儿童学习中的角色,认为只有在儿童与其环境中的人们互动并与其同伴合作的过程中,其学习活动才能触发各种内部发展过程。从这个意义上来说,Vygotsky 的理论是个体发展、文化传承与社会教育三位一体的理论。

同样，Halliday 基于语言的学习理论也为语言发展、文化传承和语言在教育中的作用提供了丰富的解释。作为具有社会学倾向的语言学家，Halliday 强调语言行为及其在社会生活中所服务的目的：语言所服务的重要目的之一就是知识的建构与利用，由此语言成为求知活动（把经验识解为知识）的基本条件，因而也成为通过求知来实现个体发展的基本条件。Halliday 强调，语言反映世界（即概念）的功能与人际互动功能相结合构成了语言的表意行为，所有表意学习活动既是人际活动又是对现实的反映。他把知识看作是语言对现实经验的识解，认为最优的学习环境是围绕儿童来组织的环境，而教师在其中作为引导者，利用语言的相关功能，借助学生的帮助来创造对学生充满意义、与其生活密切相关的学习任务。

综合起来看，Vygotsky 与 Halliday 关于语言与学习的理论相互兼容、相互补充。主要表现为：二者都认为发展性视角对于理解任何形式的人类行为是必要的。从系统发生和个体发生的视角来看，发展都依赖于有可用的工具，其中符号工具具有特殊的重要性，而语言是最强有力的符号工具，因为其语义结构编码了该文化的经验理论（即知识），包括与使用其他工具相关的所有知识，同时语言也使语言使用者得以互动，从而协调他们的活动、反思并共享他们对经验的识解。在个体发生领域，使用前人创造的工具使个体发展提升到了新的水平，特别是在通过情境化对话来学习母语的过程中，儿童也学会了使用该文化所积累的知识和实践技能。两个学派在理论上的兼容性成为 Wells 建构其对话性学习理论的基础。

2.4.3　求知类型与求知模型

Wells（2004：51-58）遵循基于语言的学习理论，把语言看作是求知的基本条件，认为是语言把经验识解成为知识。因而知识的本质与建构成为教育语言学研究的重要内容。Wells 提出，知识建构和理论发展最常见于碰到重要问题时，这种建构和发展的基本形式是对话；在对话中参与者提出问题的解决方案，并通过对方案进行补充、拓展或提出反对与替代方案进行回应。Wells 采用历史视角来研究人类文化发展过程中不同求知模式的发展，通过关注具体知识类型所涉及的不同活动并考察这些活动的发展过程来研究知识的发展过程，涉及微观发生、个体发生、特定文化的历史发展以及人类系统发生四个不同的时间维度。这意味着在本源上把知识看作与特定的人类活动相联系，其本质是社会性的，也就是说，人类是在面向对象的共同活动中建构起关于世界的具体知识，而所建构的知识的价值也在于其能为进一步的集体活动发挥中介协调作用。这种知识建构的历史发展视角可以避免把知识（特别是当前被高度重视的知识）看作在本质上是与日常生活无关的抽象物，或把知识进步看作是独具创造力的个人与世隔绝时做出的贡献。

　　Wells（2004：88-90）反对笼统的客观知识观，反对把个体智力发展看作是通过接收与记忆从而累积雷同知识的过程；相反，他强调求知活动的首要地位。Wells（2004：59-71）仔细考察了人类历史发展中的六种求知模式，包括：个人在活动中完成的工具性（instrumental）求知，创造出物质工具等初级知识产品（出现于 200 万年前）；投入社会活动的多个个体之间完成的程序性（procedural）求知，通过社会互动创造出工具和实践惯例等二级知识产品（出现于 100 万-150 万年前）；文化群体成员之间进行的本质性（substantive）求知，借助口语对活动进行反思并成为后续活动规划的基础，创造出工具与惯例的语言表征等二级知识产品（出现于 5 万年前）；文化群体成员之间进行的审美性（aesthetic）求知，即对人类困境进行解释，创造出叙事、图画、音乐等形式的艺术表征类三级知识产品（出现于 5 万年前）；特定专家群体的成员间进行的理论性（theoretical）求知，力图解释所观察到的自然和人类世界，创造出去语境化的分类体系、理论、模型等三级知识产品（出现于 2500 年前）；在文化群体中的成员之间以及个人独立进行的元求知（meta knowing），力图去理解和控制人类自身的心理活动，创造出对心理和符号过程进行表征的三级知识产品。从个体发生的视角来看，Wells（2004：79-83）认为，工具性、程序性和本质性求知模式主要是通过个体参与家庭与当地社区的日常活动，以学徒（apprenticeship）似的方式来学习，而理论性求知与元求知（对科学概念及其用以建构这些概念的语类的学习）需要通过在学校中接受系统性

第 2 章 教育语言学的新理论

教育才能实现。

在此基础上，Wells（2004：76-78）把求知解释为作为社团成员的个体进行的有意图的合作性活动，其目的是通过利用和产生对世界的表征来更好地理解和改变其所共享的世界。知识是求知活动的指向对象，是具体的，由当前的特定活动所建构起来并成为活动的一部分；知识不是超越时间的或者普世的，而是处于即时的时空场景中。在人类历史发展中出现的六种求知模式或者知识类型中，知识都不是独立的存在物，而仅仅是对具体群体中人们所关注之事物的一种指称方式，由此求知者试图获得对他们所共同参与的活动中某些方面的更多理解。知识也不是外在于具体求知情景的任何物质或精神的对象物，而是借助并存在于合作性知识建构活动和个体理解活动，从而得以不断创建、修正和拓展。从根本上来说，求知与特定文化框架中的目的性行为不可分割，同时又具有社会性动机和互动性取向，因而在理性化的信念求真之外还涉及情感、态度、价值观等因素。

Wells（2004：83-88）设计了一个螺旋上升式求知模型，如图 2-2 所示。这个模型包括"经验"（experience）、"信息"（information）、"知识建构"（knowledge construction）和"理解"（understanding）四个部分，由此把个体在课堂内外所能遇到的四个不同的表意机会相互联系起来。"经验"指处于特定文化语境中的个人满怀感情地参与构成其生活世界（life-world）的各种实践群体，其本质是个人在参与其生活中的系列事件时所建构起来的意义，而个人参与基本文化活动及其这些活动所赖以实现的社会互动，这是意义和表征的基本源泉，由此各种求知模式得以建构。与"经验"相比，"信息"是二手的，主要包括他人对经验的识解及其所建构起来的意义，可见于非正式对话、艺术作品、手册和正式出版物等各种语类中，可以与具体人物事件有关，也可以更为抽象概括。"信息"能否被记住依赖于其与信息接收者的经验意义及其世界模型的融合程度。与"信息"相比，"知识建构"也处理公共领域的意义，但体现更为积极和包容的态度。此时个体与他人进行表意交流，目的是拓展或改变他们对所共涉活动的某些方面的共同理解，通常涉及建构、使用和持续改进各种表征性的产品从而使其保持系统性、连贯性和一致性。与"知识建构"相比，"理解"更个人化、更直接、更具整体性和直觉性，与行为的关系更紧密，构成了我们赖以识解新经验并指引我们进行有效活动的解释性框架，是求知周期的高峰。Wells 认为，总体来看，求知周期以个人经验为起点，个人经验经过他人信息得以充实、优化，再通过知识建构转化为理解，而"理解"导向具有个人和社会意义的活动，并使此认知框架得以持续丰富从而使未来经验获得解释，而此种未来经验又为新的求知活动提供了起点，进而形成求知活动的螺旋上升。由此，"理解"被看作是持续改变个体自身和社会环境的手段，因而也是所有教育活动的终极目标。

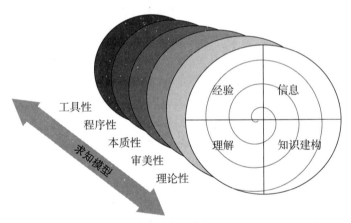

图 2-2　螺旋上升式求知模型（Wells，2004：83-88）

2.4.4　话语在求知与求学中的角色

Wells（2004：98-132）提出，语言在教育中的核心地位主要通过话语与求知活动的关系体现出来。基于 Bakhtin 的对话理论，Wells 提出语言在现实中是以个体说话者的具体言语而存在的，而言语总是被语境化（contextualize）于其所赖以出现之活动的具体目标和条件，也被语境化于在其之前和之后出现的其他言语中。言语的情景化本质上体现为具体言语总是为特定的语类形式所塑造和发展，同时具有应答性，既回应着前面出现的言语，也预测着其目标听众将做出的特定类型的回应，因而具有本质上的对话性。由于语言是求知的主要符号工

第2章 教育语言学的新理论

具,因而求知活动也具有情景性和对话性。正是在这个意义上,Wells 提出教学中对话性求知的理念,并把其对话形式具体化为渐进式话语(progressive discourse),从而作为求知的主要话语手段,认为这种渐进式话语应该在各教育层次下的各课程领域中发挥核心作用。这种渐进式话语的特征在于所有的话语参与者都承诺:努力达成所有人都满意的共同理解、以恰当的方式提出能找到证据支持的问题和命题、拓展对大家都有效的共同命题、允许所有观点都置于有益于话语推进的批评之下。此外,渐进式话语包括一个所有参与者都努力共同改进的知识产品。

Wells(2004:135-141)强调学习的符号本质,把学校学习(schooling)看作符号性学徒(semiotic apprenticeship)过程。这种学习的符号性学徒要求为学生创造机会,使其尽可能多地投身于各学科中重要语类所出现的各种活动,从而接触和掌握这些重要的语类;同时通过建立适当的教学模型和具有建设性的引导与反馈模型使学生在学习中获得帮助。Wells(2004:141-157)详细考察了课堂求学所涉及的各种话语模态,包括口语、书面语及其相对应的各种话语模态。口语模态被认为体现了语言的行动(action)功能,具有动态性、具体性、即时性、叙事性、社会性和对话性,而书面模态体现了语言的反映(reflection)功能,具有静态概括性、抽象性、科学性、聚合性、个体性和独白性,两者各自适用于具体教学活动中的不同任务。在口语模态方面,Wells(2004:167-208,235-238)提出课堂中口头话语的顺序性组织方式,其中最基本的单位是核心交互回合(nuclear exchange),由经典的 IRF 对话语类组成,包括教师发起(initiation)、学生回应(respond)、教师反馈 feedback/following 三个话步。核心交互回合之前可以有准备性的交互回合(preparatory exchange),还可以有依附性的交互回合(dependent exchange)和嵌入性的交互回合(embedded exchange),各种交互回合共同组成一个交互序列(sequence),多个交互序列再组成一个话语片段(episode)。Wells 强调 IRF 对话语类的价值有赖于其在所使用的课堂活动中所发挥的功能,特别强调教师反馈话语中所发挥的引导功能。同时 Wells(2004:267-290)基于 Halliday 的研究考察了书面语篇,特别是其中的名词化语法隐喻的出现对科学语言形成及其知识建构起着关键作用，强调书面语的学习对个体高级心理功能发展的重要意义。

　　Wells（2004：121-124）强调求学主要是指通过与他人对话合作去思考、提问并寻求理解的意愿。它扎根于对过去所获得的、体现于特定文化实践和文化产品的知识的理解中，同时又置于特定课堂的当前时刻并面向对知识的新理解，因而是具有明确的目的导向和较强的情感投入的活动。课堂应该成为一个求学的共同体（community of inquiry），其中师生通过行为、知识建构和反思等形式对话性地理解具有个人和社会意义的话题，从而使得课程内容通过各种对话模式被不断创造出来。在此基础上，Wells（2004：157-162）设计了一个课堂中的学生求学活动模型，并说明口语和书面语的不同语类在其中所发挥的符号工具作用。在这个模型中，课堂的主题是学生的求学（student inquiries）活动，其中包括发起（launch，提出初始问题）、研究（research，寻找相关证据）、解释（interpret，提出连贯的语义结构）、陈述（present，陈述问题和回答语篇）、反思（reflect）五个循环进行的步骤，而中间三个步骤各自包括"策划"（plan）、"行动"（act）、"审视"（review）三个任务。这个模型强调学习者通过与同伴和老师之间的合作性对话（collaborative talk），充分利用可用的文化资源，推进其对知识的理解。在求学活动中，各具体的话语类型起着符号工具作用。具体来说，对"发起"事件做出反应所涉及的口语语类包括戏剧、解释性讨论、头脑风暴、确定问题、提出假设等，书面语类包括诗歌、报刊条目、求知说明、初步理论等。"研究"步骤涉及的口语语类有策划、协商、协调和监督活动以及观察、访谈（interview）、查询参考书等，所涉及的书面语类有计划书、说明清单、信息索取信件、笔记、数据结果表格、草案、示意图等。"解释"步骤涉及的口语语类有证据解释、对不同解释的辩论、得出的有保证的结论等，所涉及的书面语类包括概念地图或概念网络、对不同解释的确证和反证清单。"陈述"步骤所涉及的口语语类包括策划、协商、协调和监督活动以及戏剧、报告、音视频、评论等，书面语类包括计划书、提纲、事件叙述、规程性描写、例示、报告、解释等。"反思"步骤所涉及的口语语类包括反思、理论阐述、评价等，书面语类包括概要、书面反思和评价等。由此，学习者可通过投入到这些语类活动中来掌握这些语类进行求学。

此外，Wells（2004：169-208）综合新维果斯基主义的活动理论（activity theory）和系统功能语言学的话语分析理论，提出了一个课堂活动和课堂话语相结合的分析模型，如图2-3所示。其中课堂活动的组织结构包括四个级阶：课程单元（curricular unit），即一个主题性单元，表现为用以组织一定时期内所要开展的教学工作的总体概念；活动（activity），即一个有目标导向的相对独立的教学活动单元；任务（task），即界定清晰、为参与者所认可的活动成分；步骤（step），即任务中可识别的最小成分。Wells又把功能语言学专用以指语言行为的语域和语类概念进一步扩展至所有形式的社会行为。语域被用来描写参与者根据当时的具体情景所做的选择，从而决定其所投入的活动形式及其使这些活动得以操作化（operationalized）的方式；参与者的语域选择受制于他们对所希望参与的活动类型（包括其目的和手段）的理解，同时又决定着他们从其语言性和非语言性的表意资源库中所选用的资源。语类则被用来描写参与者所选择的活动及其具体操作（operation）的组织模型，这种描写以对特定活动组织模型的结构成分和排列顺序的社会共识为基础。这样，课堂中的活动类型（activity types）被定义为组成课程单元的所有活动的一般性组织模型，而使具体活动得以操作化的真实语言与非语言行为的组织模型则用宏观语类（macrogenre）和微观语类（microgenre）来加以描述。

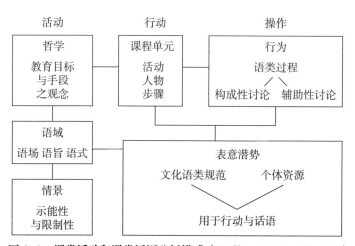

图2-3　课堂活动和课堂话语分析模式（Wells，2004：169-208）

2.4.5 最近发展区理论的新发展

最近发展区是 Vygotsky 发展心理学的重要概念,指儿童实际发展水平与潜在发展水平之间的差距,而潜在发展水平由儿童在成人指导下或在与能力更强的同伴合作中解决问题的能力决定(Vygotsky,1978:86)。Vygotsky 的最近发展区主要关注儿童个体的智力发展评估和以面对面互动交流为基础的发展指导。新维果斯基主义的学者从更加整体性的视角来看待最近发展区中的学习过程,拓展了口语之外的各种中介交流手段,并把交流形式也扩展到了合作性群体中所有参与者的互动交流。从教育的视角的来看,对最近发展区的扩展主要表现在以下几个方面(Wells,2004:313-334)。

第一,作为向他人学习并与之共同学习的一种机遇,最近发展区适用于多个参与者通过参与一定活动来掌握知识或技能的任何情景。它不仅适用于知识技能较少者,也适用于所有活动参与者,包括儿童以及其他各年龄段和发展阶段的学习者,适用于人们的终生学习过程。

第二,最近发展区不是独立于语境的个体学习者的固定特征,而由共同参与特定活动的多个参与者在活动交流中所建构起来的学习潜力。随着参与者不断共同解决学习中碰到的问题,此前未能预见的各种可能性被不断发掘出来,因而此种学习潜力也不断得以拓展。

第三,在最近发展区中教导学习者,意味着要适应学习者当前的目标和发展阶段,提供引导和帮助来使学习者实现其目标并增强其未来参与活动的潜力。

第四,在最近发展区中学习并不要求必须有一个指定的教师。在活动中相互合作的参与者可以相互帮助、相互学习。

第五,某些活动会产生一定的产品,这些产品可以在随后的活动中发挥工具作用。对活动结果的符号性表征也可以发挥工具作用。对这些符号性产品(比如书籍、地图、示意图、艺术作品、口语或书面语篇)的接触或回忆也可以为最近发展区中的学习提供引导和帮助。此时这些符号性产品背后隐含着一个不在场的人类参与者。

第六,最近发展区中的学习不仅涉及学习者认知水平的发展,而且也涉及其行为、思想、感情等所有方面;不仅促进学习者知识技能的发展，也导致其身份的发展变化。因而学习中参与者互动的情感质量至关重要，只有体现了参与者之间互相尊重、互相信任和互相关心的互动才能发挥良好的中介作用，从而取得最好的学习成果。

第七，最近发展区中的学习涉及多种改变，改变着参与者未来的活动潜力以及此种活动潜力在认知结构上的组织方式，改变着对这些活动起着中介作用的各种工具和活动惯例，也改变着活动所处的社会群体环境。

第八，最近发展区的发展没有任何预先设定的目的。所谓的发展进步依赖于特定时空中的各种支配性价值观，而这种支配性价值观处于不断竞争和变化之中。由此，最近发展区是一个既相对统一又充满矛盾冲突的场所，其所引发的各种变化导致发展结果的多样性，既可能复制现有的惯例和价值观，也可能对此做出剧烈改变。

总之，最近发展区理论的新发展已经大大拓展了 Vygotsky 的原始概念的内涵和使用场景（第一和第二个特征），丰富了可以提供帮助和指导的参与者类型（包括在场的老师、同伴和以符号产品形式出现的不在场参与者），拓展了其个体发展的内涵以及与群体环境的相互影响和相互建构作用。最近发展区理论所突出的对话互动和符号性产品的中介协调作用也为从语言视角研究个体认知、思想感情、身份意识的发展提供了路径。

2.4.6 评价

以 Wells 为代表的新维果斯基主义学者继承和发展了 Vygotsky 创立的社会文化视角的发展心理学、教育心理学、心理符号学理论，并把这些理论与现代语言学，特别与社会符号导向的系统功能语言学理论相结合，在此基础上形成了较为完备的理论体系。其特色在于从发展的视角，把学习与教授置于即时情景语境、社会文化语境以及更为广阔的社会历史宏观语境之下来探寻其中的规律及其启示，同时突破了西方传统的二元对立观念，把个体发展与文化传承、个体学习与教师指导、心理符号与社会符号相统一，而其所依赖的功能语言学的语言描写体系又为从语言角度研究学习、发展和教育提供了语言工具,从而使得其理论分析框架具有坚实的语言学基础。Wells 所创立的循环式求知模型、课堂活动与话语分析模型、基于最近发展区的对话式求学引导模型也为教育教学提供了科学适用的参考模型。

第 3 章
教育语言学的新方法

　　教育语言学作为一门新学科，要确立其学科地位，需要发展出符合学科研究目的、适用于其独特研究对象的方法。这里的方法主要是指方法论意义上的方法，即用于学科研究的系统性的研究路径、视角或原则，而不是指具体的材料收集、实验设计、数据分析等操作方法。本章主要阐述教育语言学研究中所发展出来的新方法，这些阐述并不是穷尽性的，而只关注具有特色和影响力的新方法。此外，本章所阐述的方法并不一定和第二章的理论流派完全对应，因为一个理论流派完全有可能同时采用几种研究方法开展研究。本章的讨论将围绕以下四个方面展开：话语分析方法论、基于语类的行动研究方法、社会语言学与民族志的方法以及生态符号的研究方法。

3.1　话语分析方法论

　　教育语言学作为从语言视角来研究教育教学的学科（Halliday，1990），必然可以采用语言的研究方法。语言在真实语境中的使用是话语，其在教育语境中的使用就是教育话语。从这个视角来看，我们可以把基于语言使用的教育过程看作一个话语过程，采用话语分析的方法来研究教育教学的规律。本节从教育的符号性本质出发，论证教育过程是一个话语过程，适用于话语分析方法，可以通过对教育教学各层面的话语进行深入细致的分析来透视个体心智发展和社会文化传承等教育教学的根本规律。

3.1.1 教育的符号性

从语言视角来研究教育，首先要找到语言与教育的交集，而这需要对教育的本质有恰当的理解。从根本上来说，我们至少可以从个体发展层面、社会文化传承层面和教育教学过程三个层面来理解教育。

从个体发展的视角来看，教育是儿童的人为发展（Vygotsky，1982-1984，Vol. 1：107），表现为通过一定形式的人为干预促进儿童个体的发展。人为发展是一种中介化（即以语言等符号为中介）的高级心理功能的发展。高级心理功能是一种源于社会的复杂自我意识和自我调控功能，其终极目标是有意识的认知、注意、逻辑记忆、系统概念等能力，需要通过各种符号中介与他人交互才能实现（Vygotsky & Luria，1993，Vol. 3：24），表现为从无符号中介的自然活动向以符号工具为中介的文化活动过渡的过程（Vygotsky & Luria，1993，Vol. 4：221）。教育作为人为的个体发展，其符号中介性具体表现在以下几个方面。首先，教育中个体发展的目标是以符号为中介的高级心理功能，换言之，认知、记忆、概念、思维等高级心理功能要通过符号表意活动来进行。其次，高级心理功能的发展需要通过学习来实现，而学习体现为在社会语境中学习者与教育者之间展开的社会互动过程，需要通过语言等符号资源来进行（Vygotsky，1978）。再者，学习的内容即社会知识与技能本质上也是通过语言等各种符号系统所建构起来的社会经验，由此社会性的文化知识内在化为个体的知识技能，从而实现儿童的社会化发展。因而，从个体发展的视角来看，教育的目标（高级心理功能）、内容（知识文化）和形式（社会互动）都具有符号性。

从社会文化传承的视角来看，教育是对社会识文化进行传承的过程，而教育实践是文化生产与再生产（即传承）的根本性社会语境，由此我们可以通过研究教育话语的基本建构规律和教育机制来揭示教育的文化传承本质（Bernstein，2000：17）。Bernstein（1990：14-15）认为教育的社会语境由不同社会阶层的语码与意识形态构成，具体体现为不同社会阶层的表意倾向，即对现实世界进行识解的一种建构倾向，主要通过语言等符号系统进行表意活动来实现。不同社会阶层所掌握的不同语码其本质区别也在于其表意倾向与具体情景和宏观语境之间的远近

第 3 章　教育语言学的新方法

关系（Bernstein，1990：20）。教育机制是建构和调节教育过程的机制，包括知识分布规则、重构规则和评估规则。其发挥作用的关键是通过分布规则选择特定阶层的社会意义潜势，创造出话语生产空间实现社会知识的创造，再通过重构规则创造出话语重构空间，由此把所选定的社会语义潜势转化为由教育话语实现的具体教育意义潜势，而后通过评估规则创造出再生产空间，在具体教育实践中实现特定阶层意义潜势的传承。语言在话语生产（即社会知识的创造）、知识重构（学科知识重构为教学知识）以及具体教育实践（通过课堂教学实现知识传承）等过程中都起着主要的媒介作用。

综上所述，无论是作为人为的个体发展过程，还是作为社会文化的传承过程，教育都具有符号性。教育的符号性决定了话语分析方法在教育研究中的适用性。

3.1.2　教育话语的特性

符号这个术语本意是指"与意义有关"（Halliday & Hasan，1985：4）。符号是表达与内容构成的实体，是意义的载体（Hjelmslev，1961：47）；符号的集合构成符号系统，其中每个符号与其他符号的关系就是其系统值，而符号的语境化意义通过其在具体语境中使用而获得（Hjelmslev，1961：44-45）；符号系统是意义产生与交流的系统，其意义也来自与语境间的关系（Halliday，2003）。人类社会存在着语言、动作、手势、绘画、音乐等多样化符号系统，它们共同构成了社会文化，演绎着社会结构；其中语言符号系统最主要、最常用、最发达、最强大，是人类赖以表达和交流的主要意义潜势系统（Halliday & Hasan，1985：4），因而也在符号性的教育活动中也发挥着主要作用。

符号系统在具体语境中的实际使用单位是语篇，也叫话语，由此符号系统获得具体意义。应该说明的是，系统功能语言学对语篇和话语不做区分，认为两者都是符号系统在具体语境中的运用实例，既可以指动态的运用过程，即话语发生过程，又可以指静态的运用产品。教育作为符号性的社会活动，本质上以语言等符号系统的使用为媒介，因而其实际运作单位是教育话语,即通过符号性表意活动来展开的鲜活的具体教育实例。人们在实际生活中所接触到的教育活动都是具体的教育话语实例。从这意义上来说,教育话语体现着具体的教育现象,对教育话语的研究是从教育现象透视教育本质的基本出发点。

话语(语篇)是一个意义单位,从静态视角来看是可以被记录和研究的产品输出,具有可用系统性的术语来表征的特定构型;从动态的角度来看,话语是一个持续的语义选择过程,其中每一组语义选择为下一组的语义选择提供了语境。在最广泛的意义上,话语是一个社会学性质的意义接触事件,由此构成社会系统的意义得以交流(Halliday,1978:139-141)。意义交流是一个互动的过程,而话语作为意义交流的基本手段也具有互动性。这意味着教育话语作为话语的一种,本质上也是一个意义的互动交流过程,因而对意义的表达与理解是教育的本质。从个体发展的视角来看,教育的核心是教师通过明晰的意义交流,向学生传授社会累积的表意方式和产品,并内在化为学生自己的表意方式从而实现其心智发展;从社会文化传承的视角来看,教育的核心是通过教育话语选择性地把特定社会阶层所积累的表意方式和表意产品向下一代传承。另外,话语既是过程又是产品的双重属性要求教育过程既要注重传授相对静态、稳定的知识技能产品,又要注重传授通过符号表意活动实现知识建构的方式与过程。因而,教育话语分析既要重视知识产品的分析,也要重视知识建构方式和规律的分析。

3.1.3 教育话语与个体发展和社会传承的关系

Halliday & Matthiessen(1999:17-18)用语义发生来表示符号系统的意义产生的过程,并区分为个体发生、系统发生和语篇发生三个时间维度。个体发生指个体语言符号系统等表意潜势的发展,系统发生指人类语言等符号系统整体的进化过程以及作为其表现的具体语言符号系统的发展进化过程,语篇发生指具体表意活动进行的过程,即通过创建语篇的形式来即时建构意义的过程。教育的符号性本质使得我们也可以把教育过程视为语义发生过程,由此采用个体、社会和语篇三个语义发生视角来研究。个体发生视角关注教育中个体的心智发展,社会发生视角关注社会整体的知识文化传承,而语篇发生视角关注具体的教育话语过程。

Halliday & Matthiessen(1999:18)指出,个体无限的意义潜势通过有限的话语实例建构起来,而人类种群无限的意义潜势是通过个体表意者有限的表意实例建构起来;语言系统作为人类的意义潜势系统为个体发生提供了环境,而个体的语义潜势又为语篇发生提供了环境;反之,语篇发生为个体语义潜势提供了基础,而个体发生又为社会发生提供了基础。从这个意义来看,教育中个体的心智发展(即个体表意潜势的发展)正是通过一个个鲜活的教育话语建构实例实现的,而教育中社会文化传承的目标又是通过学习者个体所学习的语篇表意实例来实现。因而,对教育话语的研究既是个体发展视角的教育研究的基础,又是社会文化传承视角的教育研究的基础。在具体的教育实践中,我们正是通过具体的师生交流话语,理解并分析学生通过语言等符号系统所建构起来的表意实例进而分析其发展水平,并通过创建一个个具体的教育话语实例来促进学生发展,而社会文化传承也是通过一个个具体的教育话语实例来实现。总之,教育话语实例是个体社会化发展和社会文化传承的基础,而教育话语分析是教育研究的基础。

3.1.4 教育话语分析的范围

把教育过程看作话语过程,采用话语分析的方法来研究,需要确定教育话语分析的可能范围。由于教育话语发生是个体心智发展和社会文化传承的基础,教育话语分析的范围可从个体心智发展和社会文化传承两个角度来确定。

从个体心智发展的视角来看,Vygotsky(1998)认为儿童发展的目标是以符号为中介的有意识认知、注意、逻辑记忆、系统概念形成等高级心理功能,动力是儿童所处的社会情景(即儿童与周围社会现实(主要是他人)的独特关系),途径是成人通过互动提供指导、协助,认清现有发展水平和潜在发展水平之间的差距,组织儿童学习各种知识技能,不断创造出最近发展区，引导儿童把潜在发展水平变成现实。由此我们可以确定个体发展视角下教育话语分析的内容：对高级心理功能的话语分析，从而确定每项高级心理功能所蕴含的具体表意方式和所处水平；对儿童所处社会情景（即其发展动力）的话语分析，揭示特定儿童与他人之间的社会关系；对师生互动的话语分析，揭示有利于儿童发展的有益互动模式；对儿童现有和潜在发展水平的话语分析，揭示两者之间的差距和最近发展区的具体内容；对学习内容的话语分析，确定适合儿童动态学习的具体知识技能；对儿童学习成果的话语分析，揭示儿童的最新发展水平。

从社会文化传承的视角来看，Bernstein（1990，2000）把教育话语实践看作是社会文化传承的具体体现，其中不平等的阶级关系导致了不同教育语码的产生、分配、再造与合法化，这些教育语码通过分类（classification）与架构（framing）来调节教育过程的范畴界限、识别其内部交际形式，从而选择、整合合法意义及其体现形式，压制非法的意义和体现形式；教育语码再通过教育机制（其中包括分布、重构、评估三类规则）来调控社会知识的生产与分配过程、学术知识重构为教育知识的过程以及教学实践过程。由此我们可以确定，社会文化传承视角下的教育话语分析包括以下内容：对教育社会语境的话语分析，揭示不同国家、民族、阶层、群体中合法与非法的表意形式和意识形态及其对教育的调控作用；对知识文化生产话语的建构分析，揭示知识文化的建构方式和规律；对教育知识的话语重构分析，揭示学术知识重构为教育知识的规律，并揭示大纲、教材中的内容话语和调控话语的建构规律；对具体社会中的教育评价话语的分析，揭示评价规则和评价标准对教学实践的调控作用；对课堂等教学实践中教师的知识建构话语和教学组织话语的分析，揭示不同教师的教学话语建构方式和效果；对师生互动话语的分析，揭示课堂教学的互动机制及其效用；对学生的学习产品和教师的教学方式的评估性话语分析，揭示教学的最终效果等。

3.1.5 教育话语分析的方法

教育话语分析的具体方法可以从话语分析的一般性方法借鉴而来。话语分析按其目标对象可分为结构分析法、认知分析法、社会文化分析法、批评分析法和综合分析法（Gee，2000；张发祥等，2015）以及多模态分析法等。

结构分析法对话语本体做结构描写，致力于揭示话语在语法语义上的结构规律，包括宏观语篇结构、叙事结构、会话结构、衔接与连贯结构、韵律结构、信息结构等。具体的话语被视为小句、小句复合体（句子）、消息、言语、言语行为、语步、阶段等不同级阶单位按特定顺序组成的构形，聚焦不同话语类型所包含的结构成分、其组织顺序以及组成更大结构的规律等。这本质上是结构主义语言学从句法到语义再到语篇整体的延伸，其基础理论是各种注重结构描写的语言学理论。在教育话语分析中，结构分析法可以用来分析师生会话的互动结构、课堂话语结构、课程话语结构、大纲结构、教材中特定内容话语类型的知识结构、教学评估话语的结构等，揭示这些教育话语的语法、语义、语篇层面的结构规律。

认知分析法基于认知语言学与认知科学理论，强调语言认知活动在思维发展中的作用，致力于通过对语篇生成和理解的认知分析来揭示语篇背后隐藏的认知规律，揭示思维过程对语篇建构和理解的作用。认知分析既关注相同社会语境下不同个体认知方式的异同，也关注不同群体间的社会认知差异，重视交际双方构建和理解语篇的动态过程。在教育话语分析中，认知分析法可用于个体心智发展分析，即通过分析学习者个体所构建的特定话语产品，揭示其隐含的个体认知方式、认知水平及其心智发展规律；也可用于师生互动话语分析，揭示教师通过何种互动性话语来引导学生发展何种高级心理功能；也可用于对学习内容做社会认知分析，揭示特定社会群体的独特认知方式及其话语建构方式，从而确定学习的具体目标。

社会文化分析法把话语视为交际双方在特定社会语境中进行的交际活动，体现特定的交际目的，实现特定的社会功能。社会文化分析法关注特定话语的建构方式及其背后所隐含的各种社会文化语境。话语建构方式分析可透视其背后起制约作用的社会文化因素，包括交际者的身份、地位、权力等，以及话语所体现的意识形态、社会结构、独特的群体文化等。在教育话语分析中，社会文化分析适用于分析教育话语实践所体现的社会文化传承过程。我们可以分析教学规划、教学大纲、课程语篇、教案教材等话语，揭示其背后所隐含的意识形态、社会结构、社会文化；也可分析课堂教学话语、教师话语、学生话语、学生作业等，揭示其背后隐含的交际者身份和社会语境等。

批评分析法认为特定话语背后都隐藏着话语生成者的思想意识和其所处的社会政治文化语境，提倡通过话语结构特征分析，揭示制约这些结构特征的作者思想意识和社会政治文化语境，揭露话语活动背后的权力控制、意识形态和社会问题，促进社会公平和正义。在教育话语分析中，批评分析法可用于分析教育规划、教学大纲、教科书、课堂话语、教师对学生的批评话语、矫正话语等背后隐含的权力与控制模式、意识形态观念，也可用于分析语言政策话语对于教育的制约作用，揭示现行教育制度、体制、话语所隐含的各种问题，促进教育公平和教育发展。

话语的多模态性使得多模态话语分析逐渐兴起。多模态指除语言之外其他各种能表意的符号系统，包括音乐、图像、声音、视频、手势、动作等。大部分话语活动都是语言以及其他多模态系统协作完成，因而必须关注其他多模态所发挥的表意作用。现代教育实践强调充分调用多模态资源进行教育交际，因而多模态话语分析对于教育研究具有重要意义。我们可以分析教材、课堂教学和学生作业中的图片、颜色、排版布局以及有声教材中的音乐、视频等各模态的表意规律及其与语言之间的相互关系，研究各模态所体现的认知、社会、意识形态特征等。

综合分析法是话语分析者根据自己的研究目的，将以上两种或多种方法相结合对特定话语进行综合分析。我们可以既分析话语的结构特征，又分析其背后隐含的认知特征、社会文化功能或意识形态观念；既做认知分析，又做社会文化功能分析；既做认知分析，又做批评分析；既做社会功能分析，又做意识形态分析；既分析语言模态，又分析图片、声音等其他模态的表意作用。教育话语研究也往往需要综合两种或多种分析法。比如，教师既需要分析学生作业的语言结构特征，找出学生典型的语言运用规律，又需要分析这些结构特征背后隐含的认知方式和认知发展水平，从而更好地改进教学；教育研究者也可能既需要分析特定教材话语的结构特征，又需要分析其背后隐含的意识形态是否符合当地政府或者社会文化语境的要求等。

3.1.6 评价

作为从语言视角来研究教育的一门学科，教育语言学需要把教育理论与语言学理论相结合，可以采用语言学的话语分析法作为基本的方法论。教育是一种符号表意性的活动。从个体发展视角来看，教育的目标、媒介、内容和方式都是符号性的，以语言为代表的各种符号资源在其中发挥着核心作用；从社会文化传承的视角来看，教育的社会语境、实现机制和传承内容也都是符号性的，符号表意活动在社会文化传承中起着核心作用。符号表意活动的基本单位是话语（语篇），而教育性符号活动的基本承载单位是教育话语。具体鲜活的教育话语发生过程是个体潜势（即个体心智）发展的基础，而个体潜势发展又是社会潜势系统发展的基础，因而教育话语发生是整个教育活动的基础。从这个意义上来说，教育话语是教育研究的起点，而教育话语分析是教育研究的根本方法。教育话语分析可能的范围包括教育中个体心智发展和社会文化传承所涉及的各种话语活动，其具体分析方法包括结构分析法、认知分析法、社会文化分析法、批评分析法、综合分析法以及多模态分析法等。

3.2 基于语类的行动研究方法

当今教育语言学界，以澳大利亚悉尼大学为中心，从系统功能语言学的语类视角开展的行动研究独树一帜。本节阐述悉尼学派基于语类的教学法行动研究路径，从发展历史、语类化教学的理据、课程语类分析研究、语类教学法的设计与运用、学科知识建构的分析等几方面展开。

3.2.1 发展历程

悉尼学派是 Halliday 创立的系统功能语言学的一个分支。根据 Martin & Rose（2012：1）的说法，悉尼学派一词最早由 Green & Lee 于 1994 年提出，特指始于 20 世纪 70 年代末 80 年代初，以 Martin 为首的悉尼大学语言学系基于系统功能语言学理论开展的语言与教育的理论与实践。除了领军人物 Martin 之外，具有代表性的学者还包括 Christie、Rothery、Rose、Hood、Painter 等。经过 30 多年的发展，悉尼学派的语言与教育工作逐渐成为国际性的学术活动，扩展到了新加坡、斯堪的纳维亚国家、英国、中国、印尼、南非、南美和北美等诸多国家和地区，而悉尼学派也逐渐成为享有国际声誉的流派。

其发展历程大致可以分为以下几个阶段（Martin & Rose，2012）。第一个阶段包括 1979—1985 年的"写作项目"（Writing Project）以及 1986—1990 年的"语言与社会权力项目"（Language and Social Power Project）。鉴于澳大利亚小学生主要关注故事语类而缺乏学习中需要的其他语类知识，悉尼学派的学者基于系统功能语言学的语类理论，调查描述了小学阶段的学习中需要掌握的各种事实性、议论性、程序性和叙事性语类知识，并设计了一套强调师生互动、教学一体的课程教学语类，最终使学生能够独立完成各种语类的写作任务，从而达到小学教育的写作要求。第二个阶段始于 20 世纪 90 年代的"正确写作项目"（Write it Right Project）（Martin，1999），主要研究在学生中学阶段的课程中所要求掌握的具体语类，聚焦于这些语类在科学与历史等不同学科中所体现的学科知识。这个阶段悉尼学派提出，中学阶段的不同学科反映了独特的经验域，具有各自独特的一套语类，其反映的知识包括分类结构型知识，因果关系型和评论型知识三类。他们把中学阶段所要求掌握的语类分门别类，并用拓扑图显示各语类和学校课程中各类知识之间的关系，从而为老师提供中学阶段所有读写任务的概览图。第三个阶段包括 2000 年开始的"读以致学项目"（Reading to Learn Project）以及 2008 年开始的 SLATE/DISK 项目，主要是拓展前两个阶段的成果，并设计教学法把小学、中学和大学各层次各种课程的读写教学合为一体。在此阶段，学者们把课堂互动设计为包括五个阶段的教学语类,并在教学循环的基础上设计具体教学策略,各策略可依当前所关注的具体语类和语场以及学生所处的发展阶段而适当变化。这个阶段的语类教学法设计精巧、全面,得到广泛的应用,效果十分显著。

在这些项目基础之上,以 Martin 为首的悉尼学派学者一方面发展系统功能语言学的理论,提出了独具特色的语境(包括语类与语域)理论以及语篇语义(discourse semantics)理论(Martin, 1992, 1993a, 1999; Martin & Rose, 2007, 2008),形成了一套成熟的基于语类的读写教学法(Martin, 1985, 1993a, 1993b, 1999; Martin & Rose, 2012; Martin & Rothery, 1986),对小学、中学、大学等各阶段的语类、课堂话语、教材话语等进行了深入细致的研究(Christie, 2002; Martin & Rose, 2012),结合教育社会学理论对知识结构进行了深入的研究(Christie & Martin, 2007; Martin, 1993b, 2007a, 2007b; Martin & Matruglio, 2011; Martin & Veel, 1998),同时对教学法的元语言和元理论也进行了深入探讨。下面将打破历史发展顺序,详述悉尼学派教育语言学的理论和实践。

3.2.2 语类化教学的理据

基于语类的读写教学法是悉尼学派教育语言学的核心。在悉尼学派中,语类被定义为复现的语义构型,体现着特定文化的社会活动实践。在语境层它是由语域的三个变量即语场、语旨(tenor of discourse)、语式在复现的话语阶段的赋值构形而形成的系统,即语域模型的模型(Martin & Rose, 2008);为了便于中小学教育工作者理解,语类的工作定义被设定为分阶段的、有目的导向的社会过程(Martin & White, 2005:32-33)。

悉尼学派提出语类化的课程和教学法理念有其理据。这首先源于他们对澳大利亚学生特别是少数族裔和移民群体学生的学习现状不满。Martin 等学者通过调查研究,发现许多中小学生虽然掌握基本的英语口语,但其读写能力的学习主要局限于一些十分简单的个人记事语类,而缺乏学校教育所需要的其他信息性、解释性和评判性语类读写能力；同时老师也缺乏各种语类知识，甚至于对学生使用的其他语类错误地进行批评。学生对相应语类知识的缺乏极大限制了他们在学业上取得成功（Martin & Rose，2012：2-3）。

这些现状使得 Martin 等学者开始考察其背后隐含的教学理论因素（Martin，2000；Martin & Rose，2012）。他们认为，这主要是由当时盛行的进步主义教育理论所导致的。进步主义教育理论后来以建构主义的面目出现，反对由老师进行直接教育的传统教学模式，提倡发挥个人的创造性，提倡学生根据个体经验进行整体语言阅读、过程写作和发现式拼写。这是一种隐性教学模态，老师往往不直接传授具体的语言，特别是语法知识，也不直接明示学习成功的具体原则和标准，因而需要学生基于个人的生活经验进行语言学习才能取得成功。但由于只有中产阶层的儿童才有可能在家庭和其周边社会环境中获取所需要的个人经验，因而这些教学法主要适合于中产阶层的儿童学习，而未能给社会底层的劳动阶层、少数族裔和移民儿童提供足够的教学支持，从而导致这些儿童只能阅读一些基本的图画式书籍和完成一些简单的个人记事性的写作，根本无法满足其在中小学阶段学习以及在今后家庭生活和社会工作中的需要。Martin 等学者认为这是不负责任的，需要把这种隐性教学模态变成显性教学模态，厘清中小学生所需要掌握的具体语言知识类型，并由老师明示地进行传授。

与此同时，Martin 等对于传统的语言教学法也做了考察和反思（Martin，2000；Martin & Rose，2007）。传统的语言教学强调老师对各种具体的语法知识要点进行传授，遵循传统结构主义语言学理论，采用自下而上的模式，主要聚焦于从单词，到词组，再到句子的小句语法，且主要关注其中的动词时态、动词词组、名词词组等一部分语法知识，而对于小句之上的语篇语义特征以及其中所包含的社会语境要素关注很少，或者只是间接地把它们归为篇章结构、修辞等稍微提及。Martin（2000）认为，这种自下而上的教学模式背后所隐含的是隐性语言学习理论，其中学习者学习并记住语言系统的成分，然后逐渐把这些成分相组合直到能阅读和写作完整的语篇，因而语言学习被看作是记住一套语言特征并在阅读和写作中加以运用的过程。Martin

指出，虽然这些语言特征是语言很重要的组成部分，但在传统教学中学生在真实练习时所需要学会的内容远比单纯记住这些语言特征要多，更重要的是他们需要学会在具体的语篇中识别、理解、运用这些语言特征，即在阅读课文时需要在各个层次上识别不同的语言模式范畴，把这些范畴与他们现有的经验相联系，从而批判性地理解这些范畴的意义，并在写作中加以灵活应用，而这些识别、理解和运用技能在传统教学中极少明确地加以传授，需要学生在练习中自己去体会学习。因而只有对这些学校教育中的学术性语篇比较熟悉、比较有经验的学生才能成功发展这些技能，而其他学生难以做到。总之，悉尼学派的学者认为，虽然传统的语言教学法关注语言学习的特定内容成分，但学生对更为重要内容的学习实际上是偶然性的，主要有利于熟知学校教育语篇、更为有经验的学生学习。

由此，Martin 等学者（Martin, 2000; Martin & Rose, 2007, 2012）提出自己的解决方案，即把语言看作是在具体社会语境中使用的语篇，采用从上到下的模式，以作为社会文化语境的语类为出发点，研究语类在语篇上的体现形式以及所表现出来的语篇语义和词汇语法特征，由此重新组织课程内容，强调教师显性地指导学生在语言各个层面上对语言模式的识别、理解和应用，并设计相应的教学法。

3.2.3 课程语类的分析与设计

悉尼学派（Martin, 2000）的读写能力课程是基于小学、中学、大学等各阶段学生学习时所需要掌握的语类及其相应的语域、语篇语义以及语法特征的研究为基础来设计的。语类及其在语域和语篇语义上的体现是整个悉尼学派的基础。悉尼学派的学者（Martin & Rose, 2012: 110–114）认为，不同语类建构不同类型的社会经验，而中小学各种课程就是由各种不同的语类所建构。因而可以对中小学和大学等各门课程中所包含的学术语类进行深入细致的研究，分析每种语类的社会目的以及语类结构，从而厘清学校教育中学生所需要掌握的具体语类以及其中所包含的知识。其研究结果体现为中小课程中涉及的各种主要语类（Martin & Rose，2012），从而使悉尼学派学者得以把读写教育的学习目标和各学科领域知识设计为需要学生循序渐进掌握的一整套语类系统（Christie & Martin，1997）。为了方便教学，这些语类按照社会目的被分成故事（engaging）、信息（informing）和评判（evaluating）三大类。故事类包括记事（recount）、叙事（narrative）、轶事（anecdote）、寓言（exemplum）以及新闻故事（news story）。信息类包括历史类、报告类和规程类，其中历史类具有时间上的阶段性特征，包括自传（autobiographical recount）、人物传（biographical recount）、历史记事（historical recount）；解说类（explanation）主要说明因果关系，包括序列（sequential）、因素（factorial）以及结果（consequential）解释三个小类；报告类主要目的是描述事物，包括描述性（descriptive）、分类性（classifying）、结构性（compositional）报告；规程类（procedural）主要陈述规程、步骤等，包括程序类（procedure）、规定类以及程序记事类（procedural recount）等。评判类包括议论类（argument）和反响类（text response），前者又包括立论（exposition）和讨论（discussion）两个小类，后者包括个人反响（personal response）、评论类（review）以及诠释类（interpretation）。这些语类如图 3-1 所示（Martin & Rose，2012：110）。

　　学者们还按照这些语类目的的相似度制作了拓扑图（Martin & Rose，2012：113-114），其中包括横向的接纳-论辩维度（naturalizing-contesting），即把有关人物事件表征为自然存在还是有关人物事件的观点进行论辩，另一个是信息性-吸引性维度（informing-engaging），即其目的是提供某一领域的信息还是为了赢得读者的感情和判断。信息接纳性语类主要把科学技术信息表征为自然存在的事实，包括报告语类、解说语类以及规程语类；信息论辩性语类主要包括历史性语类，因为历史不但要陈述历史事件，还要表明这些历史陈述的真实性是可论证的；接纳吸引性语类主要包括故事语类，因为故事作者往往能不着痕迹地把自己的判断融入故事中去而赢得读者共鸣；论辩吸引性语类主要包括议论性和反响性语类，其主要目的是与其他观点论辩。任何一篇课文都可以在由这两个维度构成的拓扑图中找到合适的位置。老师分析课文时要遵循这个拓扑图体现的原理，保持开放的思维。为了便于语类教学从易到难循序渐进有序进行,悉尼学派学者还根据不同学科的特点,设计了螺旋上升式的语类教学进程图(Martin & Rose,2008:138-139)。比如在历史学科里面,按照从易到难的顺序,学生需要掌握的语类依次为个人讲述、自传性讲述、人物传讲述、历史性记述、顺序解释(sequential explanation)、因素解释(factorial explanation)、结果解释(consequential explanation)、条件解释、立论文(exposition)、质疑文、讨论文(discussion)等。他们还仔细研究各语类在具体学科领域中所表现出来的典型语域、语篇语义和语法特征,从而使得教师可以在教学时基于具体的语类把这些语言特征加以传授,使得学生能在具体的有意义的语境中熟练理解和使用这些语言特征。

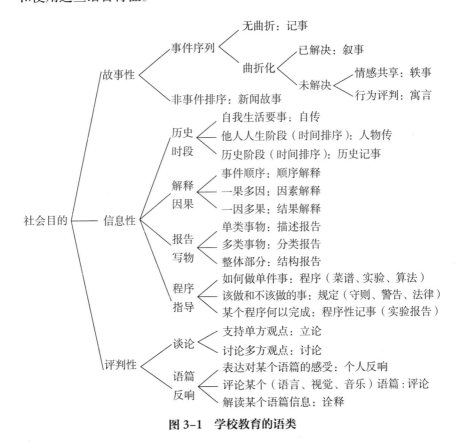

图 3-1 学校教育的语类

3.2.4 教学法语类的设计

悉尼学派的教学法是在 Halliday（1975）和 Painter（1990，1999）对学前儿童语言发展的研究工作基础上发展起来的。其基本原则是在经验共享的语境中通过师生互动来提供指导。这与新维果斯基主义的脚手架（scaffolding）教学法基本一致，即强调老师或者学习监护人的指导角色，先由教师激发学生主动性，通过对话互动使学生能在熟悉的语境中使用语言表达意义，由此逐步迁移，逐渐掌握在较为陌生的语境中使用语言随意表达意义的能力（Martin，2000）。

悉尼学派的早期教学法语类（Martin & Rose，2007）主要包括三个循环进行的阶段：教师解构、师生共同建构和学生独立建构。解构阶段主要是教师向学生讲解目标语类的具体范文结构和语言特征；共同建构阶段要求学生根据前一阶段教师的讲解，提出自己的建议，再由教师提供指导，师生共同撰写该语类的一篇新文章；独立建构阶段则要求学生在前面两个阶段所学得的语类知识和相应语言特征的基础上，独立写作一篇该语类的文章。整个教学语类各阶段突出师生协作建立适当的语场（即文章的话题范围）和适当的教学语境，最终使学生发展出对目标语类的批判性读写能力。这个教学法语类虽然包括阅读教学，但主要还是以写作教学为主。为了实现真正地读写一体，悉尼学派的学者对这个语类做了改进，每个阶段各发展出关注篇章、句式和遣词三个层次的教学策略，从而发展为包含三个阶段、三个层次的"读以致学"教学法语类（Martin & Rose，2012：127-128）。第一个层次聚焦于该语类范文文章的整体结构，包括阅读准备（preparing for reading）、共同建构（joint construction）、独立建构（individual construction）三个步骤；第二个层次聚焦于范文的句型模式和句间关系，包括细致阅读（detailed reading）、共同重写（joint rewriting）和独立重写（individual rewriting）三个步骤；第三个层次聚焦于词汇，包括范文遣词（sentence making）、共同拼写（spelling）和独立造句（sentence writing）三个步骤。每个层次的第一个步骤对应于解构、共同建构、独立建构三个阶段，而整个教学法都受制于并服务于课程内容、范文选择、教学计划和教学评估等更为根本的教学目标设计。具体的教学法如图 3-2 所示（Martin & Rose，

2012：127）。

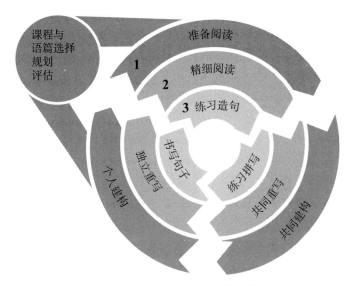

图 3-2　悉尼学派的读写一体教学法

Martin & Rose（2012）从语旨、语场、语式三个维度来阐明他们设计的教学法语类。语旨主要指教学中的人际关系，最为核心的是学生参与教学活动中的不平等，这种不平等来源于学生家庭的学习经历以及家庭编码倾向的差异，并把学生置于好与差的不同等级体系上。悉尼学派学者设计教学法语类的目的就是要通过教学活动缩小个体差异，从而让所有学生都得到良好发展。在语式方面，悉尼学派学者提倡采用口语、书面语、视觉、手动等多模态符号资源使所有学生都投入到阅读和写作任务中。语场主要是指教学活动过程，包括五个基本步骤：准备（prepare）、聚焦（focus）、任务（task）、评价（evaluate）、强化（elaborate）。其中最为核心的步骤是任务，其前面的聚焦步骤可以给学生提供足够的引导来完成学习任务；评价步骤是评价学生完成任务后所具备的经验基础；准备步骤帮助所有学生做好充分准备以缩小个体差距；强化步骤是在学生成功完成任务后巩固学生的理解。这些教学活动步骤被用以分析和设计课程的各个级阶的活动。这些活动步骤螺旋循环式进行，一个循环中的强化步骤为下一个任务中的准备步骤提供基础，每一个学习活动基于前一循环，又为下一学习活动做准备，从而使教学过程成为一个螺旋上升的过程。随着学生知识技能的不断积累，每一个教学任务都比前一个任务更具挑战性。学生之间差距的缩小主要通过设计有效的准备活动，师生之间建立共享经验，以及师生互动引导来实现，同时教师不断指导学生完成高水平任务从而有效发展各种技能，最终使初始水平不同的学生得到均衡发展（Martin & Rose，2012：266-268）。

总之，悉尼学派的语类教学法将阅读与写作、教授与学习融为一体。该教学法强调从上到下的视角，即从语类、语域入手，再到语篇、阶段、自然段、句子、词组、词的教学。同时该教学法还强调教师的指导作用，每个阶段的教学都强调先设定语境，而后通过语篇解构、师生共同建构、学生独立建构等几个阶段，使所有学生发展独立的读写能力，同等接触课程知识，并最终获得从语类到词各个层次的语言知识和读写能力。

3.2.5 科学知识建构的分析

悉尼学派还对科学知识开展深入研究，从而作为其基于语类的教学法的基础（赖良涛，2015）。为了适合其语类教学法，Martin & Rose（2012：76-100）基于其对学术语类研究的结果，把各种语类体现的学校知识以及常识性知识（主要是通过家庭环境获得）在语义上划分为分类型、因果型和评价型三类。分类型知识包括事物分类和事物构成性知识，体现在描述报告（descriptive report）、分类报告（classificatory report）和结构报告（compositional report）中，帮助学习者理解事物特征；因果型知识主要体现在解释性语类中，包括时间、原因和结果等语义特征，帮助学生理解社会活动过程；评判型知识表达各种观点，主要体现在历史叙事以及议论和反响等评判性语类中。他们仔细考察了各类知识在家庭教育、学校教育、社会学科和自然学科中的具体体现，并研究了各语类在体现这些知识时所表现的主要语义特征。他们强调语法隐喻作为词汇语法非一致式对语义的体现是科学知识建构区别于常识性知识的主要资源（Martin & Rose，2012：100-109）。Martin（2007a，

第 3 章　教育语言学的新方法

2007b)认为,语法隐喻可以把任何语义重新识解为事物并把因果关系融入单个小句中,使得在自然、社会以及人文学科中进行科学的分类、组构和解释成为可能。这是建立术语体系、进行科学推理进而推动各学科知识体系建立的主要资源。学习阅读和写作语法隐喻被认为是从小学过渡到中学所面临的最主要、最艰巨的学习任务,是学生学习和运用科学知识的最主要方式。悉尼学派对不同知识类型及其语义体现方式的研究为基于语言的学习理论夯实了基础,为制定具体的教学策略和教学方法提供了有益的启示。

Martin(2007a,2007b)结合 Bernstein(1990,2000)的教育社会学理论以及 Maton(2004,2014)的合法化编码理论对知识结构进行了深入研究。知识结构被认为是语场的一部分,主要由概念语义来体现。知识被分为常识性(mundane)和深奥性知识。前者是一种横向话语,其主要特征为口语化、片段化、地域化、语境依存度高、比较具体,在不同语境中有相互矛盾之处,但在同一语境中比较统一。横向话语被认为可以容纳相互矛盾的常识性知识,学习横向话语(horizontal discourse)被认为是文化传承的主要表现之一。深奥知识是一种纵向话语(vertical discourse),表现为一种明晰、连贯、系统性很强的结构形式,比如自然科学,或者表现为一系列专业性很强的话语,具有专业的探寻模式以及专业的产生和传播标准,比如社会科学和人文艺术科学。前者是一种横向知识结构(horizontal knowledge structure),而后者是一种等级知识结构(hierarchical knowledge structure)。悉尼学派对知识结构的研究,厘清了不同知识类型所具有的不同语义特征,从而为不同知识教学设计不同的教学法提供了依据。

知识结构衡量的主要维度是垂直性,其中自然科学垂直性程度最高,其次是社会科学,再次是人文科学。Martin & Matruglio(2011)从功能语言学角度来揭示垂直性。垂直性主要由语义重力和语义密度两个变量决定。语义重力小、语义密度大的话语构建起来的知识垂直度高,知识等级度也高,而语义重力大、语义密度小的话语构建的知识垂直度低,知识结构的横向性比较高。语义重力指语义对于语境的依存度,语义重力越大,对语境的依存度越高;语义密度指语义在一个符号中的浓缩程度,语义密度越大,一个符号中浓缩的语义量也越大。在语篇语义上，语义重力的衡量标准有指示性、可辩论性和像似性。具体来说，具体的参与者和特定的过程体现较高的指示性和较大的语义重力，而概括性参与者与复现的过程体现较低的指示性和较小的语义重力；定谓性过程可论辩度高，语义重力大，而非定谓性过程可论辩度低，语义重力小；动词化的过程像似度高，语义重力大，而名词化的过程像似度低，语义重力小。语义密度主要由语义浓缩（semantic condensation）和语义具象（semantic iconization）两个变量决定。技术性越强的语篇，由于使用许多术语来浓缩性地表达本来需要多个小句或小句复合体才能表达的语义，因而浓缩度高，语义密度大。语义具象指的是用一个具象化的词来表达本来需要一系列小句或小句复合体才能表达的价值判断，由此也带来比较高的语义密度。知识结构的垂直性研究揭示了知识的层级性，说明了不同概括抽象程度的知识在语义语法上的具体特征，可以帮助老师针对具体知识内容制定深入浅出的教学策略。

3.2.6　评价

悉尼学派的学者以系统功能语言学的语类理论为核心，以语域及其语篇语义和词汇语法理论为描写工具，设计和执行基于语类的教学法，从而发展了语类视角下的行动研究方法。其要点在于分析小学、中学、大学等各阶段学校读写教育所需要的语类读写能力，揭示各语类所体现的知识类型以及知识结构和语言建构方式。在此基础上设计教学语类，并从语旨、语式、语场三个维度详细阐释教学语类中的人际关系、组织方式和教学活动过程，把教师指导和学生学习有机结合，通过师生互动来推进学生循序渐进、均衡有效发展，从而促进教育符号资源分配的公平与正义。

3.3　社会语言学和民族志的方法

社会语言学视角下的语言与教育研究方法因具体的研究内容而异。

第 3 章　教育语言学的新方法

本节主要阐述与当前视角下教育语言学研究密切相关的新研究方法，包括语言（教育）政策的研究方法和语言民族志的研究方法。

3.3.1　语言（教育）政策的研究方法

Spolsky 的教育语言学研究主要通过研究语言政策与规划，特别是语言教育政策与规划来研究其对教育教学的影响。在此研究视角下，语言教育政策与规划及其研究方法自然具有重要意义。本节主要以 Spolsky（2004，2008b，2009，2017a）的阐述为基础，融合其他学者的相关研究，讨论语言教育政策与规划及其相应的研究方法。

语言教育政策是语言政策研究的重要组成部分。语言政策关注各种语言及其语言变体的地位（是否是官方语言、使用服务于哪些功能）、形式（是否标准化、是否得到适当发展来实现与其地位相关的多种功能），以及除了母语使用者外还有谁需要学习哪些语言等（Kloss，1966；Cooper，1989）。最后这个话题被称为语言习得政策或语言教育政策。实际上，这三个方面紧密相连，比如某个国家的官方语言（official language）通常会用作教学媒介语言，因而需要为表达现代概念和技术而发展书写系统和术语体系，并必须传授给少数族裔和移民群体的儿童。Spolsky（2004，2009）提出语言政策的三个主要因素：语言社区成员的实践（谁出于什么目的使用何种变体）、社区成员的信念（他们觉得自己应该做什么）、管理（即具有或声称具有权威的人试图去修正某个其他人的语言实践）。实际上，语言管理（language management）是通过给使用者增加一种语言或变体，或者改变某人所使用的语言变体来修正被管理者的语言实践。在这个意义上，语言教育也被看作是一种语言管理（Spolsky，2017c：40）。语言管理需要识别具体的语言实践，因为在实际语言教育教学过程中，目标语言变体与教师教学的媒介语言变体可能不同，后者往往是地方性的白话或土话，甚至掺杂着与目标语言不同的师生母语或某种通用语。

研究实践中所采取的适当方法因具体的研究问题而异。语言教育政策研究中，首先需要研究的问题是具有什么样的政策，包括：特定社会单位（家庭、社会群体、机构、城市、地区或国家）具有怎样的语言教育政策、某一特定的语言教育政策具有怎样的效果、对某一特定的社会单位最适合（想要）的语言教育政策是什么。对具体社会单位语言政策的研究，最便捷的起点无疑是寻找明确的官方文件。由于"政策"（policy）一词没有动词形式，Spolsky认为我们需要转变思路，即从语言"政策"转变为语言"管理"，由此再调查谁是管理者以及管理的具体内容。这样来看，语言政策管理者可能是宪法规定的某个委员会（由此可以再研究委员会是如何选举出来的），或者首相（总理）、某届政府；语言教育政策的管理者也可能是教育部、部长、课程总监、学校校长或教师。我们还可以再研究这些地方政府在语言（教育）政策中的角色等。弄清具体政策的管理者才能弄清所有政策文件的地位和状况。此外，任何被实际执行的语言政策都是来自不同层次的众多利益相关者之间复杂动态的互动所形成的结果，识别这些互动的本质也是语言政策研究的重要目标。在具体的政策文件方面，Spolsky认为，现代民族国家中的整体语言政策通常会在宪法条款中做出规定，或者在某部语言相关的法律中规定，有时会明确规定作为教学媒介的一种或多种语言，以及需要教授或者以某种形式加以鼓励的语言。书面政策文件得以确认和阐释后，就需要进一步寻找这些政策是否得以执行的证据，比如公开发布的规定、机构中的安排或财政拨款中的相关证据。就语言教育政策来说，其执行证据可以是学校课程中所使用或教授的语言（默认是民族或官方语言的标准变体，而其他任何教授的语言都有明确说明），有时也可在会议、委员会报告或部长们的公告里找到证据。理想状态下，研究者努力找到教育体系各层次教学媒介语言的明确陈述，以及关于任何其他所使用或者教授的语言的详细陈述，同时在教师选择与培训、教学年限与学时、教材及其他材料的供应、各种考试中语言水平内容的考虑以及任何其他语言评估形式等方面寻找语言教育政策的执行证据。

下一步需要研究的问题是具体语言（教育）政策的理据。语言（教育）政策本质上来源于对具体社会的当前语言实践和语言水平的理解（往往是无说服力、不准确的理解），以及对理想状态的信念（意识形态）。语言管理者有时会明确说明其政策理据，描写一些实用性目标

第3章 教育语言学的新方法

（比如提高国家的经济前景、融合新移民、提高公民的教育水平），或者设置象征性目标，比如民族团结和民主建设等。此时研究者则需要探究哪些理据是有关系的，如果没有明确说明的理据，则需要分析政策的受益者。为此，研究者常常需要走出教育领域，通过原创性的社会语言学调查，去发现相关言语社区当前的社会语言生态，揭示具体言语社区的哪些群体或成员在使用哪些语言或某一语言的哪些变体来实现哪些功能，并揭示社区的多语程度以及各种方言变体的可理解性。另外，对语言社区及其各个群体的语言信念（language belief）和态度的研究也十分有必要，具体内容包括：社区及其成员是否认为单语主义是自然的、正常的；是否认为多语社会是可能或可取的；对多元语言水平的价值有何种观点；如何看待政策可能涉及的每一种语言的价值。这些问题需要分别去询问教育系统中的语言管理者、教师和学生，以及言语社区中学生的父母以及其他社区成员。同时研究者还需要注意现存或潜在的语言价值和态度冲突，比如学校语言教育的目标是否与国家政策以及学生的目标一致？同一言语社区中的重要组成群体是否具有不同的语言信念和态度等。

在语言管理计划以及所隐含的语言信念或意识形态已知的情况下，下一步的研究任务是去发现语言（教育）政策在实践中的执行情况。一个有用的研究起点是教育系统中教师的语言水平，即假如特定语言政策要求特定语言用作教学媒介语言，有没有足够多的老师能熟练使用该语言来教学。其次是考察相关教学资源的可用性，即特定语言在被选定为教学语言时，是否有用此语言编写的充足书面材料供学校使用、是否开发了与政策中的语言目标相一致的课程。这些描述性的研究可以充分揭示具体语言教育政策不同部分之间的不一致情况，也可以揭示具体政策与其执行情况之间的差异。此外，还可以比较语言教育政策所规定的教学媒介语言与学生家庭语言之间的差异，从而发现政策中的问题，也可以比较同一言语社区的不同组成部分之间的教育目标之间的差异，或者比较特定教育系统的语言技能产出与工作场所所要求的语言技能之间的差异，从而揭示语言教育政策与学校执行、语言社区目标和工作需求等各因素之间的差异。

在语言教育政策研究中，还有一个重要的问题是语言教育政策的完善。此时研究者需要考虑：语言教育政策如何改变才能促使教育产出或评估结果的变化；在既定的社会情景下，目前的政策是否是最好的；基于现有的知识来预测，当前的语言教育政策做出何种改变才是可取的、合适的。Spolsky（2008b，2017a）对可能的研究方法进行了评述。首先，控制性实验法因为其复杂的潜在因素和伦理问题，不太适用于语言政策优化的研究；其次，临床上使用的匹配人口与安慰剂双盲使用的方法也因为类似的实际和伦理问题无法使用。似乎可行的一种方法是：在较长时期内逐渐实施细微的政策调整，而后广泛收集相关数据，观察其所产生的整体效果，但这些效果难以衡量，而且政治、经济以及其他作用于教育系统的压力也降低了这种方法的可行性。另一种方法是做历史比较研究，即选定具有一定可比性的历史上不同时期或者不同国家地区的语言教育政策所产生的效果的优劣，从而为当前语言教育政策的优化提供启示。此外，Lambert & Tucker（1972）的圣兰伯特双语教学实验、Little & McCarty（2006）报告的美国土著社区的双语与沉浸式（immersion）项目等研究可以作为成功案例供研究者参考。

语言（教育）政策研究者应该具备一定的资质条件。在学术资质上，对所涉及语言进行研究的相关技术包括统计、测试、历史、话语分析、民族志观察、问卷编写、访谈、阐释等方面的技术。另外一个需要考虑的因素是研究者自己的身份，即研究者是所研究群体的一员还是圈外人。传统上学术研究者被认为是一个圈外人，需要尽可能不带感情地去观察他所研究的群体或现象。但对所研究群体所持有的情感也可以与严格的科学研究方法相结合，而语言教育研究中，把所研究的社区成员纳入到研究者队伍中也往往很有价值。另外，在研究的独立性上，独立研究者不需要额外的资源或资助就能开展研究，比如课堂教师可以作为一个独立研究者研究其课堂语言教学。这类独立研究能相对保证研究项目按研究者的逻辑、安排进行。相反，某些研究需要得到团体、个人或政府的各种支持和资助才能进行，这时研究的目标、方法等往往需要考虑赞助者的需求，从而影响研究的独立性。因而制订研究计划时要考虑尽量能够满足不断变化的环境和资源需求。

3.3.2 语言民族志的研究方法

民族志是教育语言学研究的重要路径。第 2 章基于 Hymes 的语言民族志理论阐述的教育语言学理论,主要是 20 世纪发展和完善的理论体系。本节从 21 世纪,特别是 2010 年以来民族志学者的最新研究成果(Heath et al., 2008;Figueroa, 2017)来阐述语言与教育研究的民族志方法。

民族志从人类学发展而来,即指一套研究方法,也指由此方法而获得的书面信息报告(Toohey, 2008)。民族志具体的研究方法包括参与者观察(participant observation)、面对面访谈、研究者反思、日记,以及对档案记录的分析;作为书面体裁,其目标是描述和理解特定民众群体的文化实践和思想观念。民族志研究的目的是要描述和解释文化行为,涉及对文化的理论化理解以及对一整套社会实践的系统性记录和分析(Figueroa, 2017)。教育民族志学者出现于 20 世纪 70 年代左右,其目的是希望用民族志的研究方法弥补学习和教授活动的定量描述难以揭示的那些教育实践的方面,希望通过对人们的文化和教育实践的不同组织方式进行情景化的具体描述,从而对各个层次学校教育的改善有所帮助。语言教育民族志研究者力图理解教师和学生对语言应如何教授和学习的看法,并理解其背后更为广泛的社会语境(Toohey, 2008),寻求在记录日常互动交流中的规律性模式,探究其所隐含的组织原则,用于指导不同语境下的教授与学习活动;其共同的学术承诺是通过研究语言和社会过程从而使教育机会全民平等共享(Figueroa, 2017)。民族志学者对语言和读写能力研究的特有任务是要跨越复现的、可定义的情景,整理出尽可能多的语言与文化之间的联系(Heath et al., 2008)。本节主要介绍两种民族志研究方法,交际民族志(ethnography of communication)和教育的语言人类学(linguistic anthropology of education)研究。

语言民族志起源于 Hymes(1964)的研究(参见 2.2 节),目的是要语言研究者关注语言在社会中的角色以及文化决定论的有效性,重视语言交流者双方所采用的动态多样的交际资源即言语技能库,重视交际事件研究从而把社会互动置于语言和文化研究的中心位置。这些问题在教育领域里具有特殊的意义，因为在移民与融合过程中形成的多元语言和多元文化背景下，学校对学生的评估和教育扮演着特殊角色。

语言民族志的第一个方法论原则是探寻对处于语境中的语言的地方性理解，即要求民族志研究从外部观察者的研究视角转向采用社会群体内部某个主体的视角，由此研究者需要带着对目标语言及其语言使用者的特定信念进入田野调查，其任务是对照某个社区的日常交际实践检测这些先入之见或者假设的正确性。研究者需要观察言语交际者基于相互关系所扮演的模型化角色及其角色交替，观察语言在互动过程中所发挥的多样化功能，从而对这些交际实践进行记录和分析。这对理解在特定社会场景中交际能力的定义、传承和示范解释的方式具有根本意义。当前世界各地的语言民族志学者都采用交际能力的概念来检视其田野调查工作以及对言语社区文化实践的研究所采用的方法的适用性。语言民族志研究的第二个方法论原则是公共机构中多样化语言使用者之间的互动交流为研究者提供了契入点，从而为研究多元文化社会中语言使用的社会意义提供了独特的机会（Figueroa，2017）。交际能力的展现和评估从来都不是中性的，这点尤其适用于语言教育研究，因而学校对说话者交际能力的评估往往对所评估的学生及其所属家庭具有意识形态和物质性后果。语言教育研究者往往从一开始就假定学校和社区中存在不同交际能力系统之间的冲突，并特别关注某种系统可以如何影响另一系统。这是语言教育民族志中的持久关注点，而研究者也观察记录到了学校和社区中关于语言使用和交际能力的隐性假设以及这些假设对于各种场景互动交际的引导作用，不同文化指示框架（cultural frames of reference）之间的连续与断续性，以及基于学校的评估对言说者和言语社区生活经历的影响。对这些问题的研究被视为对于学校实现其民主潜能，实现社会公平与公正具有根本性意义。

民族志视角的另一个重要的研究路径是教育的语言人类学研究。语言人类学家主要关注与语言使用的社会语境相关的四个话题：指示性（indexicality）、创造性（creativity）、组织性（regimentation）和诗学结构（poetic structure），而学校和教育场景是研究这些现象的理想场所（Wortham，2003；Figueroa，2017）。教育的语言人类学研究把我们对语言的研究拓展到不受言说限制（但与之相关）的广泛的符号过程

第 3 章 教育语言学的新方法

领域，而符号过程的民族志研究主要发生在校外的教育场景中，对言说行为的研究聚焦于学校和课堂中的教授与学习活动（Rymes，2003）。教育的语言人类学研究的一个重要贡献是把语言看作不仅仅反映社会语境，而且是社会语境的重要组成部分；其次是提出交谈者在交流过程中所能使用的符号资源库（repertoire of semiotic resources）概念。与之相关的指示性和创造性概念使我们去关注交谈者能动地使用语言去交流意欲交流的意义的方式，以及所交流的消息得以被解释的多样化方式。这些消息及其解释对交谈者和民族志研究者来说都具有社会效应，能提供关于社会语境的线索，同时也有助于创造随后互动开展所需要的语境。语境可以是偶发的、依具体情况而改变，同时也受一定的规约比如语言意识形态和诗学结构的制约。这些理论原则与会话分析工具相结合，意味着语言人类学家继续致力于探寻内部人的视角（emic points of view），其方式是采用归纳法进行数据分析，并系统性地分析跨越特定语言使用片段的符号性线索（semiotic cues）模型，而不是依赖于数据中选取的孤立实例。语言人类学对创造性和交际资源的聚焦凸显了个人对系列符号资源的使用，从而使我们的注意力从社区层面上语言使用的一般性概括，转移到个人语言使用能给我们观察当地社会规范所带来的特殊洞见。为此 Rymes（2010）在 Gumperz 言语技能库的基础上提出交际能力库，从而力图调和个体能力和社区能力之间的关系，以及语言使用的宏观与微观层面之间的联系。教育的语言人类学研究的目的之一就是提高教育者和学生的元语言意识，把他们纳入到研究过程中，并充分利用当前的技术工具使得民族志研究更具民主性。

总体来看，语言教育的民族志研究（包括把语言本身作为核心分析单位的研究，以及把语言学习者作为主要参与者的研究）都关注其研究的社会意义，即关注他们的研究如何能够为所研究的社区及其年轻学习者的教育经历带来积极的有意义的变化。为此有两个领域值得关注（Figueroa，2017）。一是语言教育的民族志研究要反对种族性和语言缺陷模型，把公平公正理解为文化可持续性而非文化同化，致力于文化持续性的教学法，采用能支持不同民族与种族的多样化实践和传统之间平等性的研究方法和教育实践，凸显积极有益的文化生产形式，批判性检视会导致新的不平等和边缘化的实践形式。其次，语言教育的民族志研究要承认其教育研究、政策和实践内在的政治性，对自认为客观中立，但实际上对贫困弱势群体具有潜在不公后果的研究提出质疑；同时对参与观察者重新定义，拓展到教育倡导者、学校领导、学者型活动家以及研究者，通过拓展多样化的研究形式和读者群体为弱势群体解决其急迫的教育需求提供支持。

民族志的研究方法中，与学校教师和研究者直接相关的是课堂微观民族志（Garcez，2017）。微观民族志，即互动的民族志微观分析，描述特定的情景化场景（比如课堂）中的互动（interaction）是如何以社会的和文化的方式组织，而这些场景中对人们生活具有影响的主要互动片段在日常生活中也可能出现。微观民族志研究者通过对自然出现的社会交际进行视听记录从而深入研究互动者的实时行为，这为研究面对面互动提供了一个方法，同时也为复杂的现代社会中多方协商时的语言使用提供了一个特殊视角，从而有助于理解社会和交际能力的构成要素，并把情景化的互动片段与社会机会、政治文化等广泛的社会话题相联系。数字视听技术的广泛运用为互动视频的收集和处理提供了很大便利，但微观民族志研究要求研究者对视频记录进行仔细、持续地反复审视，识别记录材料中的主要构成部分以及这些构成部分的组织方式，分析相关个人的行为，并对研究语料中所有出现的有趣实例进行对比，因而总体仍然十分费力。微观民族志研究为教育场景中社会互动所隐含的不同之处提供了解释，其研究方法被广泛使用，有助于理解课堂中的读写实践是如何进行的；其研究还具有教学法意义，既可以为课堂中的文化断裂架设沟通的桥梁，同时还可揭示课堂口头互动中的多样和灵活的组织形式所带来的益处，从而为课堂教学提供有用资源。

3.3.3 评价

社会语言学视角下的教育语言学研究中，语言（教育）政策对教育教学的影响的研究无疑具有重要意义。语言（教育）政策研究主要围绕语言社区成员的实践、信念和管理三个因素展开。其中有效的思路之一是转向语言管理的视角，调查语言管理者的身份地位将其作为管理内容的政策文件及其执行的证据；再通过社会语言学调查，基于社会对当前语言实践的理解和语言信念来研究具体语言政策的理据，然后去发现这些政策在实践中的执行情况，揭示语言政策与实际执行、学生家庭背景、社区教育目标之间的差异，在此基础上通过控制性实验或历史比较研究等方法来对语言教育政策进行完善，促使语言资源在教育中的公平分配，保证语言在教育中发挥积极作用。另外，语言（教育）政策的研究者需具备一定的学术资质，并根据自己不同身份（是所研究群体的一员还是圈外人）采取不同方法。

语言民族志关注语言在社会中的角色以及交流双方采用的动态多样的言语交际资源，突出具有社会互动性的交际事件在语言和文化研究中的核心位置，由此透视语言在教育性互动交际中所发挥的消极或积极作用。语言民族志要求研究者采用社会群体（包括学校教育群体和家庭社区群体）内部某个主体的视角，以参与观察法来观察和记录语言在交际者互动中所发挥的多样化功能，采用交际能力概念检视其方法的适用性。研究者以异质性多样化语言使用者的互动交流为契入点研究语言使用在多元化社会中的社会意义，从而关注学校和社区中不同交际能力系统之间的相互关系及其对教育教学的影响。他们注重研究交际者个体的符号资源库（交际能力库）来协调个体交际能力与社区能力之间的关系，提高教育参与者的交际能力和元语言意识。此外，还可采用微观民族志的方法来观察和描述课堂等情景化教育场景中的互动组织方式，揭示和利用灵活多样的课堂互动促进课堂交际顺利进行。

3.4 生态符号的研究方法

在教育语言学的研究中，生态视角在 21 世纪得到重视，并且得到了一定程度的应用。这类研究中，最有特色、体系最完整的是 van Lier（2004，2008）提出的学习的生态符号视角研究。需要说明的是，虽然 van Lier 发展的语言学习的生态符号研究有相对完整的概念和理论，但他一再强调这并不应该看作一种理论或具体方法，而应该看作一种思维方式，一种行为方式，其目的不是为教育语言学研究提供现成的答案或规则，而是提供思想的食粮，从而鼓励大家反思我们的语言与教育，并激发批判性的讨论（van Lier，2004：3）。正是在这个意义上，笔者把 van Lier 的研究视角看作一种方法论。本节集中介绍 van Lier 的语言学习的生态符号研究方法论，主要从语言与教育研究的生态视角、生态与符号视角的统一、语言生态与语言学习等几个方面展开。

3.4.1 语言与教育研究的生态视角

生态学研究生物、生物之间以及生物与环境之间的关系。生态学是处于具体环境下的研究，因而生态性研究拒绝科学研究的简化论，即拒绝对环境、数据和复杂性的理想化，因而需要发展区别于传统的研究方法，要求涵盖生态有效性和干预研究以及其他各种行动研究、个案研究、叙事和话语研究等。虽然生态研究不拒绝各种量化或统计模型，但要求这些量化模型的研究必须有特定语境框架的理据。

van Lier（2004：20-21）认为生态视角能给传统的教育理论、研究和实践提供新思路，这不仅仅是一个时髦的描述性隐喻，而且也是规定性隐喻，规定研究和思考的具体方式，提供一种新的世界观。这种世界观涉及我们教育的方式、原因、目标、内容等所有方面，从而打破老套的、似乎永远不会做出重要改变的教育系统的现状。语言（包括第一语言以及其他各种语言）被认为跨越了教学内容与课程界限，渗透于教育的方方面面，或者说教育就是一项语言饱和（language-saturated）的事业。生态视角的语言与教育研究是一种情景化或语境化的语言学研究，其中语言在社会活动中扮演的角色被认为是语言的核心本质。van Lier 强调这与以某种方式去语境化（decontexualize）、与语言的日常功用相隔绝，从而期待抓住语言本质的大部分语言理论都不同。在这些语言理论中语言的本质往往被视为一个句法单位（小句或句子）、形态或概念单位（词汇）等。生态语言学的视角认为，去除了语境也就去除了值得研究的语言，正如洋葱就是一层一层组成的，因而我们不能期待通过层层剥皮而获得底层"真实"洋葱，语言就是一层一层的语境所组成的。由于我们研究的是日常场景中的语言，适用于语言教育者的理论不能是理想化的抽象理论，因而生态视角的语言理论承认情景化的语言是研究的核心。

van Lier（2004，2008）对比了生态视角与Vygotsky的社会文化（心理学）理论，认为两者具有许多重要的共同特征，而且生态视角可以为社会文化理论提供重要的研究方向和理论连贯性。这些共同特征包括：在符号学理论下的关于语言的连贯理论，强调符号的意义本质以及意义的对话本质；囊括物理世界、社会世界和符号世界的语境观；聚焦示能性（affordance），使其囊括由直接活动、中介化活动以及感知和解释等各方面所呈现的示能性；对情景化活动的时空解释；关注学习环境的品质；对变异和多样性的赞赏以及学习过程中自我和身份的融合等。

3.4.2　生态与符号视角的统一

van Lier（2004：53）提出，语言是一种表意活动，发生于多个复杂系统组成的复杂网络中，这些复杂系统相互交织并与物理、社会和符号世界的各个方面相互交织，因而语言作为世界中的活动体现为不同个体、群体和世界内部以及相互之间的关系，语言对社会、政治和经济影响也并不免疫，并且对睿智和错误观念都同样容易包容。van Lier把传统的语言单位（区分性特征、音位、形位、词、短语、小句、言辞、语篇）的结构主义观看作是一种层层叠加的金字塔模型，认为这种语言观过于静态，而同心圆模型体现了更为动态的语言观，其中消息（message）可以在不同层次和一系列维度上获得解释的潜能。后者的动态多元视角被认为更适合生态语言学。

生态语言学被认为是研究语言使用与使用环境之间关系的学科，其所研究的关系有四类。第一类是语言与物质环境的关系，其中语言的像似性、指示性和指示词都表明语言可以直接指称周围环境，同时语言的部分词汇反映了其所处的物质环境；语言也可以用来描述其周围的物质和社会政治环境，而且可以凸显或者弱化环境问题，这被称为生态的语言（language of ecology），而生态语言学家呼吁要改变当前这部分语言明显倾向于支持开发利用、弱化破坏作用的状态，从而在语言使用中重视生态平衡。第二类是语言与社会文化环境的关系,其中涉及萨丕尔－沃尔夫假说,即语言决定或者极大地影响着其所处的文化群体所特有的思维方式和行为模式。生态语言学提倡要揭露那些对环境具有破坏性的政策加以容忍、粉饰或者宣扬的语言实践,揭露那些对关心环保问题的公民和群体加以中伤、嘲讽、边缘化的语言实践,并提倡通过生态语言的教学法提高学习者的生态意识和对相关文本的批评性审视。第三类是社会语言学关于语言在社会中位置、角色和使用的研究(比如方言、话语权、语言与歧视等),语言内部和语言之间的关系研究,以及语言多样性(language diversity)的研究,涉及语言主义(linguicism)、语言帝国主义(linguistic imperialism)、语言消亡、语言接触(language contact)、双语主义和多语主义等话题。生态语言学关注社会生态系统中语言多样性所产生的效果,包括多样性保护与削减之间的斗争,官方语言(标准变体)与其他语言和变体之间在学校、媒体以及其他公共空间中的竞争,并提倡语言多样性下的生态平衡。第四类是学习者(儿童或二语学习者)和学习语境的关系,涉及互动与认知,引导与参与,语言形成,物理、社会和符号的示能性,以及语言社会化等问题。生态语言学反对把学习看作是给头脑输入东西的观点,反对把语言学习看作是把从课程里选择和传授的语言片段知识加以内在化的观点;强调语言发展(包括第一语言和其他语言的发展)是有意义地参与人类实践的结果,强调这种有意义的参与涉及感知、活动和意义的联合建构。这意味着从基于输入的学习观向基于活动的学习观转变:在学习活动中,语言是自我行为、物理产品和他人行为的一部分;学习者通过语言从物理、社会和符号世界的示能中汲取信息从而丰富其活动,由此被社会化于此语言及其使用者的社会和文化实践之中。

　　van Lier(2004:55-77)引入符号学,并与生态视角相结合来解释学习过程。符号学作为研究符号(意义)表达与使用实践的学科,被认为与生态学有密切关系。语言的符号视角导向了语言学习(与使用)的生态视角,而语言的生态视角则把学习置于空间、时间、活动、感知和心智的符号学中。van Lier 比较了 Saussure 的符号理论(语言与言语、组合与聚合、历时与共时维度),Peirce 的符号三角结构(符号、对象与解释物)和符号三分(像似符、指示符、象征符)理论,以及 Halliday

的社会符号学理论（三大元功能以及情景和文化语境理论）。他认为 Saussure 的符号理论体现了结构主义的精髓，并把语言与周围世界割裂；Peirce 的符号学更具动态性，更能显示语言与周围环境的关系；Halliday 的理论直接与语言学习有关，且与 Peirce 的理论兼容。从符号学的视角来看，语言所涉及的关系主要有三类：语言系统与子系统内部的关系（结构与功能的关系）、语言系统与其他交际系统（手势、表情、肢体以及文化艺术符号）的关系，以及符号（生成）表意系统与物质世界的关系。所有这些表意系统与表意资源都处于恒常活动和互动中，相互共鸣并创造共享信息。

Peirce 的理论对于如何组织语言教学具有重要的启示。第一，语言与物质、社会和符号世界以多样的方式相互联系，这必须反映于课程、教材和课堂实践中，因而语言学习应该置于丰富语境中。第二，语言不仅仅是大脑居民，或者说处于抽象的心理世界中，而是有具身性（与身体紧密相关）且与手势、表情和人际关系紧密相关，这些因素是语言的组成部分，对于（语言）学习具有工具性作用。第三，鲜活的语言使用把像似性、指示性和象征性（第一性、第二性、第三性）成分同等组合，因而学习的语境必须保证有丰富的所有三类符号资源可供使用；学习者是有话要说（有意义要表达）的群体。第四，交际方法论可能过度强调将面对面交际作为互动模型的重要性，其实更为重要的或许是肩并肩模型（side-by-side model），由此双方共同关注一个焦点，即作为基本设计特征的可改善的目标，从而导向基于项目的学习。第五，符号视角的语言观和生态视角的学习观相结合，可以使学习环境在教学法上具有丰富性和激励性，以学习和学习者为中心，支持发展学习自主性和非控制性，激发所有学习者的思想和语言表达。

3.4.3 语言生态与学习

van Lier（2004，2008）主要围绕形成性（emergence）和示能性两个概念来阐述生态性学习。形成性出现的条件是相对简单的生物或者成分自我重新组织并进入更为复杂、智能的系统或集体中；示能性似乎能适应变化的环境条件,而形成性不具备这种适应性能力。在语言学习中,结构重组(即对部分信息处理词汇的结构重组)和语法化与形成性概念相关。按照这种观点,语言学习不是离散性实体的累积过程,而是从更为简单的形式创建(建构)新的更复杂系统的过程。为增强这种形成性,研究者们都推荐能够提高语言意识的教学法。示能性是环境给生物奉献、提供或配备的东西,无论对此生物是有益还是有害;示能性体现的是可能性关系,即感知某个对象的同时也进行自我感知。换言之,我所感知到的是因为与我有关而感知到的,因而感知、行动和解释是同一动态过程的不同部分。除了此类由视觉感知所直接呈现的第一个层次示能性外,还有文化、社会、认知等间接的、中介化的示能性。对语言学习来说,示能性表示的是学习者个体和语言表达(言语行为、言语事件)之间的关系,是潜在的行动和可能性关系;语言示能性在语言表达中得以说明,并可供积极的言说者(言说对象)使用;所选取的示能资源可服务于施动者(agent),从而推动进一步行动,并导向更高级和更成功的互动行为。总之,示能性为环境中的资源(表意潜势)与具有一定能力的学习者之间提供了一个匹配机会,为感知和活动提供动力,并带来新的意义。

van Lier(2004:108-132)还从生态符号的视角探讨自我与语言学习的关系。自我从生态符号视角被解释为一个由对话性和社会性方式建构起来的真实的实体,是个人在世界中建立的位置;身份是与社会群体、机构和特定政治语境互动过程中对自我的投射过程和产品,其形成的来源既有内在的也有外在的因素,因而可以成为个体和群体斗争的场所。语言是一个恒常的建构和重构过程,同时也是一个内在的对话过程,其对话性来源于符号本身的对话性;自我及其多重身份可以通过语言使用符号的过程建构起来,同时要求特定环境要素来为这种建构提供解释。自我的多重身份是在社会关系中并经由社会关系所塑造的,因为行动的个体会感知他的身体、行动以及相关或者变得相关的物质、社会、符号环境的各个方面。身份(作为自我的投射过程和产品)建构的关键要素就是自我和他人的语言使用。实际上,身份和语言相互建构,言说也不仅仅是语言的释放,而是自我的表征和自我声音的运用。在语言学习中,身份的形成、管理和成长在机构、教师和学生之间的互动中应该占据着核心的地位。

van Lier（2004：133-163）论述了语言学习的路径。生态视角认为信息的汲取只有当语言环境（周边语言）被认为重要时（具有行为相关性时）才会发生，因而重要的是要建立语言教学的合适语境。他强调意义协商和会话都可能作为强大的学习语境；同时强调生态（社会文化）语境中的指导（脚手架）的作用，认为脚手架效应只有当规划的教学活动停止而且新鲜的、出乎意料的行动出现时才会出现，这要求师生建立一个框架来方便引导性行动，仔细观察偏离、拓展、详述和即兴活动的机会，并在机会出现时进行活动交接，从而实现学习者主动进行已知到新知识的过渡，而且脚手架效应只出现于最近发展区中，这种最近发展区语境需要有不同类型的交谈者（专家与新手之间、同学之间的交谈者）等。van Lier强调成功的教学需要使自然语言能力服务于学术能力发展，而学习过程中的身份冲突和竞争本身也应该成为课程内容的一部分。

van Lier（2004：191）认为，生态视角也是批评视角，生态视角并不认为多样性越高就越好，而是强调任何生态系统中最重要的是生态平衡。在这个意义上，通过语言殖民、语言统治和禁止土著或移民语言的使用，从而降低社会和语言多样性对于语言生态系统来说是一种毁灭性的行为。这涉及语言人权问题，比如土著语言（indigenous language）在世界上的教育场景中地位很低，而双语教育已经成了激烈博弈的一个政治话题，在世界许多地方出现了倒退，而儿童母语在教育语境中空间狭小。文化被认为是通过话语建构起来的，具有竞争性和形成性，而言说者在用自己的语言说话时也在建构自己的文化和观念。

3.4.4 评价

van Lier倡导的生态符号的研究方法把生态学、符号学以及社会文化的发展心理学相结合。其生态视角的语言与教育研究拒绝脱离语境的理想化研究，强调研究模型的语境理据。该理论也强调语言渗透于教育的方方面面，而语言的本质在于其在社会中扮演的角色，因而从语言视角研究教育就是在具体情景中研究语言在教育教学中所扮演的角色。这种生态视角关注语言与物质环境和社会文化环境的关系、语言内部和语言多样化之间的关系以及学习者与学习语境的关系；强调学习活动中，语言作为自我行为、物理产品和他人行为的一部分，使学习者得以从物理、社会和符号世界中汲取信息而丰富其活动，在活动中实现个体的社会化发展。符号视角强调语言作为表意系统与其子系统、其他符号系统以及物质世界的恒常互动，突出语言使用的具身性，突出像似性、指示性与象征性的三位一体，从而强调教学语境要以学习和学习者为中心，激发学习者的自主性思想和语言表达。语言学习被认为是学习者从简单形式建构更复杂新系统的形成过程，需要充分利用语言系统及其环境所提供的示能性进行语言表达，从而实现学习者语言的表意潜势发展以及与之相伴的自我身份建构。此外，语言生态的视角突出语言多样性在系统中的生态平衡，由此强调保护不同民族、种族、阶层、社团、文化的多样化语言在教育系统中的平衡分布。

第 4 章
教育语言学的新实践

　　教育语言学是一门以问题为导向,并将所建构的理论用于解决教育教学实践问题的学科。本章阐述教育语言学在 21 世纪的新实践,但并不完全按照第 2 章和第 3 章所概述的理论和方法来组织,主要是因为在教育语言学(以及所有语言学)的发展历史中,理论、方法和实践并不一定同步发展。具体表现有:第一,有的学者发展了相对完整的理论(比如社会文化视角的理论)或研究方法(比如生态符号的研究方法),但并未应用于大规模实践;第二,有的研究实践综合了两种甚至多种理论和方法,强行分割并分别阐述,无法反映相关实践的真实面貌;第三,有些实践(特别是语言教学研究)沿用传统的理论(比如传统语法)和方法,这些传统理论和方法不在本书的考察范围之内;第四,有的实践项目,比如联合国教科文组织的"教育中的多语"项目(Languages in Education),并未明确引用某个派别的理论和方法,但极具特色且产生了广泛的社会影响力。另外,这里的阐述也不是穷尽的,只聚焦有特色、有代表性和有一定影响的研究实践。本章分五个方面来阐述学科的新实践:一是社会语言学与语言民族志视角下的研究实践;二是基于功能语言学的教育合法化语码研究;三是教科文组织实施的"教育中的语言"项目;四是手册与丛书中的相关研究实践;五是主要学术期刊中的研究实践。

4.1　社会语言学与语言民族志视角的研究实践

　　社会语言学与语言民族志视角下的研究实践,一直是 Spolsky、Hornberger 等学者领导下的教育语言学研究实践的主流。该流派主要从语言多样性、语言生态、语言规划、语言政策、权力、身份等角度研究教育教学，特别是语言教育教学。进入 21 世纪以来，这一流派的研究实践取得了丰硕的成果。本节对 21 世纪以来这些研究成果进行述介。

4.1.1 民族志视角下语言生态与多语教育研究的新模型

进入 21 世纪以来，以宾夕法尼亚大学为核心、以 Hornberger 为代表的部分学者继承了 Hymes 语言民族志视角的研究传统，强调采用语言民族志的方法观察、描写语言的生态多样性以及不同语言在语言生态系统中发挥的重要作用，提倡通过双语和/或多语教育来达到多样语言的和谐共存，保证土著、少数族裔和移民等语言弱势群体的语言和教育权利，对教育语言学的发展起了重要的推动作用。

Hornberger（2002a）指出，随着一国一语的意识形态被打破，语言规划领域正寻求用多语模式取代单语模式，从语言生态的角度把多语现象看作一种资源，从而取代以往把语言视作问题和把语言作为权利的主流意识形态。Hornberger 引用 Haugen（1972：326–334）的观点，强调语言与环境的互惠性，认为语言学不仅要描写每门语言的社会和心理情境，同时也要描写这些情境对语言的影响，关注对语言的培育和保护。对 Hornberger 来说，语言生态对教育语言学的启示主要有：语言就像有生命的物种，也在与其他语言的关系中以及与环境的关系中进化、发展、变迁、生存、消亡，并可概括为语言进化和语言环境两大主题。此外，有些语言就像某些物种和环境一样，可能会处于灭绝的危险之中，而生态运动不仅要研究和描写这些潜在的语言灭绝危险，而且要加以抵抗，这被概括为语言濒危（language endangerment）主题。语言进化涉及语言消亡、存活、变迁、转换、扩展、复活、混合、接触以及皮钦语和克里奥语的发展等；语言规划活动就是要在语言环境中来管理特定语言的语言生态，从而在广阔的文化、教育、历史、人口、政治和社会结构中对其予以支持；语言帝国主义式的英语扩张与多语主义和语言人权相悖，从而导致许多语言灭绝或被功能性替代。从这个角度来看，语言生态的视角承认对特定语境中任一语言的规划必然蕴含着对向给该语言施加影响的所有其他语言的规划，从而体现出一种多语生态规划的理念。

Hornberger（2002a，2002b）提出双语读写连续体（continua of biliteracy）模式来把多语场景中的研究、教学和决策加以情景化。双语读写（biliteracy）被定义为使用或围绕两种（或多种）语言的书写形式来进行交际的任何和所有实例（Hornberger，1990：213），并使用嵌套式相交的连续体来加以描述。这些连续体包含读写活动的语境（context）、媒介（media）、内容（content）和发展（development）四个要素（Hornberger，1989；Hornberger & Skilton-Sylvester，2000）。具体来说，双语读写能力通过相互交集的一语与二语、接收与产出、口头与书面等语言技能连续体来加以描述；借助两种（或多种）语言和读写能力为媒介来发展。这些语言（和读写模式）的结构各有异同，其书写体系或交集或分支，而个体对其语言的接触可能是即时的或连续的；其语境包含从宏观到微观的各个层次；其内容跨越多数或少数群体的视角和经历，横跨各种文学性与通俗性的文体风格，横跨各种去语境化和语境化的文本类型。这个模式的目的是要打破一分为二的对立体观念，强调连续体上的各个点是相互联系的，而学习过程往往以突然涌现或回溯的形式出现；语言学习和使用的语境越能允许从连续体的整体出发汲取养分，则学习者双语能力得以充分发展的机会就越大。传统的双语读写教育政策和实践往往隐晦地强调被视为强势的某一端（比如强调书写），我们需要更多地关注传统上被视为弱势的另一端来达到某种平衡。

Hornberger（2005，2009）、Hornberger & Link（2012）、Hornberger & Dueñas（2019）概括了多语教育的经验教训。这些学者的研究指出，进入 21 世纪以来，民族语言的多样性和不平等性、跨文化交流与接触、全球政治和经济的相互依赖等作为无可争议的事实对我们的教育系统造成了新的压力并提出了新的挑战，而多语教育为我们的后代参与建设更为公正和民主的社会提供了最优可能性，为世界人民的和平共存、特别为在历史上受压迫人民的复兴和崛起提供了广阔的道路。其主要经验包括：在教育语境（空间）上，国家性的多元语言教育政策为多语教育开拓了观念空间和实施空间，地方局部性因素在实施、解释或者抵制政策倡议时可以开拓或关闭多语教育的实施空间，而生态性语言政策考虑到了各种语言之间的权力关系并在所有社会领域里促进多语运用;在教育媒介(模态)上,多语教育的各种模式体现了每个具体语境中的语言、社会文化与历史,目标交际模态不止包括书面语言和口头语言,还包括各种多模态、多语言的相互交际,而语言地位与语言规划应该齐头并进;在语言发展方面,课堂实践可以在接收与产出、口头与书面、一语和二语等各维度以及不同模态间促进语言变化和读写能力发展;在教育内容与社会身份的关系上,多语教育可以为地域特征的重新彰显引发相关声音,为自我重新肯定提供选择,并为土著群体的复兴开拓空间。

Hornberger & Johnson(2007,2011)和 Hornberger et al.(2018)提出语言规划与语言政策的民族志研究(ethnography of language policy and planning),由此透视语言规划和语言政策对教育教学的影响。语言规划与语言政策的民族志研究把语言规划和语言政策的目标和活动看作是多层次、层级性的复杂现象,审视各种语言规划类型(包括语料库、语言地位和语言习得规划)和语言政策过程(包括政策的制定、解读、实施),同时关注政策文本和政策话语以及落地的政策实践;既批判性地聚焦于语言规划与语言政策活动对于加剧和改变不平等现象所具有的权力,同时基于民族志视角聚焦语言政策解读和执行过程中的个体能动性以及局部过程的复杂性。其经典研究方法包括与参与者长期接触、参与者观察、访谈、文献收集等;其研究语境包括家庭场景、宗教礼拜和宗教聚会、工作场所、市场、机构、政府机关、线上和社会网络场所等,以及教育场景中的语言政策规划。

语言规划与语言政策的民族志研究力图为世界范围内的儿童、父母、社区和教育者采纳、抵制和转变各种语言教育政策倡议提供描写和解释,所涉及的具体语境包括:双语、三语和多语教育计划,土著和传统语言沉浸式课堂,二语和外语教学课堂,土著和移民(难民)家庭对限制性语言教育政策和实践的参与或抵制,以及教师在高度受控的环境中对学校语言政策的执行等。语言规划与语言政策的民族志研究被认为有四个方面的优势:第一,通过揭示人们如何制定、解读和参与政策的过程来为当地语境中的语言规划提供详细描述;第二,通过追踪各层次语言规划活动的相互关系来克服批评性方法只聚焦宏观政策的局限;第三,可解释语言政策规划中的隐性动机、内在的意识形态、无形的实例或出乎意料的后果；第四，可彰显各层次语言政策规划活动中由政策文本和实践所打开或关闭的执行空间和意识形态空间。此外，它还可以在四个相互交织的动态维度上帮助我们理解政策与实践之间的裂隙。这四个维度包括：自上而下与自下而上的语言政策规划活动与过程、单声与多声的语言意识形态与实践、语言间的潜在平等性和事实不平等性，以及批评性与改变性研究范式。

4.1.2 民族志视角下的多语生态与教育研究实践

在多语生态和多语教育的具体研究上，Hornberger & Vaish（2009）从语言生态视角对印度、新加坡和南非在全球化背景下的多语政策和学校语言实践进行探讨，聚焦此过程中英语作为去殖民化工具对多语人口公平参与全球经济的矛盾性角色，认为多语课堂可作为一种资源使学生既学习标准英语又发展他们的本土语言。Hornberger & Link（2012）对美国社会中以英语为二语的学习者以及多语教育课堂中的学习者进行研究；基于其双语读写连续体的理论，他们提出课堂中的跨语言和跨民族读写教学不仅必要，而且可取。Hornberger & Limerick（2019）对秘鲁和厄瓜多尔几十年来跨文化双语教育中克丘亚语教育的教师、教材和书写体系的选择做了系统的对比研究，发现土著语教材对目标教师来说存在阅读困难，其原因在于教材编写者需要选定或改变特定的字母书写体系，而教师对于克丘亚语字母和书写体系有自己的体验，从而影响教师使用新的书写变体进行教学。

Hornberger等学者也对多语教育中涉及的语言迁移、语言复兴（language revitalization）、学生个体和群体的声音和身份等社会语言学问题进行了深入研究。Hornberger（2005）基于其对费城波多黎各社区和其他地区多语学校和课堂的研究，提出在课堂读写实践中为各种语言变体以及学生交错的语言和读写习得创造空间，认为这有助于包容学生的多元声音并使学生积极参与自身身份和知识的建构。Hornberger（2006）从语言生态视角探讨了在克丘亚语（Quechua）、瓜拉尼语（Guarani）和毛利语（Maori）的竞争性教育实践中，土著语言复兴所涉及的声音和双语读写问题，发现在主流语言之外使用土著儿童母语或传统语言作为教学媒介，也可以实现对话、表意并触及更为广泛的课程，激活土著语言的声音，增强儿童自我学习能力，并促进土著语言的复兴和保护。Hornberger & Dueñas（2019）在秘鲁亚马孙地区克丘亚土著语境中使用民族志监督方法和读写连续体模型映射双语读写教学，认为这种方法和模型有助于少数族群学习者在学习主流语言时发出自己的独特声音。

除 Hornberger 及其同事的研究外，还有其他学者也采用生态和/或民族志视角研究多语读写和多语教育。Cummings & Hornberger（2008）主编的《双语教育》（*Bilingual Education*）中，各位作者除了对 21 世纪双语教育的理论问题进行探讨外，还对世界各地实施的双语教育项目和政策进行了考察。比如，Obondo（2008）对后殖民时代非洲多个国家的双语教育进行了考察，聚焦于继续使用殖民语言还是使用当地母语进行教育。其研究显示以母语为媒介的教育明显取得更好的效果，但各种当地、区域和国家语言之间的复杂关系也为母语教育提出了巨大挑战。Mohanty（2008）则追溯了 1957 年印度实施三语政策以来的多语教育发展，指出印度在最初的 5 年教育中使用母语，6-8 年级使用印地语（Hindi）（或其他印度语言），随后再使用英语进行教学，认为这说明印度缺乏连贯的语言规划。Yu（2008）关注我国汉英双语教育的发展，认为当时我国的双语教育仍然处于初级阶段，面临许多挑战。Huguet et al.（2008）对西班牙巴斯克、加泰罗尼亚等地区的少数民族群体实施的双语教育进行了考察，认为这些双语教育项目既促进了学生少数语言能力的发展，同时又兼顾了其西班牙语能力的发展。McCarty（2008）考察了北美土著群体的双语教育项目从保护土著语言和发展学术英语，到土著语言复兴的转变过程。Genesee & Lindholm-Leary（2008）则考察了美国和加拿大的二元语言教育（dual-language education, DLE），认为 DLE 项目中少数语言可以用作教育媒介语言，同时又兼顾了学生使用主流语言的学习需求。此外，Cruikshank（2008）对澳大利亚阿拉伯语社区面临的双语教育问题进行了考察，而 López & Sichra（2008）对拉美安第斯国家的双语教育进行了研究。

在生态视角的语言与教育研究方面，Creese et al.（2008）编写的

《语言生态》(Ecology of Language),对某些国家和地区、社区、课堂以及读写、口语和其他话语的语言生态进行了研究。比如,Kipp(2008)考察了澳大利亚多语社区的语言生态以及相关的语言保护政策,特别对各语言在教育中的地位做了讨论;Chebanne(2008)考察了博茨瓦纳、纳米比亚和南非等国家中边缘化的语言民族群体中的语言生态及其教育所扮演的角色;Gupta(2008)、Tosi(2008)、Suleiman(2008)分别考察了新加坡和意大利等国家的语言生态及其对教育的影响。在社区语言生态方面,Collins(2008)、Wang(2008)、Sercombe(2008)、Nortier(2008)分别对马来社区、美国华语社区、婆罗洲佩南社区以及荷兰摩洛哥社区的语言生态和语言教育做了深入研究。在多语语境下的课堂语言生态方面,Probyn(2008)、Jaffe(2008)、Kanno(2008)、Saxena(2008)、Creese & Martin(2008)分别对南非、科西嘉、日本、文莱、英格兰等地区多语学校课堂里的语言生态进行了探讨。在这些课堂里,语码转换(code switch)等各种并发性的语言实践成为常态,而语言隔离策略则被视为有问题;课堂多语实践被视为体现了地方、地区和国家更为广泛的语言生态,并对实现教育公平和公正具有积极意义。在读写和口语表达能力的生态研究方面,Lin(2008)探讨了香港的读写生态中青年亚文化的读写能力及其蕴含的教育潜能,认为需要在学校读写与日常新媒体读写之间架设桥梁;Pahl(2008)聚焦家庭、学校和社区环境中的各种话语、身份、语言实践的生态关系;Trusting(2008)对电子化时代各种新读写能力(多元读写能力)的生态关系及其所蕴含的社会教育生态意义进行了探讨。

4.1.3 语言政策规划与教育研究的新模型

现实世界中,特定言语社区中存在的语言多样性及其所造成的潜在或现实的教育交际障碍和教育不公,使得教育活动的参与者试图通过语言政策与规划(或管理)来解决相关问题。21世纪以来,社会语言学家发展了原有的语言政策规划与教育研究的模型,使之更适用于社会语言学视角的教育实践研究。

Spolsky（2007，2009，2018a，2018b）提出修正的语言政策模型，力图用语言管理取代语言规划。在 Spolsky 看来，语言规划是二战之后新兴独立国家为了摆脱语言殖民、确立民族语言和土著语言的地位，由中央政府制定实施的语言政策。规划意味着只需要国家政府集中制定和实施语言政策，缺乏随着语言实践的变化而动态进行的灵活调整。他认为语言管理比规划更为适合，因为管理模型假定存在一系列的语言管理者和管理层次来动态灵活地调整具体言语社区中不同成员的语言实践，从而能为复杂的语言实践案例概括出更为有效的分析模式。在此基础上，Spolsky 提出一个修正的语言政策与管理模型，其中包括三个相互独立又相互联系的部分，即语言实践、语言信念（或意识形态）、语言管理。语言政策在具体的领域里实施。领域被定义为一个社会空间，包括由社会角色和关系定义的参与者、把社会空间与物理现实相连接的场所以及适当的话题。语言政策实施的领域除政府外，还包括从家庭、社区、学校、工作场所、教会、媒体到各种社会与国际组织等一系列主体，对这些因素的忽略是政府层面语言政策规划失败的主要原因。这个模式对以往的模式提出三点修正：一是在语言管理层面注意区分倡议者（没有实权）和管理者；二是增加个人语言管理层，关注个人自我语言管理，关注个人扩展自我语言资源库、增强交际能力和语言可用性的努力；三是关注阻碍可行的语言政策的各种非语言因素，比如种族灭绝、征服、殖民、疾病、奴役、腐败和自然灾害等。

　　Ferguson（2006：33—35）谈到教育与语言规划的关系时，指出语言教育一方面常常被当作实现广泛的（语言）规划的主要工具，另一方面其本身也是语言政策研究与实践的焦点之一。Ferguson 提出教育中的语言政策与规划至少包含以下方面：（1）教育系统各个层次（小学教育、中学教育和大学教育）中教学媒介语言的选择；（2）家庭语言（或母语）在教育过程中的作用；（3）作为课程目标语言的二语或者外语教学语言的选择，包括这些二语或外语引入课程内容中的时间选择，外语学习是否是强制性的，是否是其学习者与学习期限的选择；（4）对于英语以及其他多元中心语言，该语言的何种变体将被选择作为教学用的标准变体。所有这些问题不仅仅在教育上具有重要意义，而且在更为广泛的社会和政治公平公正方面具有重要意义。

4.1.4 学校领域的语言政策与教育研究实践

Spolsky（2009：90–114）对学校领域的语言政策实践做了深入分析。他认为学校是个复杂的语言实践领域，其主要参与者是学生和老师，也包括管理人员和后勤支持人员。学生的语言实践和信念有待修正，而老师则负责具体的修正过程。学生在年龄、性别、能力水平、学习动机等方面各有差别，同时在他们所掌握的一种或多种语言变体及其熟练程度上也千差万别。他们在家庭、社区以及其他领域中的经历使他们已经接触了各种具有差异性的语言实践，发展出了对各种语言和变体所持的信念，已接触到各种试图矫正其语言实践和信念的行为，并对语言政策发展出特定的喜好。所有这些学前语言实践和信念都应该成为学校语言管理的基础。不同学校中，学生的学前语言实践和信念可能是同质的，也可能是异质且多样的，这是学校语言管理的制约因素。学校教师群体同样在年龄、性别、受训程度、经验、社会地位、语言熟练度等方面所有差异，并表现出不同程度的语言同质性或异质性；他们对社会中各种语言和变体也形成了一套信念，通常认为学校变体和官方语言具有根本性价值。师生之间语言实践和信念的差异必然给学校语言管理带来问题，并直接影响教育媒介语言和目标语言的选择。试图决定学校和课堂语言政策的语言管理者包括中央（联邦）、地方以及城市等各级政府，也包括教堂或其他宗教机构、教育部门、学校董事会和管理部门、学生父母、教育督查和校长等；学生语言实践不仅受这些管理者的影响，同时还更易受其同龄人的语言态度和语言实践的影响。

学校语言政策的复杂性导致了复杂多样的学校语言模型，大致可分为单一媒介语和二元（多元）媒介语的教育、转变性或过渡性教育（从开始用某种语言逐步过渡到用另一种语言进行教育）以及保护性教育（从开始使用一种语言到使用两种语言进行教育）。使用学生母语之外的语言进行的教育被称为沉浸式教育，即学生被沉浸于学校的新语言中。沉浸式教育可以是增添性的（additive），目标是培养在母语和官方语言方面都具有学校教育水平的双语者，也可以是替代性（replacive）的，其目标是使学生从使用一种语言迁移到使用另一种语言。其中处于竞争地位的语言变体通常是各种家庭变体（白话或方言）与官方民族语言。

具体教学语言模型的选择取决于学校语言政策的掌控者所持有的教育目标和信念。

　　学校语言政策的实施包括两个方面，即教学媒介语的选择和教学目标语言的选择。教学媒介语的选择受四个因素的影响。首先，是对学生母语在初始阶段的教育价值的认识，这取决于对学生语言学习能力的信念，即儿童阶段的学生是否能够像婴儿学习母语一样轻松掌握一门新语言。Spolsky强调只有某些学生能做到，现有研究证明大部分学生遇到了困难。其次，是所涉及的各种语言变体的发展程度，包括现代教育所要求的书写体系、词典、语法以及现代术语体系的发展，特别是在教育的高级阶段。作为教学媒介语的母语也必须经历这样的发展阶段。再次，是学校语言政策掌控者的意识形态，这些掌控者往往相对保守，希望传承已经建立的传统观念。最后，是语言功能分工，比如，用国际语言或发达语言教授自然科学课程，用母语传承地方传统文化等。在学校教育的目标语言方面，母语教学一般被认为能丰富学生的母语能力，而其他语言教学则被视为二语或外语教学。这种额外（additional）的语言教学采用增添性模式，从而有别于单语沉浸式的替代性或过渡性教学。多元（多语）模式中，学生的家庭（母语）变体往往被轻视或污蔑，而国际性和发达语言被赋予较高地位。外语（二语）教学涉及语言或变体的选择，以及外语教学的起止时间等。此外，学校语言管理的主要手段包括学校教师的聘用和培训、学生入学的语言能力管理，以及惩罚性（禁止性）语言管理等。

4.1.5　国家和政府领域的语言政策与教育研究实践

　　除了学校领域，国家和政府领域的语言政策对于教育教学具有重大影响。21世纪第一个十年，学界对语言政策与教育的研究已经涵盖了世界许多国家和地区。Ferguson（2006）和Phillipson（2008）对欧盟的超国家语言政策与管理进行了分析；Rassool（2008）聚焦英国，包括常被忽略的威尔士、苏格兰、北爱尔兰地区的语言政策与管理；Ferguson（2006）和Ricento & Wright（2008）分析了美国的单一英语

第 4 章　教育语言学的新实践

（English-only）运动的争议以及双语教育政策，揭示双语教育对少数语言族裔学生接受高水平教育的益处，并指出语言同化和多元化争议不仅关乎非英语语言和文化问题，而且关乎对国家和民族身份如何理解和定义的问题；Hamel（2008a，2008b）和 Godenzzi（2008）对墨西哥与安第斯地区语言政策的分析则凸显了土著语言教育倡议的重要意义以及西班牙殖民语言遗产的问题；Burnaby（2008）研究了加拿大语境中语言政策与教育之间的关系；Bianco（2008）讨论了澳大利亚语言政策的发展，特别是对 1980 多元文化语言倡议的经费削减；Heugh（2008）讨论了南非语言政策与教育的发展，强调南非宪法中的多语文化与教育的条款被实际上越来越明显的英语教育模式所削弱；Khubchandani（2008）和 Rahman（2008）分别讨论了印度和巴基斯坦多语社会中语言政策与教育的机遇和挑战；Fujita-Round & Maher（2008）讨论了日本的语言政策；Lam（2008）则研究了中国语言政策与语言教育的复杂性。

进入第二个十年（2010 年）以来，国家和区域语言教育政策研究得以进一步发展。比如，Extra（2017）聚焦新欧洲的语言生态等级，从高到低包括作为通用语的英语、民族或官方语言、地区少数族裔语言（ethnic minority language）和移民少数族裔语言，并探讨了欧洲三个语言政策倡议书；Bowring & Borgoiakova（2017）关注俄罗斯联邦政治、民族和语言的极端多样性以及沙俄、苏联和俄罗斯时期的语言教育政策；Huss（2017）研究了北欧国家（挪威、瑞典、芬兰）的少数族裔语言所经历的以学校为基础的强迫性同化过程。在大洋洲和亚洲，Bianco & Slaughter（2017）描述了澳大利亚语言政策从打压土著语言、抬升英式英语，到转而强调土著语言和移民语言权利，再到当前经济驱动的语言规划的变迁过程；Spolsky（2014）探讨了 1949 年以来中国的语言政策规划，包括普通话推广、汉字简化、术语发展和现代化、粤语和闽南语等汉语方言研究和少数民族语言的现代化、汉语全球化努力以及俄语、英语和其他语言的教学，以及城镇化、计算机网络等对语言管理的影响等，认为中国语言规划整体上是成功的；Zhou（2017）追溯了全球化和民族国家建设等影响中国语言政策的两股主要力量；Kosonen（2017）对东南亚 11 国多样（1200 多种语言）背景下的语言教育政策做了综述，指出虽然柬埔寨、泰国、东帝汶等国的多语教育在增加，但政策的重心仍然聚焦于各自的官方和民族语言以及国际语言（特别是英语）；Fujita-Round & Maher（2017）指出日本政府采用的是标准语言，日本作为"单语"和"单元文化"国家，其现在的意识形态与不断增长的非日本民族、少数族裔语言和土著语言相悖，但语言与文化杂合正逐渐步入政策视野；Mohanty & Panda（2017）指出南亚次大陆的 750 种语言有一半处于危险状态，部分归因于英语与主要地区（民族）语言之间的割裂，以及后者与土著（部落）语言的割裂。在中东和非洲地区，Makalela（2017）认为当前南非的语言教育政策与殖民时期相似且反映了对殖民语言的单语性偏好和对当地非洲语言的伤害，建议使用共生共存的理念重新思考多语空间，从而避免一国一语的单语意识形态而代之以超语言使用（translanguaging）；Or（2017）审视了中东北非地区的语言教育政策，强调该地区的长期殖民统治和反抗殖民与侵略的历史背景，并讨论了当地特有的双言、阿拉伯语化、语言少数群体与多语主义等三类具有当地特色的语言教育政策。

4.1.6 评价

21 世纪以来，社会语言学与语言民族志视角的教育语言学研究在 Spolsky 和 Hornberger 等学者的带领下，不断开拓创新，取得了显著成就。语言民族志视角的研究继承并发展了 Hymes 的语言进化观，并进一步引入了语言生态观，提出双语（多语）读写连续体模型和语言政策规划的民族志研究，通过民族志的观察、记录等方法研究宏观与微观的教育教学实践中的多语生态及其对教育教学发挥的多样性功能，丰富了语言民族志视角的教育语言学研究模型。其研究实践聚焦全球不同地区和国家中不同语言及其变体用作教学媒介与目标语言时对于母语、二语、外语学习者在学习中产生的影响，突出土著、少数族裔、移民以及被殖民地区等弱势群体和地区的母语及其变体在教育教学中的作用，强调通过双语与多语教育实现母语与强势通用语在教育中的生态平衡，为实现社会公平与正义做出了积极贡献。21 世纪社会语言学视角的研究

第 4 章 教育语言学的新实践

聚焦语言政策对教育教学的影响,把语言规划模型发展成语言管理模型,由此语言政策的制定和实施对象从政府层面进一步拓展到了社会、家庭、学校以及个人层面,强调从宏观到微观各个层面的动态调整和变化,从而进一步发展、深化了研究的分析模型。其研究实践既囊括了学校领域中教育教学参与者微观的语言管理与教育教学实践,也有国家和地区政府层面的宏观实践,突出了语言(教育)政策背后的个人、历史、文化、信念、权力等因素,批判了霸权性的单语主义和单语教育,提倡多元共存的多语主义和多语教育,提倡在国际、国家和地区、学校等领域通过功能分化、语码转化、超语言使用等方式发挥多样化语言的教育作用,推动社会语言学视角下教育教学研究的深入发展。

4.2 功能语言学视角的教育语码研究实践

4.2.1 知识实践的合法化语码研究

对于现代社会的教育教学来说,知识无疑具有举足轻重的核心地位,对知识实践本身的研究对于教育教学理论与实践都具有重大意义。然而,当前教育研究中表现出一种对知识本身的无知状态,即知识实践本身并没有得到深入研究,往往要么从心理学视角被简化为某种认知过程,要么从社会学视角被简化为权力关系,但极少被当作一个具有自身组织原则和内部特征的对象来进行严肃的研究。Maton 继承和发展了 Bernstein 的教育社会学思想,从社会现实主义视角,发展了合法化语码理论来研究教育中的知识实践,并与系统功能语言学的学者合作,力图揭示知识实践的语言体现及其对教育教学的启示。

合法化语码理论(Maton,2014)是分析特定知识实践的概念化工具。其中合法化语码作为 LCT 的核心概念,指的是特定社会实践领域中的活动者在为关键地位和资源的斗争中,为体现实践中的活动组织原则所确认的合法性要求。这些合法化语言为特定社会领域中的活动参与提供规尺,并为衡量活动成就提供标准。活动者实践的组织原则被理论化为合法化语码。换句话说,合法化语码就是特定社会实践领域中的活动参与与评估的规则和标准；应用于教育领域中，就是衡量教育活动的参与与成就的规则与标准。从这个意义上来说，特定社会中教育实践的合法化语码就是教育教学活动的根本性规则，对这些语码的揭示对于教育教学活动具有重大意义。

在 LCT 中，合法化机制（legitimation device）被定义为活动者的实践组织原则所赖以创造、维持、转化和变更的机制，它确立了具体合法化语码的相对价值、社会领域中取得成就的基础以及社会领域的关系结构。当前得到相对充分发展的合法化机制是潜藏于专业性语码下的认知－教育机制（epistemic-pedagogic device，EPD）。EPD 包括知识生产（新知识的创造）、语境重构（从生产领域选择知识，进行重组和转化，从而变成教育知识）与知识再生产（知识的传授与学习）三个实践领域，三个领域分别由认知逻辑、重构逻辑和评估逻辑来调控，而分布逻辑则作为更高层次逻辑把 EPD 所创造的整个领域的知识实践形式加以专业化，调节着对非日常的深奥知识的接触权等。因而，EPD 是符号控制与反抗、斗争与协商的焦点。对于教育语言学来说，EPD 的启示是，教育实践是从创造知识、选取知识创造教育话语以及课堂的教授与学习三位一体的过程，因而都应该成为教育语言学关注的领域。这意味着我们需要通过适当的语言分析来揭示具体学科知识的创造规律和结构规律，揭示哪些学术知识按照什么规律来被选取、转换为教育知识，揭示各学科教材中体现的教育知识的建构规律。另外还需要通过课堂话语分析来揭示课堂教学过程中教师如何通过语言传授知识、学生如何学习知识，并揭示三个领域背后起控制作用的逻辑规则等。

作为合法化语言的分析工具，LCT 包括五个分析维度，即专业性（specialization）、语义性（semantics）、自主性（autonomy）、紧密性（density）、时间性（temporality）。专业性指社会实践领域中合法知识的内容、方式及其相应的界限与控制模式；语义性指把社会实践领域识解为由语义重力和语义密度两个组织原则来建构的语义结构；自主性指教育活动领域（教育话语）与社会中其他社会活动领域（比如，经济活动或政治活动）之间的关系，对于教育活动领域内在的组织架构有至关重要的作用；紧密性指教育活动领域内不同地位、立场之间的差异关系；时间性指社会活动实践中涉及的时间因素，包括年限（age）与取向（orientation）两个维度。Maton 等学者力图应用这五个分析原则，特别是专业性和语义性两个发展比较成熟的原则，对社会实践，特别是教育实践领域的知识建构进行深入细致的分析。目前这些分析已经应用到了物理学、英语、文化研究、音乐、设计、历史学、生物学、心理学等各学科领域，涉及基础教育、职业教育和高等教育等各正式教育领域的研究、课程、教学法和测评以及非正式的家庭和社会教育实践等。

4.2.2 SFL 与 LCT 之间的合作

合法化语码理论是对 Bernstein（2000）语码理论的发展。两者都与系统功能语言学进行长期合作，其原因在于无论是 Bernstein 的语码理论和 Maton 的合法化语码理，还是 Halliday & Matthiessen（2004/2014）、Martin & Rose（2007，2012）等人大力发展的系统功能语言学理论，都关注语言在教育教学中的角色。对于 Bernstein 和 Maton 的教育社会学来说，教育实践中各种语码本质上表现为一种由语言体现的编码倾向，其合法性也表现为教育实践中通过语言等符号资源体现的权力与控制，因而其分析最终要落实到语言体现层面，而系统功能语言学正好为其语码及其合法性的分析提供了语言工具。对于系统功能语言学来说，Bernstein 和 Maton 的教育社会学理论为其基于语言的教育教学研究提供了宏观的社会视角，同时也为其描写体系，特别是语境描写体系的发展与完善提供了新思路。总之，双方的合作使得语言学家得以用社会学的方式来思考语言学，而（教育）社会学家也得以用语言学的方式来思考社会学，从而共同推进对教育教学的研究。

Maton & Chen（2016）总结了教育社会学的语码理论与系统功能语言学之间长期合作的五个主要阶段。第一阶段是 20 世纪 60 年代至 80 年代，主要是 Bernstein 所提倡的不同社会阶层所表现的不同编码倾向学说与系统功能语言学的语言变异、语义变体理论之间的互动。Halliday 基于语义的语法为 Bernstein 语码理论的语言体现提供了分析工具，而语码理论也为 Hasan（2005）等系统功能语言学家研究不同阶层的语义变体提供了理论视角。第二阶段是 20 世纪 90 年代，表现为 Bernstein 的教育话语理论与系统功能语言学中悉尼学派所开展的基于语类的读写项目之间的合作，主要是悉尼学派引用教育话语理论来说明其读写教育项目的社会价值。第三阶段是 21 世纪的头几年，表现为 Bernstein 的知识结构理论（把学术领域看作由不同类型的知识结构组成）与系统功能语言学话语场域（field of discourse）理论之间的互动。第四阶段始于 21 世纪第一个十年的后半段，主要是 LCT 的专业性理论（包括专业性语码、知识与知者结构等）与 SFL 的个体化／归属化（affiliation/individuation）、话语场域以及评价（appraisal）理论之间的互动。第五阶段始于 21 世纪的第二个十年，表现为 LCT 的语义性维度（语义密度、语义重力、语义波等）与 SFL 的话语方式（mode of discourse）、话语场域、语法隐喻、技术性、个体化／归属化、读写能力、像似性等理论之间的互动。双方合作发展的概念框架与分析方法主要被应用于教育实践中的学术话语、教材话语、课堂话语、评估话语等各类教育话语实践研究，从而从话语分析的角度为教育教学研究提供新视角、新启示。

当前基于 LCT 与 SFL 合作的教育语言学研究，其主要平台是 2016 年悉尼大学成立的 LCT 知识建构研究中心（简称"LCT 中心"）。LCT 的创始人 Maton 与悉尼学派教育语言学项目的核心人物 Martin 分别在悉尼大学的社会学系与语言学系工作，他们带领各自团队，依托悉尼大学的 LCT 中心，推进了 LCT-SFL 相融合的教育语言学研究。LCT 中心一方面致力于发展前沿理论和研究方法，另一方面也为从事教育语言学研究的学者提供培训和支持，并定期举办工作坊、提供深度培训课程、举办圆桌会议以及国际 LCT 大会，从而推动教育语言学理论与实践研究的长足发展。

4.2.3 教育实践项目："学科、知识与学校教育"项目

双方合作的一个重要项目是由澳大利亚研究理事会发现项目提供资助，基于悉尼大学开展的"学科、知识与学校教育"（Disciplinarity, Knowledge and Schooling, DISKS）项目（Maton & Chen, 2016），主要

第 4 章　教育语言学的新实践

参与人包括 Martin、Maton、Freebody、Matruglio 以及在第三阶段参与进来的 Macnaught 等，项目开展期限为 2009 年至 2011 年。项目总体目标是分析中学课堂中知识建构的基本形式，探究不同学科领域中知识建构的变体，并开发适当的教学法从而助力师生的累积性教学过程。项目包括三个阶段：数据收集、数据分析和教学干预。数据收集阶段主要收集澳大利亚新南威尔士州城市和乡村六所中学里 8 年级（学生年龄为 13-14 岁）和 11 年级（学生年龄为 16-17 岁）的相关课程文件、学生作业文档以及 100 多堂课（lesson）的教学视频。所录制的课堂视频包括 8 年级科学课（对应于 11 年级的生物课）以及古代史或现代史（视具体学校而定）。课堂教学数据分析聚焦于知识被积极转化的阶段，比如知识的解包、打包、从过去经历中加以回忆、建构、详述、投射于将来应用等。主要分析框架涉及 LCT 的专业性与语义性语码，以及 SFL 关于非常识性话语建构的分析框架，包括 Martin 的概念（ideation）、评价、周期系统（periodicity）（Martin & Rose，2007），以及语法隐喻等与话语场域和话语方式相关的理论框架。数据分析的研究发现经提炼后编写成对教学实践的直接启示，从而可以在短时间内传授给一线教师，实现教学干预。教学干预聚焦于 LCT 的语义波（semantic wave）思想与 SFL 的权力三项（power trio）思想。

语义波是应用 LCT 的语义性（包括语义重力和语义密度）概念分析课堂话语得出的课堂会话中的语义轮廓（semantic profile）。语义重力是指语义对语境的依附程度，语义密度指实践活动中语义的浓缩程度；两者的量值可自由变动，从而组合成不同的语义波。对课堂话语的语义分析揭示了多种不同的语义轮廓（Maton，2013a），表现为课堂话语在相对依附于语境与相对独立于语境、语义相对稀薄与相对浓缩等各种量值之间反复变化，由此课堂教学实践所呈现的知识得以超越具体语境并与其他语义（知识）相联系，从而有助于知识建构。基于 SFL 的分析则揭示了语义轮廓的动态变化是如何与语言资源适当使用相关的，其中最关键的资源包括技术性词汇、语法隐喻和周期性等语义资源的控制，并被形象地称为"权力词汇""权力语法""权力结构"等"权力三项"（Martin，2013）。这些 LCT 和 SFL 的概念框架成为教育干预的基础。在干预阶段，四个学校的六位老师被培训来给这些语义波建模，并使学生认识到与知识转化得以进行的"权力三项"相关的语言资源。同时，研究人员借助悉尼学派读写能力项目开发的"教学循环"模式，与老师一起合作，帮助他们准备课堂教学材料，并帮助他们在 14 节课中实施有关的教学策略。

在 DISKS 项目的影响下，越来越多的研究和实践项目得以实施，比如 Blackie（2014）把 LCT 与 SFL 相结合研究化学的课堂教学，而 Clarence（2014）则对政治学和法学课堂教学实践中累积性知识建构的方式进行了深入研究。与此类似的另外一个项目（PEAK 项目，参与人包括 Maton、Martin、Unsworth、Howard 等）则在 DISKS 项目的基础上，深入研究各学习单元（units of study）的知识建构规律，初步揭示语义波生成不但对知识建构起着关键作用，还对学生评估等一系列教育实践中成就的取得起着关键作用。此外，Rose（2020a，2020b）用 Martin 的质量（mass）和存在（presence）概念表示语义密度和语义重力，设计作为知识语类的课程及其相应的教学法，从而用来指导教师教育与课堂教学实践。

4.2.4　21 世纪主要研究成果

21 世纪以来，LCT 与 SFL 合作开展的教育教学研究取得了一系列成果，本节主要聚焦于第四和第五阶段的成果。这些成果首先表现在一系列期刊专栏或专刊文章，比如，在《LCT 论文杂集》（*LCT Centre Occasional Papers*）上发表的系列论文；《语言与教育》（*Language and Education*）杂志中的"中学教育中的累积性知识建构"专刊（"Special Issue：Cumulative Knowledge-Building in Secondary Schooling"）（Martin & Maton，2013）；智利 *Onomázein* 杂志 2017 年 3 月刊出的"系统功能语言学与合法化语码理论视角下的教育与知识研究"专刊（"Systemic Functional Linguistics and Legitimation Code Theory on Education and Knowledge"）等。

研究成果还包括一系列著作。第四阶段和第五阶段早期（2008—2011 年）的著作主要聚焦学科性与知识的语言建构以及相应的教学

第 4 章　教育语言学的新实践

法，主要包括 Christie & Martin（2008）、Maton & Moore（2010）、Christie & Maton（2011a）等的著作。其中《语言、知识与教学法：功能语言学与社会学视角》（*Language, Knowledge, and Pedagogy: Functional Linguistics and Sociological Perspectives*）（Christie & Martin，2008）是对 Bernstein 知识传承和知识结构理论的继承和发展，提出了学术与教育领域中的知识-知者结构问题，主要聚焦知识结构的层级性，涉及幼儿学习中的横向话语、英语学科话语中知识垂直性的建构、社会科学中的垂直与水平话语，以及数学和科学知识的多模态建构分析。《社会现实主义、知识与教育社会学：思想之合作》（*Social Realism, Knowledge and the Sociology of Education: Coalitions of the Mind*）（Maton & Moore，2010）提出要把知识作为一个社会现实和客观对象来研究，从而对知识和课程重新概念化，提出以合法化语码为核心分析知识实践，探讨知识实践中涉及的知识结构、身份、阶级因素，并深入研究人文艺术等具体学科中的知识实践。《学科性：功能语言学与社会学视角》（*Disciplinarity: Functional Linguistics and Sociological Perspectives*）（Christie & Maton，2011a）从功能语言学与教育社会学相结合的视角探讨了学科性的本质，聚焦学科中知识的累积性建构方式、学科性的建构、跨学科性以及英语、历史、数学、社会研究等学科中的具体问题。

2014 年以来，Maton 和 Martin 等学者在 Routledge 出版社组织出版 LCT 系列丛书，目前已经出书四本，代表了 LCT-SFL 教育语言学研究的最新成果。第一本《知识与知者：现实主义的教育社会学》（*Knowledge and Knowers: Towards a Realist Sociology of Education*）（Maton，2014）第一次对合法化语码理论做了比较系统的阐述。Maton 阐述了合法化语码理论的社会现实主义哲学基础、社会实践中的合法性语言以及合法化语码分析工具，论述了专业性语码下的认知-教育机制和专业性的分析方法，探讨了英国的文化研究、经济学、物理学、学校音乐教学等人文和科学学科之间的争议及其背后隐藏的知识和知者结构（knower structure）。Maton 还详细阐述了语义性语码下的语义重力、语义密度分析方法，揭示了研究和学习过程中的不同语义性语码模式、动态变化的语义波、语义轮廓等，阐述了累积性知识和累积性学习的建构方法，为教育教学提供相应启示。《知识建构：合法化语码理论下的教育研究》

(*Knowledge Building: Educational Studies in Legitimation Code Theory*)（Maton et al., 2016）继续阐述合法化语码理论的基本概念，为建构主义教学法发展提供分析框架，深化与系统功能语言学的对话与合作，并把 LCT 的理论应用于质性和量化研究实践，涵盖了物理学、英语、文化研究、音乐、设计等多个学科，涉及学校教育与职业教育中的研究、课程、教学法和教育评价等方方面面的教育实践。

《探究学术话语：系统功能语言学与合法化语码理论的视角》(*Accessing Academic Discourse: Systemic Functional Linguistics and Legitimation Code Theory*)（Martin et al., 2020）对 LCT 和 SFL 的互动对话做了进一步深入挖掘，主要阐述了 LCT 的专业性、语义性与 SFL 的话语场域和话语方式之间的互动对话，并把相关的概念框架用来研究历史课堂话语、中学科学话语和人文学科话语、课程语类、知识语类以及学科知识整体建构规律等。《高等教育中的知识建构：合法化语码理论视野下的教学优化》(*Building Knowledge in Higher Education: Enhancing Teaching and Learning with Legitimation Code Theory*)（Winberg et al., 2020）运用专业性、语义性、自主性语码以及观念集（cosmology）等分析工具，解读高等教育领域从本科到博士等不同水平的学生在不同学科领域获得成功的方式，并研究高等教育教师的学习和发展问题，所涉及的学科领域包括科学、技术、工程、数学（science, technology, engineering, mathematics, STEM）以及人文、艺术等学科。此外，《科学之教学：知识、语言与教学法》(*Teaching Science: Knowledge, Language, Pedagogy*)（Maton et al., 2021）运用 LCT 的语义性、专门性、自主性理论以及 SFL 的语言与多模态理论，揭示科学知识如何通过语言、数学、图片、手势、数字等资源来得以体现以及我们应该如何采取相应手段进行教学，所涉学科包括物理学、生物学、健康科学、工程学、地球科学以及数学等。

4.2.5　学术话语与教育话语研究实践

前面一节简述了 LCT-SFL 的教育语言学研究所取得的主要成果，

第 4 章 教育语言学的新实践

特别是 2010 年以来的代表性著述。鉴于目前 LCT 的分析框架中,专业性与语义性两个维度与 SFL 的语言描写紧密结合,得到了较为充分的发展并广泛应用于教育研究中,本节聚焦这两个分析维度,对 2010 年以来有代表性的研究成果加以评述。

专业性语码(Maton,2014)对建构合法知识的内容和方式以及合法的知识建构者规定不同的分类和架构强度(分类指交际范畴之间的界限关系,由集合中各范畴之间的隔绝力度决定,决定着范畴的身份清晰度;架构指局部的互动性交际关系中对交际内容、顺序、速度、标准等交际形式的控制,它提供了学习合法信息的途径)。这涉及知识建构中的两类基本关系:认知关系(用 ER 表示)与社会关系(用 SR 表示)。认知关系指所建构的知识与其所指向的对象之间的关系,包括知识所反映的那部分经验世界中的对象或者知识所指向的那部分实践对象之间的关系。社会关系指所建构起来的知识与社会个体的关系,包括知识和作者(author)之间的关系以及知识与其践行者(actor)之间的关系。强与弱的认知关系(+/-ER)分别产生层级性和水平性的知识结构,而强与弱的社会关系(+/-SR)分别产生层级性与水平性的知者结构。认知与社会关系强弱程度的不同组合形成不同的语码,分别为:知识语码(knowledge code:ER+,SR-),此时在此实践领域中成就的取得主要是基于对特定研究对象专业知识、原理以及研究程序的掌握,而活动者(研究者)的个人特性不被重视;知者语码(knower code:ER-,SR+),此时成就的衡量标准中活动者的个人属性得到重视,而有关对象的专业知识和原理不被重视;精英语码(elite code:ER+,SR+),此时专业知识的掌握和求知者的个人品质都受到重视;相对主义语码(relativist code:ER-,SR-),此时合法性既不是由专业知识也不是由求知者品质决定的。

专业性语码的两个维度使我们得以用拓扑(topology)视野来动态分析知识与教育实践中各种不同的认知关系与社会关系强度,所适用的范围包括学科间、学科内、具体教学法、具体语篇实践、教育评估等各种社会实践领域。Meidell Sigsgaard(2013)用专业性语码来分析丹麦语作为第二语言的课堂教学中是如何既传授丹麦语特定的语言知识,又传授与其相关的知者表意方式。Vidal Lizama(2014)使用专业语码把大众教育看作一种知识实践加以研究，从而揭示不同学术领域中合法的表意方式如何具有各不相同的基础，并要求运用各自独特的复杂表意策略。Maton（2014）运用专业性语码的认知关系与社会关系维度分析科学与人文学科，发现科学具有层级性知识结构和水平性知者结构，因而总体是知识语码；而人文学科具有水平性知识结构和层级性知者结构，总体是一个知者语码；科学与人文之间的争议本质上是两种语码之间的冲突，而学校音乐不受欢迎的原因在于音乐学科的精英语码要求层级性的知识和知者结构。Hood（2016）分析了民族志研究中的讲故事方法，认为其强调一手观察和一手现实建构作为社会实践的合法标准体现了民族志整体的知者倾向，故事既可作为知识观念的证据（ER+）也可作为知者等级中价值观的符号体现（SR+），从而在整体的知者语码内部体现不同的专业性构型。Christie（2016）运用专业性语码分析中学英语文学课程，发现中学英语文学课虽然表面上强调要发展学生对文学作品的"个人观点"，实际上要求学生表达与某位想象中的评判者相一致的价值判断，因而实际上是一种"培育的鉴赏"（cultivated gaze），其中个人态度和恰当的价值观被当作成功的标准，体现出典型的知者语码。Martin（2016）运用专业性语码下的社会关系，特别是主体关系（subjective relations）和互动关系（interactive relations），来分析爵士乐表演研究的论文写作，揭示学生所应发展的"培育的鉴赏"能力的相关基础，帮助学生掌握已有的音乐知识并创造新知识。

语义性语码（Maton，2011，2014；Maton & Chen，2016；Maton & Doran，2017a，2017b）包括语义密度（用 SD 表示）和语义重力（用 SG 表示）两个方面。语义密度指社会文化实践中的术语、概念、词组、表达、手势、动作等各种符号语义浓缩的方式和程度。语义密度越高，则符号中浓缩的语义越多；语义密度越低，则符号中浓缩的语义越少。系统中一个符号成分与其他成分的语义关联越多（关联度），该成分所属系统的语义就越复杂、越精细（区分度），与其他未言明的隐性语义之间的响应度也越高，则该符号的语义密度越高。语义重力指知识理论体系中的语义与环境之间关系的紧密程度，即语义相对于特定语境中具体细节的抽象程度。语义重力越大则语义对具体语境的依赖度也越大，受限于具体语境而无法自由流动；语义重力越小，则语义对具

第 4 章　教育语言学的新实践

体语境依赖程度越低，更多地依赖于抽象语境，可以相对悬浮于具体语境之上自由流动。语义重力与语义密度的不同高低值相互组合，可以生成各种语义性语码。低重力、高密度（SG-，SD+）形成根茎式语码（rhizomatic codes），此时取得成就的基础在于相对独立于语境的、复杂的各种观点；高重力、低密度（SG+，SD-）形成平淡性语码（prosaic codes），其合法性归于相对的语境依赖性和较为简单的思想观点；低重力、低密度（SG-，SD-）形成稀薄语码（rarefied codes），此时合法性来自于包含较少意义、相对独立于语境的思想观点；高重力、高密度（SG+，SD+）形成世俗语码（worldly codes），其合法性归于语境依赖度高、浓缩了多方面意义的思想观点。Martin & Matruglio（2011）从系统功能语言学视角提出，语义密度主要由语义浓缩和语义具象决定，前者指技术性语篇中用许多术语来浓缩性地表达本来需要多个小句或小句复合体才能表达的语义，后者指用一个具象化的词来表达本来需要一系列小句或小句复合体才能表达的价值判断。语义重力在语篇语义上主要的衡量标准包括指示性、可辩论性和像似性，即具体参与者与特定过程比概括性参与者与复现过程重力大，定谓性过程比非定谓性过程可辩论度高、重力大，动词化过程比名词化过程像似度高、重力大。

语义性语码被用来研究科学与教育知识结构中的垂直性，从而揭示知识的层级性，说明不同概括与抽象程度的知识在语义语法上的具体特征，由此帮助教师针对具体知识内容设计深入浅出的教学策略。比如，Matruglio et al.（2013）和 Maton（2013a）研究中学历史与生物课堂中如何通过使用适当的元语言和显性教学法，动态配置语义密度与语义重力，构成合理的语义波，从而帮助学生发展累积性知识建构能力。Georgiou（2016）运用语义重力概念分析大学物理教学中知识表征从具体形象到概括抽象之间的动态语义变化，从而揭示语义重力的动态建构能力对物理学学生的重要意义。Maton & Doran（2017a，2017b）发展了语义密度分析的转换机制（translation device），分别用造词、词组、造句和连句四个工具对认知语义密度进行衡量，并用来研究中学历史课堂和科学研究论文的认知语义密度。该研究发现历史课堂中老师运用这四个工具，通过对术语的语义进行打包和解包，实现认知语义密度的动态变化从而帮助学生理解复杂的语义，而科学论文中作者则使用这些工具来增强语义的复杂度，保持整体偏高的认知语义水平。Hood（2017）使用"存在"概念来代表语义重力，用于分析面对面交流的健康科学课堂中口头话语所体现的动态语义变化，揭示语义在师生共享的可感知的具体物理时空与对该领域反思性视角之间如何动态变化，从而帮助学生学习该领域中专业化的非常识性知识。Doran（2017）则使用语义密度和语义重力概念，分析物理学中所使用的求导（derivation）与量化（quantification）两种数学语类，揭示它们在物理学中帮助发展新知识，并把理论与经验世界相联系的重要作用。Oteíza（2020）把SFL的评价理论（appraisal theory）与语义性相结合，分析智利的历史教材话语和课堂互动，发现高重力低密度（SG+SD-）到低重力高密度（SG-SD+）之间的动态语义波变化有助于学生把具体的个体与集体因素与更为复杂概括的历史过程相联系，从而帮助他们发展历史知识的建构能力。

4.2.6 评价

21世纪以来，系统功能语言学的学者积极与教育社会学界以及教育实践者合作，开展功能视角的教育语码与教育话语研究，取得了显著成就。首先，这些研究继承和发扬了Durkheim、Bourdieu、Bernstein等人开拓的马克思主义倾向的社会现实主义传统，把教育研究置于广泛的社会背景之下，积极探求教育实践背后的社会阶级、社会权力结构等因素，深化了人们对于教育教学实践的社会性认识。其次，合法化语码理论以教育实践中的合法化语言为核心，探究其教育实践（以及所有社会性符号实践）背后隐含的具体话语调控原则，细化为五个具体的语码维度，为教育语码研究提供了可操作的具体分析框架。再次，如果说早期的语码更多的是一个隐喻性的概念，21世纪以来这些学者积极探索具体语码在语言上的具体体现方式，从而使得这类研究具有了坚实的语言学、符号学基础，为教育语码研究找到了话语分析这条行之有效的道路。最后，这些研究把其发展的语码分析工具积极应用于分析知识建构、语境重构、教学实践等教育教学的各个环节，深入到自然科学、社会科学、人文艺术等各学科领域的教育教学实践中，突破了以往教育语言学实践只聚焦于语言教育的局限，极大地拓展了教育语言学的研究范围，使得教育语言学真正成为能从语言视角研究整个教育教学领域的一门系统学科。

4.3 联合国教科文组织"教育中的多语"项目实践

4.3.1 项目概述

在教育语言学实践中，联合国教科文组织（UNESCO）牵头开展的"教育中的多语"项目尤其值得关注。1999年召开的第30届联合国大会通过一份决议，决定实施"多语教育"（multilingual education）理念，提倡在教育中至少采用三种语言：母语、地区或民族语言以及国际语言。此后，UNESCO就一直把多语教育作为一种手段来提升学习效果，促进人类生活的文化多样性。其中读写教育项目和方法被认为最具相关性，直接对接学习者的需求，并支持UNESCO所提倡的终生学习框架中的文化间相互理解（参见联合国教科文组织2030教育行动框架的目标4.6条第59款）。在UNESCO看来，学校教育早期基于母语的多语教育对培养人们对多样性的尊重以及培养国家和社群之间的相互联系感发挥着关键作用。由于尊重多样性和相互联系感是UNESCO提倡的全球公民的核心价值所在，因而多语教育对培养人们学会和平共处（目标4.7）具有重要贡献。当前UNESCO的实践主要体现在：通过每年2月21日庆祝国际母语节（International Mother Language Day，IMLD）来提高人们的母语意识；发布研究和调查报告帮助在学校教育中早期推进基于母语的多语教育；特别关注并支持土著人群的多语教育，为土著人群提供简报以宣传母语教育的重要角色，提供相关培训从而帮助土著人群的发展。

"教育中的多语"项目是UNESCO的"全球公民教育"（Global Citizenship Education，GCED）项目的一部分，而"全球公民教育"是UNESCO教育组项目的核心部分，其目的是给学习者传播负责任全球公民的理念、态度、行为，包括创新、改革、致力于和平和可持续发展等。其"教育中的多语"项目的出发点在于保障每个个体都能获得公平的教育机会,从而保证没人会因为语言(以及性别、种族、宗教、国籍、经济)等社会原因而失去教育机会,从而实现 1960 年通过的 UNESCO 反对教育歧视条约。

目前 UNESCO "教育中的多语"项目主要合作伙伴包括:国际母语研究所(International Mother Language Institute),一个成立在孟加拉国致力于语言保护的组织;非洲语言研究院(African Academy of Languages),非盟支持下 2001 年成立的泛非洲组织,致力于众多非洲土著口头语言的和谐发展;欧洲委员会(Council of Europe);法语国家国际组织(The Organisation Internationale de la Francophonie);国际语言学暑期学院(The Summer Institute of Linguistics),致力于研习、开发及记录一些比较鲜为人知的语言,借以扩展语言学知识、推动世界识字率、扶助少数族裔语言发展;Linguapax International,一个致力于全球语言多样性评判和保护的非政府组织。

21 世纪以来,UNESCO 发布了一系列相关文件、报告来推动"教育中的多语"项目,总结其中的成果和得失。重要的文件报告包括:《多语并存世界中的教育:教科文组织教育意见书》(Education in a Multilingual World: UNESCO Education Position Paper)(UNESCO, 2003);《教科文组织跨文化教育指南》(UNESCO Guidelines on Intercultural Education)(UNESCO, 2006);《母语之重要性:当地语言对有效学习的关键作用》(Mother Tongue Matters: Local language as a Key to Effective Learning)(UNESCO, 2007);《多语背景儿童之学习提升:基于母语的早期双语或多语教育》(Enhancing Learning of Children from Diverse Language Backgrounds: Mother Tongue-based Bilingual or Multilingual Education in the Early Years)(UNESCO, 2011);《会听才会学》(If You Don't Understand, How Can You Learn?)(UNESCO, 2016);《母语与幼儿护理与教育:效果与挑战》(Mother Tongue and Early Childhood Care and Education: Synergies and Challenge)(UNESCO, 2020b);《面向亚太地区移民与难民的教育中的语言路径》(Approaches to Language in Education for Migrants and Refugees in the Asia-Pacific Region)(UNESCO, 2020a)。

4.3.2　多语环境对教育系统的挑战

UNESCO 开展的基于语言的教育项目，本质上是基于当今世界语言多样性的客观事实，考察这种语言多样性已经或可能造成的学习障碍，并提供多语教育从而实现教育公平。这是一种语言民族志视角的教育语言学实践，典型地反映于 2003 年以来 UNESCO 发表的意见书、政策报告、指南等文件中（UNESCO，2003，2006，2007，2011，2016，2020a，2020b）。

UNESCO 考察了当今世界的多语环境对教育系统提出的挑战。UNESCO 指出，当今世界有 6000–7000 种语言，这种多样性反映了世界上多种语言并存的现实；虽然语言多样性的全球分布不平衡，但总体上双语和多语共存属正常情况而非例外情况，其原因要么是该地区历来就存在多种语言，要么是由于大量移民导致；我们需要考虑儿童在一种或多种家庭语言和学校语言方面的学习需求。同时有的语言被赋予多数人的地位，而有的语言是少数人语言；有的具有法定官方语言之地位，有的是民族语言。教育系统选择的语言，通过在正式教学中的使用被赋予各种权力和威望，其中涉及该种语言所表达的价值观和世界观等思维方式。

UNESCO 区分教学语言与语言教学。教学语言指教育系统基本课程的授课语言，是传授知识的工具，而选择一种或多种教学语言是发展高质量教育中的常见难题，因为这往往使得那些母语不是学校所选教学语言的儿童处于劣势地位。UNESCO 提倡母语教学，一般指使用学习者的母语作为教学语言，也可指母语本身作为一门课程来教学，这被认为是高质量教育中很重要的一个方面，特别是对于最初几年的教育。不用自己的母语学习，学生不仅要学习一门新的语言，还要学习该语言所包含的新知识，因而会产生双重困难，这对于学习本来就有困难的人群就更是雪上加霜。UNESCO 认为母语教学在很多情况下都有益于第一语言能力发展、第二语言的学习以及其他科目的成绩。但母语教学也有其困难，比如母语可能没有文字，不被认为是合格语言，教育方面的词汇有待开发，缺乏教育资料和训练有素的教师，学生、家长和教师可能不愿意等，而语言众多可能会导致以每一种母语进行教育的难度加大。

　　UNESCO 还从语言权利的角度，提出语言不仅是交流和传播知识的工具，也是个人与群体文化特性和权利的基本属性，尊重不同语言群体（少数群体、多数群体和土著）的语言是和平共存的基础，这要求包括少数人语言和土著语言等各种母语都获得正式和法律地位，包括在语言教学和在学校及其他机构及媒体中使用这种语言的权利。在教育方面，国际协议已经确定的少数人和土著群体的语言权利包括：可自愿选择自己的语言接受教育，有机会学习更大社会的语言和国家教育系统的语言，倡导积极对待少数人语言和土著语言及其所代表的各种文化的文化间教育，有机会学习国际语言等。另外相关迁徙工人及家庭成员的教育权利包括：通过教授学校系统使用的语言，促进孩子的融入，并创造机会使用他们自己的语言和文化对儿童进行教学。

　　UNESCO 认为语言教学中，语法、词汇以及语言的书面和口头形式成了掌握母语之外的第二语言的课程内容，而学习另外一门语言能打开了解其他价值系统和世界观的通道，促进文化间相互了解，减少仇外现象。语言教学的方式各不相同，很大程度上取决于关于语言和语言教学模式的主导思想，以及所教语言被赋予的作用。UNESCO 提倡增添原则下的多语（包括双语）教育（这不同于缩减原则，后者目的是使孩子过渡到第二语言教学），倡导至少使用母语、地区或民族语言和一门国际语言进行教育，既使母语教育成为可能，又使学习者能掌握本国和世界上更大范围内使用的语言，从而满足学习者将来参与全球和全国事务的需求并满足特定文化和语言群体的特殊需要。

4.3.3　语言与教育的准则性框架

　　UNESCO 引用许多联合国的协议、准则性文件和政府间会议提出的国际性宣言、建议书和协议来说明有关语言问题及其在教育中的重要意义上所取得的广泛国际共识，以此作为其语言与教育项目的准则性框架。比如，联合国的准则性文件中，1948 年的《世界人权宣言》第二条规定了反对语言歧视的基本原则；1966 年的《公民权利和政治权利

第 4 章 教育语言学的新实践

国际公约》第 27 条规定了少数群体共同使用自己语言的权利；1989 年的《儿童权利公约》第 29 条规定教育儿童的目的应是培养儿童的文化认同、语言和价值观，从而强调语言应被视为一种教育价值；1992 年的《在民族或族裔、宗教和语言上属于少数群体的人的权利宣言》第 4 条规定少数人应当有充分机会学习其母语或在教学中使用母语，并采取措施鼓励对少数群体语言和文化的了解。此外，国际劳工组织 1985 年的《关于独立国家土著和部落民族的第 169 号公约》、1985 年的《关于非居住国公民个人人权宣言》第 5 条、1990 年的《关于保护所有移徙工人及其家庭成员权利国际公约》第 45 条分别规定了土著民族、外侨和移徙工人的子女学习和使用本民族语言进行阅读和写作的权利，并倡导为他们的母语和文化学习提供特别教学方案。

UNESCO 的众多宣言和公约中，1945 年的《联合国教科文组织组织法》第 1 条、1960 年的《反对教育歧视公约》第 5 条、1976 年的《关于发展成人教育的劝告书》第 22 条、1978 年的《关于种族与种族偏见问题宣言》第 9 条、1995 年的《和平教育、人权教育与民主教育综合行动纲领》第 19 和 29 条以及 2001 年的《世界文化多样性宣言》等也规定语言不应导致任何歧视，指出了母语和多民族语言在教育（和社会生活）中应发挥的作用，包括尊重母语，尊重各级教育中的语言多样化并鼓励自幼学习多种语言，建议使用母语教育子女，发展自己的文化和学习母语以外的其他语言和文化。

此外，各种政府间国际会议，比如 1995 年"联合国第四次世界妇女大会"通过的《北京宣言和行动纲领》、1997 年"第五届国际成人教育大会"通过的《汉堡成人教育宣言》、1998 年"世界高等教育大会"通过的《面向二十一世纪高等教育宣言》、2003 年的"国际教育会议"等都强调教育中语言多元化的重要性，提出从教育、社会和文化方面考虑在正规教育初期用母语进行教学；提倡为了保护文化特性和促进流动和对话，进行多语教育；建议外语学习应作为促进不同群体和民族之间相互了解的跨文化教育的组成部分。

4.3.4 语言与教育的指导方针

UNESCO 关于语言与教育问题的指导方针包括三项基本原则。

原则一,支持母语教学,因为这可以利用学生和教师的已有知识与经验,从而提高教育质量。UNESCO 认为母语教学对初期教育和扫盲至关重要,应尽量将母语教学延长到以后的教育阶段。每个学生应当首先使用母语接受正规教育,成人文盲也应当使用母语学习读写并在有意愿和能力时学习第二语言。各国还应采取措施保证多语地区按母语分组开展教学,鼓励用母语编写和分发教材与学习资料,培养既熟悉人民生活又能用母语教学的合格教师。

原则二,支持在各级教育中开展双语和/或多语教育,以促进社会平等和男女平等,以此作为多语言社会的一个重要特点。其一,UNESCO 鼓励首先用母语,然后用本国的官方语言(或民族语言)以及一门或几门外语进行交流、发表意见和掌握听说能力。这表现在:提倡在小学开设二语课程、及早掌握第二语言,并通过二语进行教学使学生始终用两种语言获取知识;提倡在中学进行至少一门第三语言的跨学科强化教育,使学生毕业时能够使用第三语言,并认为这是 21 世纪一般人应具备的实用语言能力。其二,鼓励中小学教师开展国际交流,让他们去别国用自己的语言授课。其三,强调制定国家政策推动网络语言教学,帮助发展中国家开发免费的电子语言教材。

原则三,支持语言作为跨文化教育的一个主要内容,以增进不同群体之间的了解和确保对基本人权的尊重。UNESCO 强调采取措施消除各级教育中基于语言(以及性别、种族、宗教、国籍、年龄)等形式的歧视;提倡尊重少数群体和土著人的教育权利,落实用母语学习的权利,利用符合文化习惯的交流方法和知识传授方法;使用民族或官方语言及普遍通用的交流语言进行教学;提倡教育应培养对语言和文化多样性具有积极意义的认识,为此将从正面反映少数民族(或土著人民)历史、文化、语言的内容列入课程,加强语言教学的文化内容,从而加深对其他文化的了解;提倡语言学习不应只是语言练习,而应被视为了解其他生活方式、文化和习俗的机会。

4.3.5 读写教育实践

UNESCO 特别重视读写教育,并自 1946 年以来一直在全球推进读写教育。UNESCO 把一生中不断掌握与提高读写技巧视作教育权利的内在组成部分,认为读写能力的放大器效应使人们得以完全融入社会,有助于提高人们的生活水平,同时它也是可持续发展的推进器,因为读写能力有助于提高儿童和家庭的营养和健康水平,减少社会贫困,增加生活中的机会。UNESCO 认为读写能力不仅仅包括传统概念上的阅读、写作和计算等技巧,在当代不断电子化、信息化、语篇中介化和快速变化的世界中,读写能力还应当被视为是身份认同、理解、诠释、创造和交流的基本手段。然而,当今全球范围内仍有 7.5 亿青年人和成年人不具备读写能力,另外还有 2.5 亿儿童未能掌握基本的读写技巧,从而导致这些人群无法完全参与他们的族群与社会生活中。为此,UNESCO 致力于把读写教育当作终生学习的一个内在组成部分,并通过幼儿教育打下坚实基础,为所有儿童提供高质量的基础教育,为缺乏基本读写能力的青年和成年提供机会提升其功能性读写能力水平,创建读写环境,从而提升全球范围内的读写水平。

UNESCO 在其终生学习的框架内来推进读写能力教育,从而实现"联合国 2030 年可持续发展议程之目标 4"(即确保包容性和公平的优质教育,促进全民享有终身学习机会),以及"教育 2030 行动框架"确定的读写教育目标。青少年和成人读写教育项目主要有五个策略:培养成员国在政策执行、项目实施和读写能力评估方面的能力;提升妇女的读写活动;支持读写项目实施模式的革新;拓展知识库以及提升监测和评估水平;在全球计划中推广读写教育并促进各种行动计划中的协同合作。同时,UNESCO 注重能力发展,在政策执行、项目实施和读写评估方面通过一系列项目支持成员国的读写教育。其中,"教育能力发展"项目(Capacity Development for Education,Cap-ED)主要帮助成员国加强教育改革,提高青少年和成年人的读写能力,增加合格教师的供给,从而增加青少年特别是妇女接受职业技术教育培训的机会;"读写项目参与者学习效果测量的行动研究"项目致力于帮助成员国发展有关能力来评估与监测学习效果和读写项目质量。另外,UNESCO 鼓励读写教育方案革新，并鼓励通过使用信息交流技术来促进终生学习，从而在数字化世界中促进读写能力教育的发展。当前 UNESCO 设立了国际读写教育奖和国际读写日，为在读写教育领域实施变革的优秀人士颁奖。与英国培生教育集团合作开展"UNESCO-Pearson 读写教育倡议：提高数字化世界中的生活水平"项目（UNESCO-Pearson Initiative for Literacy：Improved Livelihoods in a Digital World），UNESCO 致力于帮助技术和读写能力水平较低的青少年和成年人受益于包罗万象的数字技术，提高他们的读写水平和基本技术水平等。同时 UNESCO 基于其对读写教育的监测和评估建立了相关知识库，为全球读写教育研究提供平台，比如 UNESCO 有效读写和算数数据库等。

4.3.6 评价

虽然 UNESCO "教育中的多语"项目未明确使用教育语言学的学科理论体系为支撑，但其所蕴含的基本理念、原则和方法显然与教育语言学从语言（与语言教育）角度来提升教育教学水平的基本理念一致。UNESCO 把全球语言的多样性看作是教育教学的有益资源，但同时也清楚地意识到国家、地区、社会的语言异质性以及不同语言的权力和地位差异给教育教学带来的现实与潜在挑战。在此基础上，UNESCO 力图通过提倡母语、二语和外语（通用语）等多语教育实践，充分发挥不同语言对教育教学的独特功能。UNESCO 的项目既关注学习者通过语言对知识能力的学习和社会机会的获取，又关注学习者通过语言对其所隐含的社会文化的学习与传承以及具体语言所携带的社会身份认同，因而既具有直接的教育教学意义，也具有广泛的社会公平公正意义。与学界主要从事学术研究不同，UNESCO 的项目以实践为导向，充分利用联合国的全球性优势和社会、经济、文化资源，在成员国之间召开国际会议、缔结协议，长时间、大规模地在全球范围内开展基于语言的教育提升与优化实践，取得了显著的实践成果，是语言与教育实践的典范。教育语言学界急需与 UNESCO 合作，开展基于语言的教育教学项目，从而推动教育语言学理论的长足发展，并在全球范围内开展实践，从而取得广泛的社会效益。

第 4 章　教育语言学的新实践

4.4　手册与丛书的研究实践

21 世纪教育语言学的许多重要研究成果是以手册和丛书形式发表的,其中一部分为结集出版的众多学者撰写的学术论文集,也有少部分为学者撰写的专著。本节对这些丰富多样的成果加以评述。

4.4.1　教育语言学手册

进入 21 世纪以来,教育语言学界出版了两本教育语言学手册,一本是 Blackwell 出版社出版的《教育语言学手册》(*The Handbook of Educational Linguistics*)(Spolsky & Hult, 2008),另一本是 Routledge 出版社出版的《劳特里奇教育语言学手册》(*The Routledge Handbook of Educational Linguistics*)(Bigelow & Ennser-Kananen, 2015)。两部手册邀请众多颇有建树的学者针对教育语言学的理论与实践问题从各个视角、方法进行了深入讨论,是教育语言学的重要著作。

1.《教育语言学手册》

《教育语言学手册》(Spolsky & Hult, 2008)共包括 44 章,分为"导言"(第 1-2 章)、第一部分"教育语言学理论基础"(第 3-9 章)、第二部分"核心主题"(第 10-36 章)、第三部分"研究 – 实践关系"(第 37-44 章)。各章作者都是相关领域或话题的权威人物或者后起新秀,主要围绕各部分的主题进行阐述,有时适当采用新的、更为广阔的视野。

第一部分主要阐述教育语言学的理论背景,阐述源于神经生物学、语言学、心理学、社会学、人类学和政治学等与教育语言学相关的理论知识以及教育系统知识。值得注意的是,虽然 Spolsky(1978)提出适合教育语言学的语言观是功能主义语言观,但在这本手册中他显然认为语言需要大脑来加工,因而脑科学知识显然与教育语言学有关。因而,第一部分开篇两章(第 3 章和第 4 章)分别从神经生物学和心理语言学视角来阐述语言的神经生物学机制、神经成像技术以及第一和第二语言习得的相关机制、单语与双语习得的心理差异、显性与隐性语言知识对语言教学的作用等。第 5 章对语言在教育中的媒介与基础作用进行了深入阐述，认为语言学理论对于教育语言学能提供语言观、语言描写模型等，并对生成语言学、系统（功能）语言学、认知语言学的描写模型做了简要介绍，认为所有这些模型都能对教育语言学有所启示。第 6 章介绍了社会语言学的概念，语言变体（方言、风格、实践、变迁），互动以及性别、民族、网络等社会因素对社会语言使用的影响，以及多语主义和语言接触等问题，认为社会语言学对教育场景的主要贡献就在于使人们认识到学校教育场景（特别是课堂）与学生家庭和社区场景中语言使用之间的差异，并强调对教育场景中各种语言功能变体（教师语言、学生语言）以及教育的社会功能变体进行深入研究，从而推进教育教学。第 7 章阐述语言人类学在教育中的应用。作者指出，语言人类学研究语言使用如何以文化语境中的社会关系为前提，同时又创造新的社会关系，主要关注语言的形式、使用、意识形态、语言使用范围（把说话者类型与其语言特征相联系）与使用轨迹（trajectory），从而研究教育过程和教育机构中语言使用者如何通过语法范畴和社会指示语实现指称、社会识别以及其他功能，由此为教育性语言使用提供更为复杂、精细的描写。第 8 章阐述语言意识形态对教育教学的影响，提出各种语言变体（包括口音、语域、风格、体裁）导致个体的多元身份，强调动态变化的物质和社会条件影响着语言使用和评估，并进一步影响着相应的语言意识形态，从而影响学校和工作场所中的语言政策与语言实践。第 9 章阐述教育系统与教育语言学的关系，提出以前的教育语言学理论与实践主要是基于一战、二战后的教育体制，反映出西方中心主义、印欧语系（特别是英语）中心主义的倾向，需要更加密切关注当今更为丰富多样的教育体制（特别是东方和其他社会文化背景下的教育体制）、学习者背景、社会环境、教育计划执行模式以及价值观主导的课程。

  第二部分是针对教育语言学核心主题的研究实践，充分体现了第一部分所谈及的理论知识在教育语言学实践中的应用，共 25 章，分为五个板块：语言与文化敏感的教育（linguistically and culturally responsive education）、语言教育政策和管理、读写能力发展、语言习得、语言评估。第一板块（第 10—15 章）围绕家庭与学校教育之间语言障碍的本质展开讨论，所涉话题包括：学校教育的语言选择，强调儿童母语在初始教育中的价值，提倡在儿童完全适应以官方标准语言教学之前至少有五六年（而不是目前的一年）的双语教育模式；家庭与学校之间的差距，涉及家庭与学校之间的语言和文化差异，家庭语言在学校环境中被污名化为方言或非标准变体的情形；聋哑儿童教育涉及的语言障碍；现代社会中语言与读写教育中涉及的教师与学生多重身份；后殖民主义和全球化话语背景下自我身份与他者身份的建构；不同范式之间的差异以及由此导致的对语言教育中的合法语言、合法教师以及合法的认知与教学方式的重新定义。第二板块（第16-22章）集中探讨语言教育政策与管理，包括：应对欧共体发展而对欧洲外语教学的修改以及对外语教学共同目标的制定；学校内与学校外的语言教育问题；布拉格学派创立的有关发达国家中对发达语言的语言管理培养理论与实践（其中美国语言规划理论主要针对欠发达语言）；欠发达语境中的语言培养，涉及书写系统的发展、对土语的改造以适用于学校教育和其他用途、与标准语言的功能分担等；语言生态视角下教育中的语言政策与语言规划研究的方向；濒危语言使用者的语言教育从而帮助保护濒危语言；英语的全球蔓延对小学教育的入侵及其教育后果等。

第三板块（第23-26章）主要研究读写能力发展，涉及一般性读写研究，白话和土著语言读写能力，宗教和神学读写能力，以及基于系统功能语言学的语类和语域理论的多元读写能力。第四板块（第27-31章）阐述语言习得，既涉及Chomsky的转换生成语法理论，又在其心理语言学模式上增加了社会语境因素，所讨论的话题包括：语言习得的顺序、人类学视角下的语言社会化过程以及传统的第二语言习得问题[比如中介语（interlanguage）的本质、一种语言对于学习另一种语言的影响、外语学习者能达到母语使用者水平或者能力的程度以及其生物学或其他因素的制约性、习得过程中对新语言的自然接触（exposure）是否需要通过显性教学和关注语言形式来加以补充]。第五板块（第32-36章）聚焦语言评估，但作者们不再仅对各类语言测试加以描述，而是汲取社会学和民族学等学科知识，讨论语言评估是否被作为对移民、难民和少数群体的包容或排外手段，涉及诊断性和形成性语言评估及其困难性、语言评估的可解释性（accountability）和标准的伦理性、各种评估的量表和框架、语言评估在国家层面上的标准化及其效果等。

第三部分（第37-44章）关注研究与实践之间的关系，涉及任务型教学法，源于语料库语言学关于语言使用的研究成果的二语教学法，互动、输出以及交际性语言学习，课堂中的真实语言使用，计算机辅助的语言学习，符号学背景下教育语言学的生态视角研究，语言教师应具备的教育语言学知识（语言在教学中的中介角色知识），以及教育语言学研究展望。

总体来看，《教育语言学手册》的编写体现了Spolsky社会功能导向的教育语言学思想，表现为第一部分从不同语言学流派的视角阐述语言在教育中的核心作用；第二部分先后阐述教育中不同语言文化背景所导致的语言障碍，对教育相关的语言情景的描述以及语言政策、规划与管理，并研究如何通过语言习得、语言发展和评估来提高不同语言背景的学生的教育性语言能力；第三部分则从研究转向语言教育实践，以学科研究成果为指导，通过语言教学来实现教育语言学的根本目的。

2.《劳特里奇教育语言学手册》

《劳特里奇教育语言学手册》（Bigelow & Ennser-Kananen，2015）包括1篇导言和33章，分为六个部分：第一部分（第1-4章）讨论教育语言学研究方法；第二部分（第5-8章）聚焦语言与教育公平问题；第三部分（第9-14章）关注多语教育的社会语境；第四部分（第15-19章）聚焦批评性教学法与语言教育；第五部分（第20-24章）研究教师教育；第六部分（第25-28章）聚焦语言教学与评估；第七部分（第30-33章）关注教育语言学的伦理与政治问题。

第一部分涉及教育语言学研究的认识论基础，包括认知性二语习得理论、人类学理论、语言政策理论，以及当前研究较少涉及但颇具潜力的身份和叙事分析理论等。

第二部分关注教育语言学涉及的语言与教育公平问题，包括教师教育与教学、语言边缘化学生的教育、家庭与学校读写能力以及非母语教学等。这些研究提倡当前教育语言学需要更加关注语言与教育公平问题，突破二语习得与教学研究中的语言缺陷观念，提倡带有社会文化与社会政治视角的研究，致力于多语教育理念从而实现社会公平与公正。

第 4 章　教育语言学的新实践

第三部分关注多语教育的社会语境，意图在于把各种教育语境纳入到教育语言学的学科视野中。所涉及的教育语境包括沉浸式教育、双语教育、外语学习、土著语言复兴，以及少数族裔学习者在主流教育语境中的教育公平问题。这些研究既关注不断涌现的多语学习者的学习需求和学习资源，又呼吁在课堂教学中以及教育系统的各个层次上，把"多声性语言实践"在理论和实践上都作为一种范式来对待。

第四部分关注批评性教学法，所涉话题包括：生态模式下面向教师教育的人性化教学法的原则；家庭传承语言教育的理念、意识形态、政策以及少数族裔学习者的家庭传承语言教育实践；对印度尼西亚英语教育政策中的语言帝国主义的批判；学科间性对解决移民的语言教育问题的作用以及对多语主义的提倡；课堂话语中批评性教学法的理论与实践问题。这些研究再次激发了人们对批评性教学法的使用，目的是进一步推进教育中的多语主义。

第五部分关注当前不被重视的语言教师教育，由此推动教育多语主义和语言公平。所涉话题包括：语言教师对语言学习与教学的信念，语言教师身份在社会互动和教学实践中的协商与建构，作为第二语言的汉语读写能力发展所面对的困境，语料库在教师教育中的使用，以及教师如何学会分析学习者语言等。

第六部分聚焦不同教育场景中的语言教学问题，主要涉及外语教学课堂，内容与语言融合的教学，中国的家庭传承语言教学，语言评估与教育，源于二语习得研究的学习者语言研究等。这些研究为多语教育的成就与挑战提供了具体的实例，并为教育语言学的未来研究提供了新路径。

第七部分探讨教育语言学的伦理与政治问题，包括：教育语言学研究者所面临的政治与伦理困境，教育与语言保护和语言复兴，多语场景中的语言与教育问题，以及美国高中教育中的方言变体问题等。

4.4.2 "教育语言学系列丛书"

系列丛书的出版无疑是学科发展的重要标志。进入 21 世纪以来，

157

Springer 出版社筹划出版了"教育语言学系列丛书",由 Hult 担任丛书主编。自 2003 推出第 1 卷开始,到 2020 年此丛书已经出版了 49 卷。"教育语言学系列丛书"主要包括语言使用与语言学习的前沿研究,通过打破传统的学科、理论和/或方法论界限为学术研究拓展符号空间,从而推进有关语言的教育以及教育的语言等相关问题的研究。丛书对于与语言学习相关的理论与实践之间的关系、语言以及其他符号资源的创造性运用、个体与社会的关切以及多样化的社会空间做了多层次的动态探讨,话题涉及世界范围内语言与教育革新的各个方面,主要包括:语言平等与多样性、教育性语言政策、土著语言价值再认识、肩负社会责任的语言教学、语言测评、母语和多语读写能力、语言教师教育、非传统情境下的语言发展与社会化、跨学科语言融合、语言与技术等。丛书内容十分丰富,按照其理论视角、研究对象和研究方法大致可以分为以下类别。

1. 社会语言学视角的研究

这类研究主要秉持多语主义理念,关注社会中的多语现象,特别是少数族裔语言,研究多语教育政策、多语教学法和超语言使用在教育中的应用,主要包括:*Minority Languages and Multilingual Education: Bridging the Local and the Global*(Vol. 18. Gorte et al.,2014)、*The Material Culture of Multilingualism*(Vol. 36,Aronin et al.,2018)、*Plurilingual Pedagogies: Critical and Creative Endeavors for Equitable Language in Education*(Vol. 42,Lau & Van Viegen,2020)、*Integrating Content and Language in Multilingual Universities*(Vol. 44,Dimova & Kling,2020)、*Envisioning TESOL Through a Translanguaging Lens*(Vol. 45,Tian et al.,2020)、*Dominant Language Constellations: A New Perspective on Multilingualism*(Vol. 47,Lo Bianco & Aronin,2020)等。

2. 语言生态、语言景观和语言民族志视角的研究

首先值得关注的是从语言生态视角对教育教学的研究,涉及语言习得、语言学习、语言互动中的符号生态关系,包括:*Ecology of*

Language Acquisition（Vol. 1，Leather & van Dam，2003）、*The Ecology and Semiotics of Language Learning: A Social Cultural Perspective*（Vol 3，van Lier，2004）、*Conversation Analytic Research on Learning-in-Action: The Complex Ecology of Second Language Interaction in the Wild*（Vol. 38，Hellermann et al.，2019）。与之紧密相关的是从语言景观视角对语言教学的研究，包括：*Language Teaching in the Linguistic Landscape: Mobilizing Pedagogy in Public Space*（Vol. 49，Malinowski et al.，2020）。另外还有作者从民族志视角客观描述教学实践与教学法中的多语对话现象，或者从自传性叙事视角研究外语教学，包括：*Learning Languages, Learning Life Skills: Autobiographical Reflexive Approach to Teaching and Learning a Foreign Language*（Vol. 8，Jaatinen，2007）、*Heteroglossia as Practice and Pedagogy*（Vol. 20，Blackledge & Creese，2014）等。

3. 功能语言学视角的研究

这类研究主要从语言在社会中的使用或者功能的视角来研究教育教学相关问题。这包括从系统功能语言学视角对双语学习者和社会公平进行的研究：*Bilingual Learners and Social Equity: Critical Approaches to Systemic Functional Linguistics*（Vol. 33，Harman，2018）；基于功能语言学的语域和功能变体理论对特殊用途语言（包括学术用途英语）的研究，包括：*Information Technology in Languages for Specific Purposes: Issues and Prospects*（Vol. 7，Arnó Macià et al.，2006）、*English for Academic Purposes in Neoliberal Universities: A Critical Grounded Theory*（Vol. 22，Hadley，2015）、*Languages for Specific Purposes in the Digital Era*（Vol. 19. Bárcena et al.，2014）；从功能主义的话语分析（包括会话分析）视角对课堂互动及其教学的研究，包括：*Discourse Analytic Perspectives on STEM Education: Exploring Interaction and Learning in the Multilingual Classroom*（Vol. 32，Langman & Hansen-Thomas，2017）、*Classroom-based Conversation Analytic Research: Theoretical and Applied Perspectives on Pedagogy*（Vol. 46，Kunitz et al.，2020）、*Peer Interactions in New Content and Language Integrated Settings*（Vol. 24，Devos，2016）、*Criticality, Teacher Identity, and (In) equity in English Language Teaching*（Vol. 35，Yazan &

Rudolph, 2018）等；以及从语用学视角对语言教学的研究，包括：*Pragmatics and Prosody in English Language Teaching*（Vol. 15，Romero-Trillo，2012）等。

4. 形式语言学视角的研究

这类研究采用Chomsky学派的形式语言学和普遍语法作为基础的普通语言学理论来研究二语习得与语言教育等问题。主要包括：*Universal Grammar and the Second Language Classroom*（Vol. 16，Whong et al.，2013）、*Formal Linguistics and Language Education: New Empirical Perspectives*（Vol. 43，Trotzke & Kupisch，2020）等。客观来说，形式语言学被用来做语言习得与教学研究有一段历史，成果也颇为丰硕，但直接纳入教育语言学的学科旗帜下来发表或出版的著作并不多见。另外，目前的研究主要还是局限于语言教育教学本身，尚未出现基于形式语言学对一般性教育教学的相关研究。形式语言学被纳入教育语言学的研究视角，是一个十分值得关注的新动态。

5. 语言认知与心理视角的研究

语言认知与心理视角的研究著作包括从传统心理语言学视角对语言信念、二语习得的研究，包括：*Beliefs About SLA*（Vol. 2，Kalaja & Ferreira Barcelos，2004）、*Inner Speech-L2: Thinking Words in a Second Language*（Vol. 6，de Guerrero，2005）、*Lexical Availability in English and Spanish as a Second Language*（Vol. 17，Jiménez Catalán，2014）等；也包括从社会心理学以及维果茨基派社会文化导向的心理学视角进行的语言学习、发展与评估研究，如 *The Social Psychology of English as a Global Language: Attitudes, Awareness and Identity in the Japanese Context*（Vol. 10，McKenzie，2010）、*Dynamic Assessment: A Vygotskian Approach to Understanding and Promoting L2 Development*（Vol. 9，Poehner，2008）。

6. 各种混合视角的研究

这些基于明确的语言学理论视角进行的研究之外，还有一些著作采

第 4 章　教育语言学的新实践

用传统语法和现代语言学理论相融合的视角研究教育教学，我们可以按其研究对象和方法大致分为以下几类。

语言习得、发展与测试研究。这类研究主要从学习者角度研究其语言学习、语言发展过程以及学习者语言能力的评估与测试，具体包括：二语习得研究，比如 *Corrective Feedback, Individual Differences and Second Language Learning*（Vol. 13，Sheen，2011）、*Explorations into Chinese as a Second Language*（Vol. 31，Kecskes，2017）；二语课堂研究，比如 *Toward a Reconceptualization of Second Language Classroom Assessment: Praxis and Researcher-teacher Partnership*（Vol. 41，Poehner & Inbar-Lourie，2020）；语言学习者自我观念研究，比如 *Towards an Understanding of Language Learner Self-Concept*（Vol. 12，Mercer，2011）；基于内容的语言学习研究，比如 *Content-based Language Learning in Multilingual Educational Environments*（Juan-Garau & Salazar-Noguera，2015）；语言发展研究，比如 *Language Development Across the Life Span: The Impact of English on Education and Work in Iceland*（Vol. 34，Arnbjornsdottir & Ingvarsdóttir，2018）；语言评估和测试研究，比如 *Assessing Young Learners of English: Global and Local Perspectives*（Vol. 25，Nikolov，2016）、*Assessing Foreign Language Students' Spoken Proficiency*（Vol. 26，East，2016）、*Foreign Language Proficiency in Higher Education*（Vol. 37，Winke & Gass，2019）。

语言教育、教学研究。这类研究主要从教师和管理者角度研究宏观语言教育和微观语言教学问题，涉及一般性语言教学、外语教学以及英语教学等，包括：*Competency-based Language Teaching in Higher Education*（Vol. 14，Pérez Cañado，2013）、*Essential Competencies for English-medium University Teaching*（Vol. 27，Breeze & Sancho Guinda，2017）、*Current Perspectives on the TESOL Practicum*（Vol. 40，Cirocki et al.，2019）、*Transforming Postsecondary Foreign Language Teaching in the United States*（Vol. 21，Swaffar & Urlaub，2014）。

教师教育和课程研究。这类研究主要关注教育实践者和课程设计等问题，包括教师教育研究，比如 *Applied Linguistics and Language Teacher Education*（Vol 4，Bartels，2004）、*Non-Native Language Teachers: Perceptions, Challenges and Contributions to the Profession*（Vol 5，Llurd，

2005)、*Innovative Practices in Language Teacher Education*(Vol. 30, Gregersen & MacIntyre, 2017),以及母语和外语课程(学科研究),比如 *E-thinking L1 Education in a Global Era: Understanding the (Post-) National L1 Subjects in New and Difficult Times*(Vol. 48, Green & Erixon, 2020)等。

学科理论和方法研究,包括:教育语言学的学科发展方向和前景,比如 *Directions and Prospects for Educational Linguistics*(Vol. 11, Hult, 2010);语言、读写能力与学习问题,比如 *Reconceptualizing Connections Between Language, Literacy and Learning*(Vol. 39, Bagga-Gupta et al., 2019);语言与读写教育方法,比如 *Reflections on Qualitative Research in Language and Literacy Education*(Vol. 29, Mirhosseini, 2017)、*Responsible Design in Applied Linguistics: Theory and Practice*(Vol. 28, Weideman, 2017)等。

4.4.3 "语言与教育百科全书"

"语言与教育百科全书"(Encyclopedia of Language and Education)由 Springer 出版社出版,第一版于 1997 年出版,第二版于 2008 年出版,第三版于 2017 年出版。每卷都邀请在语言与教育研究领域具有代表性的学者以及有一定见地的青年学者撰写原创性论文,对相关的各领域和话题进行深入研究。

第一版由 Corson 担任丛书主编,共 8 卷,内容涉及语言政策规划与教育、读写教育、口头话语与教育、第二语言教育、双语教育、语言知识、语言测试与评估、语言与教育研究方法等。各卷主要篇目如下:*Language Policy and Political Issues in Education*(Vol. 1, Wodak & Corson, 1997)、*Literacy*(Vol. 2, Edwards & Corson, 1997)、*Oral Discourse and Education*(Vol. 3, Davies & Corson, 1997)、*Second Language Education*(Vol. 4, Tucker & Corson, 1997)、*Bilingual Education*(Vol. 5, Cummins & Corson, 1997)、*Knowledge About Language*(Vol. 6, van Lier & Corson, 1997)、*Language Testing and Assessment*(Vol. 7, Clapham & Corson, 1997)、*Research Methods in Language and Education*

第 4 章　教育语言学的新实践

(Vol. 8, Hornberger & Corson, 1997)。

第二版由 Hornberger 担任丛书主编，共 10 卷，继承了第一版的主要研究话题，包括语言政策规划与教育、读写教育、双语教育、语言知识、语言测试与评估，增加了语言生态和语言社会化两卷，分别从多语社会中语言的生态关系以及儿童个体语言的社会化发展角度来研究教育教学。另外第一版中"口头话语与教育"的专题扩大为"话语与教育"，讨论口头和书面各种话语形态对教育教学的影响；第一版中的"二语教育"扩大为"二语和外语教育"。各卷篇目如下：*Language Policy and Political Issues in Education*（Vol. 1, May & Hornberger, 2008）、*Literacy*（Vol. 2, Street & Hornberger, 2008）、*Discourse and Education*（Vol. 3, Martin-Jones, et al., 2008）、*Second and Foreign Language Education*（Vol. 4, Deusen-Scholl & Hornberger, 2008）、*Bilingual Education*（Vol. 5, Cummins & Hornberger, 2008）、*Knowledge About Language*（Vol. 6, Cenoz & Hornberger, 2008）、*Language Testing and Assessment*（Vol. 7, Shohamy & Hornberger）、*Language Socialization*（Vol. 8, Duff & Hornberger, 2008）、*Ecology of Language*（Vol. 9, Creese et al., 2008）、*Research Methods in Language and Education*（Vol. 10, King & Hornberger, 2008）。

第三版由 May 担任丛书主编，包括 10 卷，保留了第二卷的大部分话题，包括语言政策规划与教育、语言社会化、二语和外语教育、语言测试与评估、话语与教育、语言与教育研究方法。第二卷中的"读写教育"扩大为"多元读写与语言教育"；"语言知识"变成了"语言意识与多语主义"；"双语教育"被调整为"双语与多语教育"；原来的"语言生态"专题被淡化融合到各章，代之以新增的"语言、教育与技术"专题。各卷篇目如下：*Language Policy and Political Issues in Education*（Vol. 1, McCarty & May, 2017）、*Language Socialization*（Vol. 2, Duff & May, 2017）、*Second and Foreign Language Education*（Vol. 3, Van Deusen-Scholl & May, 2017）、*Research Methods in Language and Education*（Vol. 4, King, et al., 2017）、*Literacies and Language Education*（Vol. 5, Street & May, 2017）、*Discourse and Education*（Vol. 6, Wortham et al., 2017）、*Language, Education and Technology*（Vol. 7, Thorne & May, 2017）、*Language Testing and Assessment*（Vol. 8, Shohamy et al., 2017）、

Language Awareness and Multilingualism（Vol. 9，Cenoz et al., 2017）、*Bilingual and Multilingual Education*（Vol. 10，Garcia, et al., 2017）。

总体来看，这套丛书内容丰富，主要围绕语言多样性、生态关系、语言政策规划、教育话语、双语与多语教育（包括二语、外语、多元读写教育）、教学法、教育技术，以及相应的语言测试与评估和研究方法对教育语言学的理论和实践进行研究，并探讨其中涉及的语言权利与身份、教育公平与公正等社会政治文化问题。虽然有个别篇目涉及语言认知、神经与心理、语言习得等视角与话题，但这套丛书主要还是采用社会语言学和语言民族志的研究视角，是这两派教育语言学研究的重要成果。

4.4.4 "教育语言学：语言学的主要概念丛书"

由 Hornberger 主编的"教育语言学：语言学的主要概念丛书"（Educational Linguistics: Critical Concepts in Linguistics）也是值得一提的一套丛书，由 Routledge 出版社于 2012 年出版。各卷篇目包括：*Language Acquisition*（Vol. 1, Hornberger, 2012a）、*Language Diversity*（Vol. 2, Hornberger, 2012b）、*Language Teaching*（Vol. 3, Hornberger, 2012c）、*Language Policy*（Vol. 4, Hornberger, 2012d）、*Language Ecology*（Vol. 5, Hornberger, 2012e）、*Language Identity*（Vol. 6, Hornberger, 2012f）。

这套丛书基本遵循了 Hornberger 的社会语言学和语言民族志的研究思路，从语言多样性、语言生态、语言政策规划、语言身份及其语言习得与教学角度来透视语言与教育的关系。其特点在于其中主要章节不是邀请各作者新创，而是收集语言学界著名学者已经发表的相关论文编辑成集。各卷中的章节从不同角度对相关话题的理论问题做深入阐述，从而拓展教育语言学各研究领域的理论基础，从学科理论建设方面为教育语言学的发展做出贡献。

4.5 主要学术期刊的研究实践

4.5.1 《教育语言学工作论文集》

目前国际上明确以"教育语言学"命名的期刊只有宾夕法尼亚大学教育学院教育语言学系编辑出版的《教育语言学工作论文集》(*Working Papers in Educational Linguistics*)。这本期刊由学生主管,其教育语言学系的老师以顾问角色参与其中。主要涉及的领域包括但不限于:第二语言习得、社会语言学、跨文化语用学、语言规划与政策、读写教育、对外英语教学(TESOL)方法与材料、双语教育、语言与读写教学的课堂研究、话语分析、计算机辅助语言教学、语言与性别、语言与职业、语言相关的课程设计等。主要刊登宾夕法尼亚大学的教师和学生、应邀前来作讲座和访学的学者以及向其他学者约稿而来的研究论文。

《教育语言学工作论文集》于1984年创刊,Hymes撰写前言;1986年出版第2卷,随后每年出版1卷或2卷,目前共出版了35卷。曾在宾夕法尼亚大学工作过的从事教育语言学研究的众多学者都在此期刊发表过论文,包括Wolfson(1990)、Pica(2010,2008)、Hornberger(2001,2009,2013)、Freeman(1994)、Hult(2003)、Pomerantz(2008)、Butler(2011)、Howard(2007)、Rymes(2011)等;不少邀约的著名教育语言学家也曾在此期刊发表过文章,比如Hymes(1984,1992,1987)、Fishman(1993)、Olshtain(1994)、Cohen(1995)、Chick(2001)、Spolsky(2007)等。此外,该期刊还刊登了不少应邀作讲座或访问交流的学者撰写的文章,比如Hill(1987)、Cerrón-Palomino(1992)、Tarnopolsky(2000)、Zhang(2004)、Dong(2006)、Njoroge(2008)、Liu(2015)、Wang(2015)、Wang(2019)等。

在教育语言学的发展历史中,《教育语言学工作论文集》作为第一个明确以"教育语言学"命名的学术刊物,成为教育语言学学术发表的重要阵地,为学科的发展培养了大批人才,在教育语言学界享有很高的声誉。

4.5.2 《语言与教育》

《语言与教育》(*Language and Education*)为对教育理论和实践具有直接影响的语言与读写能力方面的最新话题提供一个交流讨论平台,所发表的研究成果对教育政策、课程、教学法或教学评估等各方面产生了重要影响。其宗旨是鼓励语言专家、关注教育中的语言的研究人员以及教育语言学家把其研究材料和成果加以适当组织突出其教育意义,从而对教育理论学家和教育实践人员施加影响,改善面向学生的教育教学效果。

该期刊的用稿范围是一切关注国家、社会或教育系统中主流语言之语言教育各个方面的论文。所涉话题包括:母语和二语教育、沉浸式教育、基于内容的语言教学(content-based language teaching,CBLT)、内容与语言融合式学习(content and language integrated learning,CLIL)、双语(多语)主义、教学媒介等,但不包括现代外语教育。

《语言与教育》期刊由 Corson 和 Edwards 于 1987 年创刊,最初是半年刊,每年 2 期,由 Taylor & Francis 出版。2003 年起改为双月刊,每年 6 期,到 2020 年已经出版 34 卷。其国际刊号为 Print ISSN:0950-0782,Online ISSN:1747-7581,已被"社会科学引文索引"(SSCI)、Scopus 等重要的学术数据库索引或收入摘要。期刊执行同行评审政策,所有研究论文都需由至少两名同行专家评审。当前期刊的主编是新加坡国立教育学院的 Silver 教授。

4.5.3 《语言学与教育》

《语言学与教育》(*Linguistics and Education*)关注语言与其他交际符号系统在学习以及参与世界全球化中所扮演的机会调节角色,欢迎任何对与语言学和教育有交集的知识、理论或方法论有提升作用的研究论文。其所发表的研究成果聚焦教育语境与教育实践中复杂多变的现实状况,关注各层次的正式教育以及人类生命历程中跨越各种模式、语类和技术的多样化非正式学习语境。

值得注意的是，《语言学与教育》明确表示鼓励源自所有语言学流派和语言研究传统的理论和方法对教育的任何方面所开展的研究成果。其所提到的语言学与教育的交集性研究领域包括但不限于：社会语言学、话语分析、批评话语分析、会话分析、语言人类学、交际民族志、语言社会化过程、叙事研究、手势/符号/视觉交际形式、社会符号学、读写能力研究、语言政策、语言意识形态、功能语法或篇章语言学、语料库语言学。《语言学与教育》强调包容性与学术性，欢迎具有实践意义和政策启示意义的论文，但强调其分析和讨论必须基于坚实的概念框架。同时也欢迎使用各种质性、量化或混合性方法进行研究的各个学科或跨学科的传统研究成果，包括个案研究、民族志田野调查研究、实验性或半实验性研究等。

《语言学与教育》于 1988 年创刊，ISSN：0898-5898，目前为季刊，已经出版 60 卷，当前主编是 Anderson，已被 SSCI 和 "艺术人文引文索引"（A & HCI）等学术数据库索引。

4.5.4 《语言、身份与教育杂志》

《语言、身份与教育杂志》（Journal of Language, Identity and Education，ISSN：1534-8458）是在全球与地区语境下语言、身份与教育原创性交叉研究的发表阵地，主要关注语言问题如何影响个体与群体身份并与教育政策与实践产生交集，聚焦外语、二语、少数语言、传统语言或土著语言（非标准性的方言）与身份和/或教育的交集，提倡话题、理论取向和研究方法（定性与定量方法）的多样性。

该杂志尤其欢迎出于以下目的的研究：对语言学习者、语言教师与少数语言群体的生活能带来显著改善的研究；致力于揭示单语与单文化的教育体制如何重现社会中现存的权力关系，如何减少个体语言学习者和语言教师所能获得的多样性社会身份的研究；明确处理教育语境中的语言多样性和语言权利各方面的语言与教育政策和方法的研究；对能影响少数语言学生或能对其他二语学习者施加影响的读写教育政策以及双语读写发展、政策与实践的批评性研究；对各种语言教育模式的效果或变革研究（比如英语用于二语教学、双语教育、双语语言教育、土著语言教育、传统语言教育、外语/世界语言教育、内容与语言融合学习、庇护式内容领域教学等）；当地语言和文化社会化与学校教育之间关系的研究；对学校教育实践中的语言偏见的批评性研究；对能改善具有多样化语言背景的学生的平等受教育机会之教育实践研究；针对少数语言族群的特殊需求、特殊问题以及有效教育政策和实践的研究。

4.5.5 《国际双语教育与双语主义杂志》

《国际双语教育与双语主义杂志》（*International Journal of Bilingual Education and Bilingualism*）是一本多学科交叉融合的杂志，关注全球范围内双语主义和双语教育的各个方面，其用稿范围包括理论性与概念性分析论文，质性与定量的基础与应用研究论文，批评性论文以及比较性书评等，所涉及的学科领域包括语言学、社会学、心理学、教育学、法学、女性研究、历史学、经济学、信息科学等。该杂志于1998年创刊，已经出版23卷，目前每年出版10期，刊号为ISSN：1367-0050，Online ISSN：1747-7522。当前主编为伦敦大学学院的李嵬（Li Wei），编委会成员包括Spolsky和Hornberger等教育语言学界的领军学者。杂志采用同行评审，列入SSCI索引。

4.5.6 其他语言与教育研究期刊

除了以上名称直接涉及语言与教育的期刊外，列入SSCI索引的涉及语言与教育交叉研究的国际期刊还有不少，按其所涉及的研究范围大致可以分为以下类别。

语言教学研究期刊，这类期刊主要从教师角度来研究语言教学，特别是英语教学，主要包括：*Child Language Teaching & Therapy*（ISSN：1477-0865）、*Computer Assisted Language Learning*（ISSN：0958-8221）、*English Teaching-Practice and Critique*（ISSN：1175-8708）、*IRAL-*

第 4 章　教育语言学的新实践

International Review of Applied Linguistics in Language Teaching（ISSN：1613-4141）、*Language Teaching*（ISSN：0261-4448）、*Language Teaching Research*（ISSN：1362-1688）、*TESOL Quarterly*（ISSN：0039-8322）、*ELT Journal*（ISSN：0951-0893）、*English in Education*（ISSN：0425-0494）等。

语言学习与发展研究期刊，这类期刊主要从学生角度研究学生的语言学习和语言发展，包括：*Language Learning*（ISSN：1467-9922）、*Language Learning & Technology*（ISSN：1094-3501）、*Language Learning and Development*（ISSN：1547-5441）、*Language Policy*（ISSN：1568-4555）、*Studies in Second Language Acquisition*（ISSN：0272-2631）、*Second Language Research*（ISSN：0267-6583）、*Journal of Fluency Disorders*（ISSN：0094-730X）等。

读写教育与语言课程和语言评估研究期刊，这类期刊主要研究读写教育以及语言课程、语言评估，包括：*Journal of Literacy Research*（ISSN：1086-296X）、*Language Assessment Quarterly*（ISSN：1543-4303）、*Language Culture and Curriculum*（ISSN：1747-7573）、*Literacy*（ISSN：1741-4350）等。

语言多样性、语言规划与教育研究期刊，这类期刊主要从语言生态、语言多样性以及相应的语言规划和管理视角来研究语言对教育教学的影响，包括：*Current Issues in Language Planning*（ISSN：1466-4208）、*International Journal of Multilingualism*（ISSN：1479-0718）等。

其他涉及语言习得、教学、语言与教育话题的综合性期刊，包括：*Annual Review of Applied Linguistics*（ISSN: 0142-6001）、*Applied Linguistics*（ISSN: 0142-6001）、*Applied Linguistics Review*（ISSN: 1868-6311）、*Discourse Processes*（ISSN: 0163-853X）、*English in Education*（ISSN: 0425-0494）、*Foreign Language Annals*（ISSN: 0015-718X）、*Journal of English for Academic Purposes*（ISSN: 1475-1585）、*Modern Language Journal*（ISSN: 0026-7902）、*Onomazein*（ISSN: 0717-1285）、*ReCALL*（ISSN: 0958-3440）、*System*（ISSN: 1879-3282）等。

第 5 章
教育语言学的本土化、范式与展望

本章在前 4 章的基础上，聚焦教育语言学的本土化研究，突出我国教育语言学研究所取得的进展，同时对国际国内学界现有的教育语言学研究范式进行总结，评述其贡献和不足，并在此基础上对未来发展方向加以展望，以期对今后的研究有所裨益。

5.1 学科的本土化

教育语言学在我国的研究起步比较晚。国内把教育语言学作为一个学科加以独立研究，特别是开展学科理论基础和理论体系研究还是最近十多年的事情。然而，涉及语言与教育之间关系的实践研究，特别是语言教学的研究却早已存在。为了能更清楚地认识我国教育语言学研究的成就和不足，有必要对其历史、现状和未来做一个简要评述，以期更好地推动我国教育语言学的发展。

本节以"语言与教育之间的互动关系"这个教育语言学的内核为标准选取相关的研究内容。任何能被包含在此研究范围之内的研究都是本节评述的对象，即使所评述的学者从未耳闻或者不承认"教育语言学"这个学科，或者对此学科冠以其他名称。以这个标准来看，我国从事教育语言学研究的学者众多，其学术背景包括外国语言学、汉语语言学、教育学、民族学等。有一部分学者从事学科理论研究，另有更多的学者从事语言与教育之间互动关系的实践研究。本节按照这些学者的研究视角把我国的教育语言学研究分为五类：学科理论研究与学科建设、语言教学视角的研究、普通语言学视角的研究、社会语言学视角的研究以及言语教育学视角的研究。本节主要聚焦 21 世纪的新实践，特别是近十年来的研究成果，部分内容也涉及 20 世纪具有较大意义的相关研究实践。

5.1.1 学科理论研究与学科建设

1. 学科理论研究

学科理论是教育语言学的核心，也是学科发展的根本保障。自 21 世纪以来，特别是 2010 年以来，我国有不少学者撰写了学术论文，讨论教育语言学的学科理论问题。有一部分研究是对教育语言学（特别是西方学界）的研究成果进行评述（如陆珏璇、沈骑，2018；钱亦斐，2017；夏宁满，2017，2018a，2018b；赖良涛，2015a，2015b，2018c；沈骑，2012）；有的学者对教育语言学的发展历史和动因进行梳理，比如俞理明、严明（2013）及俞理明（2018c）论述了 Hymes、Spolsky、Halliday 等语言学家以及部分教育学家对学科发展所付出的努力。

部分学者对教育语言学的学科内涵和外延进行了有益探讨。梅德明（2018，2012）论述了教育语言学学科地位的独立性、结缘性、渗透性和开放性，认为它是研究"教育中的语言"及"与语言相关的教育"的学科，具有人本主义和实用主义的哲学基础，其起点是教育中的语言教学，尤其关注语言教育中出现的问题，主要研究课题包括：语言生态系统与语言多模态体现、少数民族儿童教育的平等和均衡发展、语言多样性发展与弱势语言保护、国家语言政策与课堂教学体现、受教育者的语言身份与语言权利、双语或多语教育与课程设置、语言习得与语言教学和评估、教育过程中的话语分析与教学应用、受教育者表达能力发展与读写能力的发展等。沈骑（2012）认为教育语言学以现实问题为导向，将实践作为研究出发点，以"超学科"为研究范式促进学科整合，并提出我国研究要有学科意识、问题意识和主体意识。沈骑（2016）提出教

第 5 章　教育语言学的本土化、范式与展望

育语言学是综合运用多门学科的知识和理论来解决某一具体实际问题的学科，聚焦正式和非正式教育场域的语言问题，关注的根本问题是人在教育和发展过程中的语言问题，主张捍卫和维护教育机会公平和社会正义，其立足点表现为以语言教育问题为基石，关注语言的教育学价值和教育的语言学价值。杨金龙、梅德明（2019）认为我国的教育语言学研究存在研究领域单一、相关实证研究匮乏的窘境，认为在面临战略转型的新时期，我国的教育语言学研究应聚焦于教育中的语言问题，以双语教育、语言服务、外语教学的生态观、移民/特殊群体的语言权利与教育、汉语的对外传播等话题为切入点。

　　部分研究对教育语言学的学科属性做了有益探讨。赖良涛、俞理明（2015）认为教育语言学以语言与教育之间的关系为研究对象，致力于建立以语言为基础的教育理论，具有多维的研究视角；提出我们应该从语言学、教育学以及其他相关学科汲取理论源泉，夯实发展的理论基础；认为目前教育语言学的知识体系横向片段性特征突出，而层级性、累积性相对不够，今后应该在进一步增强其理论方法多样性和经验相关性的同时，通过不断创造出具有更高普遍适用性的知识来增加学科知识体系的层级性和理论深度，从而推动学科发展成熟。邹为诚（2016）认为教育语言学是关心实际问题或现象的学科，即是关心语言教育，特别是第二语言教育的学科，致力于解决与二语学习相关的问题或解释二语学习现象，具有高度的情境化，其具体研究问题随社会环境而改变，提倡研究与实践相互映照，而教师作为知识的应用者和创造者成为知识创造与实践互为映照的主体。他提出我国语境下学科研究的重要问题包括：少数民族地区的多语教育、少年儿童外语学习、研究与实践互为映照、教学手段现代化（教学内容、目标、手段、材料现代化）、外语教学对中国社会进步的促进或阻碍作用、合理的语言能力评价等。俞理明（2018b）认为教育语言学是研究教师与学习者通过语言进行教学和学习活动的领域，是以教育实践中的现实问题为导向、以政策变革为核心的学科，提倡把大学外语（英语）教学归属于教育语言学，摆脱唯语言学是听的遵奉主义思潮，用超学科研究范式解决语言教学与教育实践中出现的问题，强调教育语言学是我国所有语言教师的精神家园。

　　还有学者对教育语言学的理论范式和方法论做了深入探讨。于晖

（2018）探讨了系统功能语言学视阈下的研究范式，认为系统功能语言学理论为教育语言学提供了有适用性的研究视角，我们需要在纲要和动态的视角、语法学、语义变异、语境等更高层次，基于语言的教学/学习理论、多模态、知识结构等方面进一步深化研究。赖良涛（2019）则从语言的系统和功能本质，结合语义发生的三个维度以及 Bernstein 的教育社会学理论来挖掘系统功能视角的研究范式。王任华（2019）认为认知语言学对以个体发展视角的教育语言学研究具有重要启示，提出高级心理功能作为个体发展的目标可以解释为高级语言认知能力，并由此挖掘认知语言学的体验观、凸显观、像似观和隐喻观对教育教学的意义。邓世平（2019）和赖良涛（2020）基于 Spolsky 的理论对社会语言学视角的研究范式进行了探讨。赖良涛（2018a）提出教育语言学研究现有的四大范式，即语言教学为核心的范式、普通语言学为基础的范式、社会语言学为基础的范式、哲学解释学为基础的范式。此外赖良涛（2018b）提出把语篇（话语）分析提升到方法论的高度，通过分析教育语篇或教育话语来研究教育教学理论与实践。

2. 学科理论著作

除了期刊论文外，21 世纪以来我国学界还出版了教育语言学学科理论与实践方面的著作。赖良涛于 2015 年出版的专著《教育语言学：一个社会符号的模式》在全面梳理国际教育语言学理论与实践研究成果的基础上，从社会符号视角出发，把个体语义发生、系统语义发生和语篇语义发生三个维度与教育中的个体高级心理功能发展、社会文化传承和教育话语过程相结合，论述教育的社会符号本质以及语言的社会符号本质，为从语言角度研究教育教学开拓社会符号的研究路径，其意图在于把系统功能语言学、伯恩斯坦主义教育社会学以及新维果斯基主义社会文化导向的教育心理学的相关理论相融合建立一个学科理论体系，并用以研究教育教学实践，涉及科学知识建构、语境重构以及教学实践等各方面。该著作的研究实践主要采用语篇分析（话语分析）方法，通过分析教育过程所涉及的具体话语过程来透视教育教学的规律，因而本质上是一个语篇发生视角的研究，而如何从个体语义发生和系统语义发生

第 5 章 教育语言学的本土化、范式与展望

视角开展研究，仍是一个有待努力的方向。此外该著作的研究属于普通语言学（功能语言学）范式的研究，而如何融合其他普通语言学流派，以及社会语言学、心理语言学等学科理论有待进一步探索。

我国教育语言学学科理论研究的另一个重要成果是 2014 年俞理明主编的《教育语言学在中国读本》，第二版于 2018 年改名为《教育语言学研究在中国》。此书是一部论文集，其中一部分学科理论相关的论文为邀请作者新撰写，其他部分收集了我国学者几十年来教育语言学研究的标志性成果。文集把教育语言学的学科定义即研究语言与教育之间互动关系（包括研究语言教育或从语言角度研究教育问题）作为标准，遴选相关重要论文，经作者本人同意后再收入文集，这说明这部分学者认可教育语言学的独立学科地位并承认自己的研究成果隶属此学科。

该文集由国际著名教育语言学家 Hornberger 教授撰写前言，共分为四个部分。第一部分是前言和引言；第二部分是国内外教育语言学研究综述；第三部分是教育语言学学科概论；第四部分是教育语言学研究实践，是该论文集的主体，分为学科基础理论研究、语言生态多样化与政策规划研究（包括语言政策、语言生态、语言多样化三个主题）、语言社会化及身份研究（包括语言身份、语言社会化与儿童语言发展研究三个主题）、语言教育教学与测试研究（包括汉语教学、大学外语教学、二语习得、双语教育与教学研究四个主题）、课程教材教法与教育技术研究（包括语言教师、教学法、语言测试、语言课程教材与教学技术四个主题）等，每个主题下收录 4-6 篇我国著名学者撰写的相关论文。

该论文集中与学科理论建设有直接关系的无疑是第一、二、三部分。第一部分中，Hornberger & Yu（2018）简述了教育语言学的学科发展史，突出了对学科发展做出贡献的先辈学者的理论研究以及海外华人学者的相关研究，比如 Hymes（1972）的交际能力理论、Ferguson（1968）关于语言发展的现代化、标准化研究、Freire（1970）年关于成人读写教育中政治意识问题的研究、Gumperz（1972）关于多语交际中的语言策略的研究、Philips（1972）关于非语言交际和家庭学校失配的研究、Haugen（1973）关于语言作为社会歧视之基础的研究、Spolsky（1974）关于教育的语言障碍研究、Halliday（1975）关于儿童学习表意的语言习得过程的研究，以及 Heath（1976）关于语言选择、改变和

使用不受限制的相关研究等。俞理明（2018c）的引言则阐述了教育语言学思想的兴起和发展，主要关注 Hymes、Spolsky 和 Halliday 等代表性学者的贡献，并阐述了教育语言学在我国的发展前景。第二部分的两篇文章（夏侯富生、李玮，2018；赖良涛，2018c）分别对西方教育语言学研究和我国的教育语言学研究做了综述，从而使读者对教育语言学有初步了解。

第三部分是我国学者对教育语言学学科体系的论述。梅德明（2018）对学界关于教育语言学是"交界学科""多界学科""超界学科"，还是"关于外语教学的应用语言学"等学科定位进行了评述，提出教育语言学是一门独立学科，核心是关于受教育者的语言权利和语言发展，理论基础是教育学和语言学及相关学科，并对其研究领域和课题做了展望。严明（2018）强调教育语言学研究的交互性、开放性、实践导向性，突出语言教育的文化与环境，以及语言教育者和学习的认知与言行的重要性。胡壮麟、沈骑（2018）认为超学科研究是教育语言学的重要研究方法和驱动力。赖良涛（2018d）则从社会符号学视角出发，从个体语义发生、系统语义发生和语篇语义发生三个维度论述教育的语言本质，拓展学科的理论基础。

3. 学术组织

中国英汉语比较研究会教育语言学专业委员会是我国教育语言学理论与实践研究的官方组织，其前身为中国教育语言学研究会，于 2010 年成立，创始会长为俞理明教授。2017 年中国教育语言学研究会挂靠中国英汉语比较研究会，改称"中国英汉语比较研究会教育语言学专业委员会"，秘书处设在上海交通大学外国语学院。

自教育语言学专业委员会（研究会）成立以来，每年举办一届年会，到 2020 年共举办了 11 届年会，主题分别为：第 1 届教育语言学成立大会（2010 年 5 月 22 日，上海）；第 2 届"以内容为依托的外语教学模式探索"（2011 年 5 月 21-22 日，大连外国语大学）；第 3 届"基于学科的外语教学新模式"（2012 年 4 月 20-22 日，西安石油大学）；第 4 届"高等教育国际化背景下'面向专业人才培养的大学英语教学'"

第 5 章　教育语言学的本土化、范式与展望

(2013年4月12-14日，上海大学)；第5届"教育语言学与新形势下外语教学改革——校本特色和内涵建设"(2014年4月25-27日，云南师范大学)；第6届"应用技术教育与大学外语教学"(2015年4月24-27日，中国海洋大学)；第7届"高校外语教学新视野"(2016年4月8-10日，宁波工程学院)；第8届"中国文化'走出去'背景下的高校外语教学"(2017年4月21-22日，西北师范大学)；第9届"新时代高校外语教学与改革"(2018年4月20-22日，临沂大学)；第10届"'一带一路'多语教育与国际化人才培养"(2019年5月10-12日，西安工程大学)；第11届"语言学视阈下的教育教学研究"(2020年8月21-23日，重庆大学)。

教育语言学专业委员会还举办了5届教育语言学高端论坛。第1届"圆桌论坛"(2012年5月26日，复旦大学)；第2届"教育语言学的学科建设与我国外语教育转型"(2017年10月27-28日，北京语言大学)；第3届"教育语言学的多学科理论与实践探索"(2018年11月2-4日，南京工程学院)；第4届"教育语言学的语言认知路径"(2019年11月15-17日，浙江大学宁波理工学院)；第5届"语言的社会认知、功能与教育教学"(2020年10月24日，华东交通大学)。教育语言学专业委员会还不定期组织专题论坛，已编辑出版了《教育语言学研究在中国》(俞理明，2014，2018a)，并在《外语教学与研究》《中国外语》《外语与外语教学》等核心学术期刊上创办了"教育语言学研究"专栏，在各大高校组织并举行了系列学术讲座，极大地推动了我国教育语言学研究的发展。

4. 主要学术刊物

《教育语言学研究》(Educational Linguistic Studies)是中国英汉语比较研究会教育语言学专业委员会会刊，由教育语言学专业委员会与上海交通大学外国语学院共同主办，其宗旨是在中国英汉语比较研究会教育语言学专业委员会领导下，立足本土，放眼世界，携手国内国际教育语言学及其相关领域的专家学者，从语言角度研究教育教学问题，为推进教育教学，特别是语言教育教学提供独到的见解，共同推进我国教育

语言学的长足发展，并为国际教育语言学研究做出较大贡献。《教育语言学研究》编辑部设在上海交通大学外国语学院，编委会由我国汉语界和外语界著名学者胡壮麟教授、陆俭明教授、李宇明教授担任顾问，教育语言学专业委员会会长、上海交通大学外国语学院退休教授俞理明教授担任编委会主任，赖良涛博士担任主编，并邀请 40 余位国内外著名专家学者担任编委会专家委员。《教育语言学研究》于 2017 年开始筹划创刊，于 2018 年正式出版发行，每年出版一卷。出版体例参考 Annual Review of Applied Linguistics 的模式，名家约稿和作者投稿相结合，作者群体包括 Martin 教授、Matthiessen 教授、Hornberger 教授、Maton 教授、胡壮麟教授、李宇明教授等著名学者以及一大批中青年优秀学者。

  《教育语言学研究》的用稿范围包括一切从语言（学）角度研究教育教学的理论研究和实证性研究稿件，以及与教育语言学的理论与实践有密切关系的理论语言学稿件，涉及的领域包括但不限于：学科理论研究，包括教育语言学的学科内涵、外延、理论体系、适用性等；语言理论研究，包括理论语言学、适用于教育教学的语言描写模型、教学语法研究等；学术话语研究，包括通用学术话语研究、各学科话语研究、学术交流话语、学术与教学话语转换研究等；教育话语研究，包括课堂话语、教师话语、学生话语、教材话语、练习话语、评估话语、教育大纲与教案话语等领域的研究等；语言政策规划与教育研究，包括国家语言规划、国家能力与语言教学研究、地方与学校语言生态与教育教学研究；语言习得与发展研究，包括母语习得、二语习得、儿童语言发展等；语言教育教学研究，包括母语教学、二语教学、外语教学、对外汉语教学、民族语言教学等；争鸣与评论。《教育语言学研究》用稿的语言为汉语和英语，用稿篇幅为汉语稿件 8000–10000 字，英语稿件 5000–8000 字，稿件格式体例遵循 APA 格式和我国外语界的汉语稿件体例。

  目前《教育语言学研究》已经出版三卷。第一卷由赖良涛、严明、王革担任主编，于 2018 年出版；俞理明教授致发刊词，胡壮麟教授和李宇明教授发贺词。"名家访谈"部分由王革教授对国际著名教育语言学家 Hornberger 教授进行采访，畅谈教育语言学。此外还有 8 篇悉尼学派教育语言学研究专题论文，包括悉尼学派教育语言学理论与实践概述、悉尼学派理论在 EFL 中的应用、商务英语课堂、学术英语写作教

第 5 章　教育语言学的本土化、范式与展望

学、学生英语论文写作能力、二语写作评价、英语科普语篇知识建构等方面的应用研究。"语言教育与教学"栏目共含 8 篇论文，涉及英语阅读、英语精读、构式语法的教学应用、修辞学"受众观"对写作能力培养的启示、文化对比教学的生态取向、教学学术以及外语教师教育与发展等研究。"语言习得与发展"栏目共含 5 篇论文，涉及 EAP 阅读水平、概念隐喻与概念流利、英语学术写作中的搭配错误、二语阅读中的词汇附带习得以及多模态识读能力等研究。

《教育语言学研究》第二卷由赖良涛、严明、王革担任主编，是系统功能语言学与合法化语码理论视角的教育研究专题。"名家访谈"部分包括 3 篇英文访谈，分别对 Matthiessen、Martin、Maton 三位领军人物针对系统功能语言学在教育语言学中的应用、悉尼学派的教育语言学理论与实践以及合法化语码理论做了访谈；"基础理论研究"部分包括 5 篇论文，涉及自主性、专业性、语义性三个语码的理论、LCT 与 SFL 之间的理论关系、基于语义波的分析模式、Christie 的教育语篇观、多模态语篇建构等理论问题；"教材话语研究"包括 5 篇论文，涉及 TED 演讲的语义轮廓、高中物理教材的语义波、专门性原则与诗歌教学以及药理学课本的概念隐喻分析等话题；"社会教育话语研究"部分包括 4 篇论文，涉及精神病医患会话的语域构型、科学知识在新闻语篇中的重构、数据新闻语篇参与者的语义性、儿童绘本图像的情感研究等。

《教育语言研究》（第三卷）由赖良涛、严明、江妍担任主编。"名家访谈"部分是 Christian Matthiessen 对系统功能语言学的教学反思；"功能语言学与教育话语研究"部分包括 4 篇论文，涉及小学数学课堂中的横向话语、学术期刊论文的认知语义密度、军校英语阅读中的累积式知识建构以及英汉小句复合体的形合与意合取向对比。"语言认知与教育研究"部分包含 4 篇论文，涉及新无意识理论对外语教育理念变革的启示、偏性理论与英语词汇意义网络表征、认知语用视角的名词概述回指、存在构式动词的认知语义准入条件等话题；"语言社会生态与教育研究"部分包括 5 篇论文，涉及语言教育规划与政策研究的语言生态范式、西方基础阶段外语教育政策对我国的启示、云南中缅边境地区的少数民族语言生态与多语教育、云南少数民族多语教育与人才培养、民族

院校多语教学生态失衡与对策等研究;"司法话语与教育研究"部分包括5篇论文,涉及法律文化价值观在宪法中的建构、普法话语的态度取向、检察官客观义务在公诉检查文书中的体现、公安微博新文体的教育功能、法律咨询中的会话叙事等话题。

此外,我国外语界和汉语界的不少语言学与语言教学类期刊也都发表教育语言学的理论与实践文章。《外语教学与研究》《中国外语》《外语与外语教学》《外语教学理论与实践》《语言学研究》《外语教学》《当代外语研究》等都创办过教育语言学研究专栏,其他期刊比如《现代外语》《外国语》《外语电化教学》《外语界》,汉语界的《汉语学习》《语言教学与研究》《世界汉语教学》以及某些综合性社科期刊、学报也发表教育语言学研究领域的论文。

5.1.2 语言教学视角的研究实践

在国内学界,特别是汉语与外语教学学界,有一部分学者提出以语言教学为核心内容建立一个独立的学科。由于语言教学研究也是语言与教育之间关系研究的一部分,在教育语言学中具有十分重要的地位,因而也属于教育语言学的一部分,这里称之为狭义教育语言学。狭义教育语言学的学者人数众多,从某种意义上来说,我国所有从事汉语教学和外语教学研究的学者都是狭义教育语言学的研究者和实践者。这些学者有来自外国语言学界的,包括章兼中(1993)、张国扬、朱亚夫(1996)、张正东(1999)、夏纪梅(1999)、范琳、张德禄(2004)、俞理明、袁平华(2004)、舒白梅(2005)、梅德明(2012),也有来自汉语言学界的学者,比如张玉华(1998)、汪国胜(2006)等。

狭义教育语言学提出的原因很大程度上是对"应用语言学"不满。张玉华(1998)指出用"应用语言学"来指称研究语言教学的学科是不恰当的,因为它不对语言现象进行描写和解释,而是以包括语言学等相关学科理论为基础,探讨语言教学活动的本质、过程和规律,提出语言教学活动的原理、原则、学科假设,并用教学实践来加以验证。因而它未能揭示所指称学科的本质,不恰当地把语言教学划入语言学范畴,从

第5章　教育语言学的本土化、范式与展望

而使该学科的价值受到怀疑，阻碍了学科的发展。夏纪梅（1999）则指出外语教学的学科属性应该走出语言学的误区，打破语言学一统天下的格局。

狭义教育语言学的学者主张把语言教学作为一个独立的学科来对待，认为它是根据国外的教育语言学，以语言学、心理学、社会学、教育学等交叉学科为基础，研究语言教学理论与实践的一门交叉学科。比如张玉华（1998）用"语言教育学"来指称这个学科，认为它具有边际性、流动性和开放性的特征，其基础理论是语言学、教育学、心理学、认知科学等与之交叉的学科，其研究内容包括语言教学的产生、发展现状、研究方法、与相关学科的关系，语言教学过程的性质、功能、结构，语言教学的原理、课程设置、成绩评价等。俞理明、袁平华（2004）认为教育语言学是关于语言教育的科学，以教育为载体，以语言为研究对象，基础理论是语言学、教育学以及其他交叉学科，并把二语习得归为教育语言学的范畴。梅德明（2012）认为教育语言学以问题为导向，以教育环境及教学过程中的语言学习问题为抓手，其核心是研究教育中的语言问题，目的是满足受教育者的语言发展需求。还有学者对外语教学的学科属性单独加以探讨（夏纪梅，1999），有的提出要建立"外语教育语言学"（范琳、张德禄，2004），有的称之为"外语教育学"（章兼中，1993；张国扬、朱亚夫，1996；张正东，1999；舒白梅，2005）。

从研究实践来看，狭义教育语言学派学者的基本立足点是语言教学。有的学者从语言学角度出发来研究语言学理论对于语言教学的启示，比如张国扬、朱亚夫（1996）从语言理论、结构分析理论、语义理论、语用理论、社会语言学理论、二语习得理论等角度出发，探讨了这些语言学理论对外语教学的启示和指导作用。有的学者从教育学、教学法来研究语言教学，语言学理论处于相对次要的地位，比如张正东（1999）主要以教育学以及传统教学法的知识为基础，讨论外语教育学的哲学基础、研究方法、学习理论流派、教学法流派，以及外语教育的目的、原则、教学过程、手段、评价等。舒白梅（2005）研究的主要内容也是传统教育学领域的外语教学理论、学习理论、课堂组织、教育技术、教育评估、外语教育史等，而基于语言学理论的研究所占比例很小。伍轶等（2014）认为教育语言学准确表达了外语教学的学科属性，

提出从需求分析、学术能力培养、项目学习的实践模式和师生共荣四个维度出发，培养学生运用英语解决问题的交际能力及批判性思维，提升大学英语教学的教育价值。另外还有一部分学者采用心理学（心理语言学视角）理论，通过心理实验来研究母语习得和二语习得的心理因素及心理机制。

狭义教育语言学派的学者澄清了语言教学的学科属性，从语言学、教育学、心理学等各个视角对汉语、民族语言、英语以及其他外语教学做了大量的理论研究，并广泛应用于语言教学实践，取得了巨大的成就。然而，狭义教育语言学派的学者往往把语言教学作为教育语言学研究的全部，从而导致以偏概全的研究倾向。

5.1.3 普通语言学视角的研究实践

与狭义教育语言学不同，我国有一部分学者认为教育语言学的研究范围不应该仅仅限于语言教学或语言教育，而应该包括所有与语言和教育之间关系相关的话题，因而是一种广义的研究视角，这里称为广义教育语言学。广义教育语言学的学者主要来自语言学界，主要是用语言学视角来研究教育实践。

广义教育语言学的学者力图继承、发展国外广义教育语言学的学术理论、观点，使我国教育语言学的研究与世界接轨。张东辉（2008）认为教育语言学是一个新兴的边缘学科，是教育学下的一个分支，类似于教育心理学，其学科意义来源于现实世界中语言与教育之间的相互依赖性，其学科外延很广，探讨的是语言学与教育理论、实践、政策的关系，关注的是语言与文化的多样性，不应该只局限于语言课堂教学。教育语言学的研究范围可以包括微观话语分析、宏观语言政策，可以是课堂语言教学、二语习得，也可以是社区、家庭中的语言社会化。教育语言学研究的起点应该是语言教育实践，而不是语言学。它起源于语言学，但已经超越了语言学本身，而要到教育学、心理学、社会学、人类学中去寻求答案。赖良涛（2015a）认为教育语言学作为研究"语言与教育之间互动关系"的学科，可以从语言角度来研究教育、从教育角度

第5章 教育语言学的本土化、范式与展望

研究语言或者研究两者之间的某种中间地带。目前大部分学者都是从语言角度来研究教育,其目标是建立一套基于语言的教育理论体系并用于指导教育实践,其研究视角可以是社会的或心理的,其研究内容可以包括从语言角度研究个体的发展和社会文化传承的各个方面。

从具体研究实践来看,我国广义教育语言学研究除了前述语言教学研究部分外,可以分为两类,即以普通语言学为基础的研究和以社会语言学为基础的研究。此节先评述前者,后者留待下节评述。普通语言学导向的广义教育语言学研究力图以特定流派的普通语言学理论为依据,通过话语分析的方法来研究教育过程涉及的各种口头或书面教育语篇,从而发现教育教学的规律。比如杨信彰(2007)讨论了从系统功能语言学视角进行教育语篇分析的意义,阐述了教育语境分析、课堂语篇分析、学科书面语篇分析、教科书语篇分析等各个具体的研究领域。赵清丽(2021)从功能语言学角度分析了美国中小学物理教科书中的知识建构方式。赖良涛(2015a)从功能语言学视角分析了文学批评理论、教育学、物理学等三个学科语篇的知识建构方式,阐述了学科语篇转化为教科书语篇的过程,对美国小学科学教科书进行了分析,并分析了课堂教学的语码模式、师生互动等。苏新春等(2007)则从汉语语言学的视角,提出要把教材语言作为一个独立的研究领域。他们把教材语言分为表述知识内容的对象语言以及起说明、组织作用的叙述语言,认为教材语言是民族知识文化的载体和教学对象,影响教学的效果,对其研究能为教育体制、教学编写、教学内容与手段等改革提供依据。张德禄等(2005)则从功能语言学的视角,基于语篇分析来探讨外语教学的规律。

除了书面教育语篇外,我国学者还对课堂话语等口头教育语篇进行分析。这些分析的主要内容包括四个部分。社会文化语境与课堂情景语境分析主要关注师生文化背景和课堂教学情景因素对教学的影响,课堂话语控制分析主要分析课堂对话中的结构、互动方式、话轮转换与控制、教师语言特征等,而教学内容分析主要关注教师对知识的呈现以及学生的接受等方式。比如吴宗杰(1994)专门对外语课堂中的话轮类型进行了分析研究;程晓堂(2009)对英语教师课堂的情景、话语互动与意义建构、教师课堂指令以及英语教师话语的逻辑连贯性、规范性等进

行了细致的分析研究。杨雪燕（2009），杨雪燕、解敏（2012），郭红伟、杨雪燕（2020）对外语课堂上交换的信息类型、外语教师课堂提问的互动性以及教师元话语与手势语的关系做了深入分析。

我国普通语言学视角的研究为教育语言学的发展做出了很大贡献。这些研究力图从语言内在的本质、功能、特征去阐述语言对于整个教育过程的作用，从本质上验证教育的语言本体论观点。这些研究突破语言教学的狭义观点，把教育语言学的研究拓展到包括语言教学以及其他学科教学的整个教育领域，大大丰富了学科研究范围，提升了学科的理论意义与实践意义，使学科展现出远大的发展前景。其局限主要在于理论体系不够完善，缺乏从普通语言学角度对教育本质、教育过程的深度阐释，具体研究中则对非语言类学科教育教学的研究不够丰富和深入。

5.1.4　社会语言学视角的研究实践

我国还有一部分学者采用社会语言学视角来研究语言与教育的关系。与普通语言学视角深入语言内部结构、特征、功能不同，社会语言学视角的研究主要把特定社会中存在的各种语言当作独立存在的个体，研究这些语言的相互关系、生态、使用者语言身份、国家语言政策规划等。其基本思路是研究由于特定宏观或微观教育语境中教育主体所持语言的多样性所导致的教育过程中的语言选择、语言政策及其对教育教学的影响。

我国语言规划与语言政策方面的著述颇多，其中教育部语用所社会语言学与媒体语言研究室2006年编辑出版的《语言规划的理论与实践》颇具代表性。除了理论研究之外，文集中有许多文章直接谈到语言规划对于教育教学的影响，具体涉及的内容包括中国香港教学语言选择问题的探讨，普通话推广、教学和测试研究，普通话作为对外汉语教学语言，汉语地域和社会方言及其对教育的影响，课堂教学语言语域特征研究等。在语言生态研究方面，冯广艺于2013年出版的专著《语言生态学引论》十分具有代表性。专著详尽地论述了语言生态学的理论体系与语言生态系统，从语言生态学的视角深入探讨了语言接触、语言生态对

第 5 章 教育语言学的本土化、范式与展望

策、语言国策、语言态度、语言运用等理论问题，并对语言生态与语言教育的关系做了深入讨论。

在多民族国家中，语言的多样性对于教育具有十分重要的影响。德莎（1989）从我国语言多样性的现实出发讨论了民族教育中的语言问题。德莎指出我国民族语言的多样化对于各民族和教育等具有重要意义，然而我国民族教育中存在着轻视民族语言而偏重汉语教育的问题。德莎从语言使用的角度，仔细分析了我国各民族对民族语言和汉语的使用情况、各民族语言是否存在书面文字的问题以及各民族语言选择的实际情况。基于其深入的调查分析，德莎提出了民族语言选择要遵守自愿自择、尊重事实、考虑发展、适应变化、正确引导等原则。德莎分析了汉语作为族际共同语的功能，分析了民族地区语言教育的情况，提出要在民族地区实行双语教育，把民族语文和汉语文教育放在平等地位，有利于民族科学文化知识的发展和民族素质的提高。李焰明（2012）讨论了国际语言多样性背景下的外语教学问题。他提出语言多样性是文化多样性的载体，在促进国际文化交流中起着重要作用，应促进除英语以外其他非通用语的学习并纳入正常教学项目。沈骑、邓世平（2018）把我国高校外语学科"双一流"建设置于教育语言学视域下，从国家总体战略的高度，分析"双一流"建设中外语学科的五大定位任务和三大教育语言学问题，提出确立问题意识、学科意识、方法意识和主体意识从而制定服务和推动"双一流"建设的外语学科战略规划。

在社会语言学中，语言的身份建构作用也是一个重要的研究领域。应用于教育语言学研究中，可以从语言身份的角度来研究教育教学过程中涉及的师生身份建构。钟兰凤（2010）从功能语言学角度出发，采用语篇分析方法来研究教育博客中人际资源的使用方式及其对教师身份的建构作用，分析了教育博客所建构的各种教师身份特征，认为教育博客可以作为教师培养的有效途径。张焱（2010）阐述了"文革"时期高校英语教师特殊的身份建构现象。她的研究指出"文革"时期高校英语教师通过在词汇、句法、语调、语篇等各个方面发生的语言变异，形成特有的"文革英语"，从而使得他们能够在政治形象、阶级立场、思想觉悟等方面建构起符合时代特点的教师身份。严明（2016）从教育语言学视角探讨语言教师的角色和发展，认为语言教师既是作为主体的学科

主人又是作为客体的研究对象，语言教师发展研究应紧紧依托教育语言学，紧密融合教师角色与文化机制，走信念与行动、语言与教育、课程与教师、学科与人才相融合的道路；严明（2019）基于教育语言学的超学科视野与后现代语言观特征，从教师思行、语言、文化、角色四方面解析当前本土教师语言观的博弈性与后现代色彩，提出后现代理论在我国教师群体中的本土化道路。

我国社会语言学导向的教育语言学研究从语言规划、语言多样性、语言生态、语言身份等视角探讨了语言对于教育的影响，取得了积极的效果，但目前的研究也存在一定的局限性。当前学界存在把社会语言学研究的话题本身视为教育语言学领域的倾向，而实际上只有把社会语言学的成果应用于教育研究才是教育语言学。此外，学界也没有从理论上深入探讨社会语言学与教育之间的本质关系，没有建立严密完整的社会语言学导向的教育语言学研究理论体系。在实践上，学界从社会语言学视角对于我国教育问题的研究还不够丰富、深入，比如对于城乡语言差异、地域方言差异等在学校教育中的影响等现实问题缺乏研究。

5.1.5 教育学界的研究实践

在我国教育学界，有一部分学者意识到了语言与教育之间的紧密关系，开始从语言学视角来探讨教育问题，其基本着眼点是具体教育语境中教育主体使用的鲜活语言（即言语）。教育学界学者对语言学具体语言理论和描写体系掌握相对薄弱，往往力图借助哲学解释学（以及相关的现象学、符号学、语用哲学）等关于语言与存在的基本理论，来探讨有关教育存在的哲学问题。在我国，这类研究的代表人物包括谢登斌（2005）、李政涛（2006）、谢延龙（2012）等。

我国教育学界的教育语言学研究起源于教育研究的语言转向。谢登斌（2005）考察了引起教育研究的语言转向的三个因素，即语用学的兴起、语言本体的价值以及后工业化社会变革。语用学从20世纪下半叶兴起，强调语言使用者和语境的作用，强调语言的实质在于表达和理解，改变了实证主义倾向，使人文和社会科学发生了语言学转向，引发了教育研究者对语言潜能在教育中价值的关注。语言本体具有丰富的能量，一切教育问题都可以归结为语言问题，可以通过语言来表达、反映并得到反思和体验；借助语言个体还可以对其经验进行发现、回忆、反思，从而使探讨教育主体的个体经验成为可能。后工业化社会注重寻求人际关系的沟通与和谐，而语言是人际交往的最基本形式，这投射于教育上使得沟通、对话和协商成为教育的核心理念，也推动了语言学取向的教育研究。

学者们总结了这类研究的基本范式和语言学取向。谢登斌（2005）认为语言学取向的教育研究具有解释学、现象学和符号学三种基本范式。解释学范式把理解视为人类存在的基本方式，认为理解具有普遍性、历史性和主观性，与语言的社会性直接相关。此范式在教育学研究中主要关注社会意识形态对于教育的影响，注意揭示知识背后的权力和假设，对所谓的客观知识进行批判。现象学范式注重通过语言来探究、描述个体独特感知并理解人类生存的意义，在教育学中则注重通过语言来研究、描述儿童对真实生活的直接体验，解释儿童存在的意义。符号学范式以语言等主要符号为出发点，把教育互动视为解释和创造意义的过程，并强调对教学文本的解读和解构。李政涛（2006）指出当代教育研究具有四种语言学取向。知识论取向认为语言学为研究教育的语言带来了语言知识，并由此注重语言学知识的获取和转化；技术论取向则认为语言带来了教育中的语言技术，注重分析教育教学过程中的语言技巧；艺术论取向认为语言带来了语言艺术，注重研究教学过程中教师的语言艺术和语言风格；存在论取向和前面三种取向完全不同，认为语言带来了作为教育主体的人本身，注重通过语言来展现、改造和生成主体的生活体验，从而使教育研究成为通过语言来探索教育主体生活体验的过程。

我国教育学界相关研究的最大特点就是秉持存在论的语言取向。谢登斌（2005）认为语言学取向的教育研究的基本特质就是通过语言来探究教育主体的生活体验并赋予其教育意义，从而把教育问题归结为语言问题。李政涛（2006）提倡存在论语言取向的教育研究，认为这是当代教育研究能够取得深入进展的可能途径。谢延龙（2012）也以存在论语言取向为其研究的基本假设。谢延龙（2012：3-8）提出教育是一种语言存在，认为作为教育主体和内容的人与文化都是一种语言存在，教育起源于语言并随着语言形态的发展而发展。他认为教育问题之所以能归结为语言问题，是因为教育的本体价值在于对人的培养价值，包括人的自我发展和素质发展，而教育中的语言使得主体能通过听、说、读、写等各种言语方式得到自我发展。总之，他认为语言是人存在与发展的根本方式，它以沟通、表达、交流来关联人的思想、感情、表达，彰显人的生命、自由和本质，是人自由全面发展的直接现实。这就是教育学意义上的语言本体论。

我国教育学界的研究对于语言与教育之间关系的本质做了深入讨论，对于言语教育学兴起的历史背景、哲学思想、研究范式等许多根本理论问题做了阐释，形成了一套独具特色的研究思路，为教育语言学的学科理论发展做出了重要贡献。其局限性主要在于缺乏语言学理论知识，包括语言哲学和语言描述的知识，因而没能从本质上揭示语言如何构成教育存在，也没能从语言学视角清楚地解释教育过程，包括个体发展的语言过程和社会文化传承的语言过程。此外，这些研究目前主要局限于宏观理论研究，具体的微观言语教育学实践研究还比较欠缺。

5.1.6 评价

教育语言学作为一个新兴学科，在我国的研究还处于起步阶段。在教育界、外语界和汉语界等众多学者的努力下，目前我国的教育语言学研究已经取得了一定的成就。这些成就归结起来有以下几个方面。首先，我国学者早就意识到了语言与教育之间的紧密关系，并从各自的教育、教学实践出发，以实际问题为导向展开了丰富多样的实践研究，取得了丰硕成果。其次，近年来国内有些学者逐渐意识到了教育语言学的学科性，开始从其哲学基础、研究范式、学科内涵、学科范围、研究方法等各方面进行积极的理论探讨，并有学者力图建立自己的学科体系，推进了学科体系的建设。最后，我国也出现了一批致力于教育语言学研究的学者，把国际学界的教育语言学理论应用于实践研究中，其领域覆盖了语言教育教学，社会语言学视角下的语言教育政策规划、民族语言教育、双语教育、教师身份角色等问题，普通语言学视域下的语言功能与教育教学、语言认知与语言教育教学等，以及言语教育学视角下个人发展与教育研究。我国还成立了学术组织，创办了学术刊物，举办了系列学术会议，并在一些院校设立了研究机构和教育语言学研究方向，大大推进了我国教育语言学的发展。

5.2 当前主要研究范式

在40多年的发展历程中，教育语言学的学科理论逐渐走向成熟，在国际学界逐渐形成了四个比较有影响力的研究范式，即语言教学的范式、普通语言学的范式、社会语言学的范式以及解释学的范式。应该说明的是，本节讨论的是整个国际学界的研究范式，并不仅仅只限于我国的研究，而且只聚焦有一定影响力、相对成熟的范式，并不囊括学界所有的研究实践，其目的是对国际学界以及我国学界的未来研究有所启示。

5.2.1 语言教学的范式

语言教学研究与实践在教育语言学发展历程中一直占有重要地位。其核心地位在众多代表性学者的理论或实践中都得到体现。Spolsky（1978：viii）指出"教育语言学是应用语言学之中一个连贯的、逻辑统一的研究领域，其研究范围是语言和正式教育之间的互动，主要关注对语言教育各个方面的分析和描述"。Hornberger（2001）论述教育语言学的三个特点时，除语言学与教育有机结合、问题导向之外，特意突出语言教学的核心地位，并认为这是教育语言学研究深度的主要体现。系统功能学派学者的研究中，语言教学也占了十分重要的地位，比如Halliday对语言教学（Halliday et al., 1964）和儿童语言发展（Halliday, 2004）做了深入研究，Martin & Rose（2012）等学者则长期致力于基于语类的读写教学法的研究与实践。语言教育教学的核心地位也可以从学界众多相关核心期刊得到证实。我国"中文社会科学引文索引"(CSSCI)语言学类期刊中,许多具有重要影响力的期刊都致力于语言教学研究,比如《外语教学与研究》《世界汉语教学》等;在SSCI语言学类期刊中也有近20本聚焦语言教育教学,比如《TESOL季刊》(TESOL Quarterly)、《语言教学》(Language Teaching)、《语言学习》(Language Learning)、《英语教学杂志》(ELT Journal)等直接以语言教育教学命名的期刊以及《应用语言学》(Applied Linguistics)、《语言与教育》(Language and Education)等。此外,国内国际语言学界还出版了大量的语言教育教学研究著作。

语言教育教学范式的形成源于其在教育语言学中的重要地位。Spolsky(1978)提出创立教育语言学的重要原因之一就是认为语言教学不应该归属于狭义应用语言学,因为理论语言学的研究成果无法直接用来解决语言教学中的各种问题;这些语言教学问题需要综合考虑语言、社会、心理等各方面因素才能得以解决,因而需要建立统一的教育语言学来统领语言教育教学的理论与实践研究。其次,教育语言学者大部分都从事语言教育教学研究或实践,因而语言教学自然获得了重要地位。另外,更为重要的是,教育语言学要实现其社会干预目标,最终只能通过语言教育教学,发展学习者个体和社会整体的语言交际能力,克服教育中的语言交际障碍,从而优化教育过程,实现语言符号资源的合理公平分配。从教师和研究者角度来说,通过语言教学掌握必要的相关语言使用技能和语言理论知识,也是进行语言教学实践与理论研究的基本前提。因而语言教育教学是教育语言学理论与实践的基本前提和基本手段。

语言教学的范式聚焦语言教育教学的各种因素,注重对语言教育过程及其社会环境等各方面的分析和描述,涉及正式的学校语言教育以及非正式的家庭与社会中的语言教育,包括语言的教与学两个方面。比如Spolsky(1985:3095)提出以语言教育为核心的教育语言学,并从语言教育的背景、动因、操作过程以及结果来论述此范式的研究范围。从研究所涵盖领域来说,其研究范围包括语言教育政策、母语和二语教学、读写能力发展、双语教育、语言测试等;从理论来源来看,包括理论语言学、社会语言学、心理语言学、人类语言学等;在分支领域上包

第 5 章　教育语言学的本土化、范式与展望

括一语和二语得研究、母语教学、二语教学法、移民和少数族裔语言教育、语言规划等。同样，我们也可以通过考察语言教与学的方方面面来界定此范式的研究范围，包括语言教师、学习者、目标语言、教学语言、组织形式、技术手段、社会文化语境、心理认知因素等，涵盖目前学界的语言习得（包括母语习得、二语习得）、语言发展、语言学习、母语、二语与外语教学、听说读写教育、语言测试、语言教学法、语言教师、学习者、语言教学技术等各方面。

语言教学所涉问题的复杂性使得语言教学的范式所采用的理论基础也多种多样。Spolsky（1978，1980）的模式所包含的理论来源涉及普通语言学、社会语言学、心理语言学、学习理论。普通语言学理论提供语言描写模型；语言描写需与学习理论相结合从而发展语言学习理论；语言学习理论需与语言使用理论相结合发展出语言教学法，从而直接指导语言教学实践。当前语言教学理论与实践，特别是二语和外语教学研究注重采用心理认知导向的语言学习理论，语言使用理论也起了重要作用，但现代普通语言学（包括形式语言学与功能语言学）的理论成果在语言教学中的影响较弱。

5.2.2　普通语言学的范式

此范式基于普通语言学的语音、语法、语义结构与功能以及语言的符号性本质，来阐述语言对于整个教育过程的作用，从而把教育语言学的视野拓展到包括语言教学、其他学科教学以及社会教育和家庭教育在内的整个教育领域，极大地丰富了学科研究内容，提升了学科的理论意义与实践意义，使学科展现出远大的发展前景。

普通语言学的研究范式中，以系统功能语言学为基础的研究最具影响力，其代表性人物包括 Halliday、Stubbs、Martin 等。Halliday（1988，1990，1994a，2007）把语言视为在社会语境中表意的符号系统，服务于人类社会的根本目的，发挥着识解现实世界、演绎社会关系和使能语篇组织的功能；学习过程就是个体学习如何通过语言表达意义的过程，从而实现个体的社会化发展。在此基础上，Halliday 认为语言的学习与

发展过程有助于揭示学习的本质与过程,因而提出要建立基于语言的学习理论作为教育语言学的基础理论,并提出基于语言发展的教育研究方法作为基本的方法论。基于其社会符号的语言观,Halliday 对教育语言学的内涵、外延、学科性、理论基础等做了阐述,并把其系统功能的语言描写和语篇分析方法运用到儿童语言发展、科学语言建构、语言教学、宏观社会语境等教育语言学研究实践中。Stubbs(1986,1990)继承了 Halliday 的语言观和语言描写体系作为其教育语言学体系的基础,把系统功能的语言描写、语义系统、语域、语境理论用于研究教育中的语言与语域变体、教育语言的社会历史文化语境、语言项的系统描写以及教育话语分析等。Martin 为核心的悉尼学派学者(Christie,2002; Martin & Rose,2012)继承和发展了 Halliday 系统功能的教育语言学思想,把教育过程看作话语过程,开展学科话语和教育话语研究,发展基于语类的读写教学法,并广泛应用于小学、中学以及大学的语言教学实践,取得了良好的社会效果和广泛的影响力。

其他流派的普通语言学理论有时也被吸收作为教育语言学的基础理论。Hudson(2004、2008)基于其词语语法(word grammar)的语言观和描写体系,提出语言是教学、测试、练习以及大部分思维活动的媒介,认为语言学对母语和外语教学具有重要启示,并提出通过研究学科语域和跨课程的语言特征来揭示语言使用在促进学生学习中发挥的作用。此外,Chomsky 的语言能力观与形式语法也常被用来指导语言习得、特别是二语习得研究,比如被纳入到 Spolsky(1978)的理论框架中。认知语法的体验观、凸显观和隐喻观及其语言描写也被用于语言发展、语言学习、语言理解的研究以及语言教学法的设计(Holme,2009;Littlemore,2009)。

普通语言学的范式把语言看作教育的基本要素,强调语言习得与发展是个体发展的基本内容,强调语言是个体思维和社会知识文化建构与传承的基本载体,是教育过程的基本媒介。在此基础上,此范式力图把各流派普通语言学的语言哲学观和语言描写体系应用于教育教学研究,从语言的本质、结构、功能、认知方式等视角揭示语言在教育中的作用。其具体的理论基础原则上来说可以包括所有普通语言学流派,在实践上主要是系统功能语言学、Chomsky 的形式语言学以及认知语法。其

第5章 教育语言学的本土化、范式与展望

研究范围包括个体微观的语言认知、习得与发展，社会宏观的教育话语与教育机制，教育过程中的各种教育大纲、知识建构、教材话语、教学话语、课程语类、学科语域以及相应的社会文化语境，还包括跨课程的语言、学习者语言背景和机构性教育模式以及教学法等。

5.2.3 社会语言学的范式

如果说普通语言学的范式致力于深入语言内部的结构与功能来研究语言在教育教学中的作用，社会语言学的范式则把具体语言作为一个在社会语境中使用的整体来研究其在教育教学的作用。应该说明的是，这里的社会语言学范式是广义的，包括语言（交际）民族志视角的研究，语言政策规划视角的研究，以及社会语言生态视角的研究等。

民族志视角的研究源于 Hymes 所创立的民族志视角的社会语言学理论（Hymes，1974），涉及交际民族志和语言民族志两个方面。Hymes（1972：63-71）从教育中的语言问题出发，反对 Chomsky 抽象化的语言能力观，提出交际能力观并应用于研究教育中的语言；强调个体长期的语言交际能力是一个不断发展变化的社会化过程，其中学校和社区中存在的异质多样的交际能力系统以及异质性的社会情景因素对个体交际能力发展施加的制约作用，提出要通过适当的语言教育来发展个体的语言技能库、语言惯例和言语行为域。交际民族志的方法（Hymes，1964，1974）被用来研究社会群体的交际过程及其影响因素，特别是研究社区、学校、课堂等语境下教育（包括语言教育）的交际过程，从而为教学大纲、教学法设计和学生交际能力的培养提供社会语境模型。语言民族志（Hymes，1980a，1996）方法则用来累积性地记录特定语言社区的语义，发现社区语言的独特使用、功能、特征及其背后的独特习俗、动机、个性，揭示语言和文化的生态多样性，同时揭示多样化语言在本质的平等性和事实上的不平等性，提倡通过适当的语言（教育）政策规划，施行各种双语和多语教育来发挥语言多样性的教育优势，以此作为干预手段来实现社会公平和正义。

Hymes 民族志视角的社会语言学研究对教育语言学的发展产生了

重大影响。首先，这开启了语言与社会情景生态多样性研究的先河，一批学者开始通过参与观察法客观地记录不同族裔、社区、阶层的语言多样性以及语言学习（习得）的生态多样性（Hult，2010；Leather & van Dam，2003；van Lier，2004），并研究学校类型以及教育类型等社会情景的生态多样性（Hymes，1980a）。其次，学者们开始研究异质多样的语言对教育教学的影响，比如研究少数族裔的语言及其对教育的影响（Llurda，2005），揭示学校和社区中语言多样性对教育的利弊，研究语言政策、规划和选择对（语言）教育教学的影响（Hornberger，2009b；Hult & King，2011），提倡采用双语和多语教学发挥语言多样性的优势并克服其负面影响（Hult，2010；Hult & King，2011）。这也直接启发了 Spolsky（1978，2008b）社会语言学视角下的语言情景、语言规划与教育教学（特别是语言习得）研究。同时 Hymes 的交际能力理论和交际民族志方法被用来研究社区、学校、课堂等微观语境下教育（特别是语言教育）的交际过程，设计教学大纲、教学法，发展学生的语言交际能力。由此教育语言学成为把社会语言学理论应用于指导教育实践的学科，成为某种应用性的社会语言学研究领域（Spolsky，2008：2）。

总体来看，社会语言学的范式把社会中存在的语言当作异质多样的个体，研究这些语言的相互关系、生态、接触、变体、使用者，以及与之相关的语言身份、态度、选择、政策、规划、语码转换、意识形态等对教育教学的影响。其基本思路是研究特定宏观或微观教育语境中，师生等教育参与者所持语言的异质多样性及其所导致的教育媒介与目标语言的选择及其对教育教学的影响，强调具体交际情景及其社会文化语境中的语言使用规律，研究各种标准与非标准语言变体的教育教学价值及其对个体社会化发展（比如社会身份建构）的作用。与语言教学的范式和普通语言学范式相比，社会语言学的范式突出强调社会语言情景的生态多样性，强调社会机构和个人的语言规划与选择对宏观社会教育和微观教学过程的影响，关注教育中由语言多样性和不平等所引起的政策、身份、公平、正义等问题。语言教育（特别是双语和多语教育）成为发展个体交际能力、促进个体社会化发展、实现教育公平和社会正义的手段，从而获得了重大的社会意义。

第 5 章 教育语言学的本土化、范式与展望

5.2.4 解释学的范式

在国内外教育学界,有一部分学者采用解释学的视角来研究教育的存在本质(参见 5.1.5 节)。虽然这部分研究尚未形成严谨的理论体系,也未大规模应用于教育实践,但因为其对教育本质的解释具有根本性的意义,且在教育界具有较大影响,因而笔者也把它作为一个范式加以阐述,以便引起教育语言学界的关注。

解释学研究理解,认为理解是对意义的理解,是人类基本的存在方式,具有普遍性、历史性和主观性,且与语言的社会性直接相关。Gadamer(1976,1999)认为理解只存在于用来对话交流的语言之中,是语言中的人用语言来理解语言中的历史和经验的过程,由此人通过对语言的理解来拥有世界。Heidegger(1982)提出语言、人、存在三位一体说,认为人的本质在于其语言,人生活在语言之中,而人的存在是通过语言在逻格斯中实现的存在。由于教育的主要目的是通过一定的人为干预来促进人的发展(Vygotsky,1982–1984,Vol. 1:107),由此人作为语言的存在物使得教育存在最终也是一种语言的存在。这意味着教育具有理解性,其本质在于对教育中语言意义的理解,而教育意义的理解成为教育的根本性问题(邓友超,2009)。另外,由于理解本质上是对语言意义的理解,因而作为教育根本问题的教育理解性只能通过研究语言理解来实现。从这个意义上来说,教育存在于语言之中,教育存在本质上是语言存在。邓友超(2009)从语言对文化、思维、交往和教育的制约性四个角度进一步论证了教育的语言存在本质,主要论据包括:语言是人类主要的文化工具;语言是把自我思想呈现给自我的心理工具,从而使自我经验转化为意义;语言是师生交往的主要手段;语言经验是教育经验的呈现形式,由此设定了教育的边界。

解释学的范式本质上是从语言理解、语言存在的视角来研究教育的理解性本质,因而也是从语言角度对教育教学的研究,应该纳入教育语言学的范畴。在解释学的范式看来,教育所需要的语言是面向生活的语言,是在具体生活情景中负载着人类经验的语言,而不是脱离语境的抽象语言。这种语言具有情境性、世俗性、体验性、关系性,与个人的行动、道德、情感紧密相关(邓友超,2009;van Manen,2002)。在

实践中，解释学范式强调通过语言来描述教育主体对真实生活的直接体验，解释教育主体存在的意义；把教育互动视为解释和创造意义的过程，强调对教育文本的解读和解构；关注教育中社会意识形态的影响，强调知识的主观性并对客观知识进行批判；揭示知识背后的权力和假设。比如 Gallagher（1992）阐述了教育的解释学本质，讨论了保守解释学、中庸解释学、批判解释学和激进解释学对教育理论与实践的启示；Friesen et al.（2012）则从解释现象学角度探讨学术实践、教学实践、儿童经验、文学作品的读者反应等问题。谢延龙（2012）讨论了教育的语言转向、语言性格和语言的教育学价值，从解释学视角对教育研究、教育活动、教育内容进行语言性批判，并批判性地讨论了儿童语言权问题。邓友超（2009）则从解释学视角讨论了教育理解的主体（教师和学生）、教育情境、师生言说的逻辑和形式以及教育课程等。

解释学的范式是一种哲学本体论的范式，突出教育的理解性本质，从语言意义理解的角度论证教育的语言存在论。其研究范围从具体的语言教育教学拓展到了一般性的教育教学，突出强调对教育的理解性和教育的语言存在本质，聚焦教育主体及其参与者在通过语言进行互动交流中的意义理解模式，并由此对当今教育忽视理解的倾向进行批判，充满了哲学探索和人文批判的意味。解释学的范式虽然强调可以理解的语言是对话交流中的鲜活语言，但由于其缺乏坚实的普通语言学基础来描写意义交流和理解的模式，因而其研究往往停留在对教育的理解性本质的抽象讨论，其所讨论的语言也往往成为某种形而上的、神秘的、脱离真实语境的抽象语言。这使得此范式下的研究往往局限于理论探索，缺乏对教育过程中特定语境下教育主体对语言意义的交流与理解的具体分析，而这正是普通语言学与社会语言学范式的强项，因而解释学的范式与其他几种范式有很强的互补性。

5.2.5 评价

教育语言学在其 40 多年的发展过程中形成了四大研究范式，即语言教学的范式、普通语言学的范式、社会语言学的范式以及哲学解释

第 5 章　教育语言学的本土化、范式与展望

学的范式。这些范式的理论基础、研究对象、研究方法和学者群体各有差异。这些研究范式的形成，体现了从只关注语言教育教学逐渐扩展到包括语言教学在内的整个教育教学的过程，开始从社会语言的角度关注教育中的语言问题、从语言结构功能角度关注教育教学的语言建构、从哲学解释学视角论证教育的语言本体论。由此教育语言学的学科内涵不断得到深化，研究范围不断拓展，理论基础日益丰富，研究方法日益多样。从根本上来说，这些研究范式都从语言角度来研究教育教学，都关注语言与教育之间的互动关系，共同构筑了教育语言学的学科体系。

5.3　未来研究展望

国际教育语言学界经过 40 多年的发展，取得了很大成就，但也还存在一些不足。这些问题和不足正是未来学科研究的发展方向。

第一，从理论上来说，教育语言学的研究范围是语言与教育之间的互动关系，既可以从语言（学）角度来研究教育，也可以从教育角度来研究语言，而且需要把两个角度的研究相互统一。当前学界的研究主要是前一种取向，既从语言（学）角度来研究教育教学实践，从社会语言的多样性、生态、地位、接触、功能、认知等视角研究语言在教育中的作用，包括语言的作用正常发挥时对教育所起的促进作用，以及语言作用未能发挥时对教育所起的阻碍作用。但教育教学本身对语言的功能、进化、生态、多样性有何影响，以及这些影响又如何反作用于教育教学等方面的研究不足，是今后教育语言学的一个重要发展方向。

第二，如 5.2 节所述，从语言角度对教育教学的研究取向目前形成了四个范式。教育语言学统一学科体系下的四个范式，在理论上反映出把教育语言学等同于语言教育学（只研究语言教育教学）具有很大局限性，后者只关注语言的教育问题，而忽视了教育中的语言问题。此外，这些范式总体来看是相互孤立的，在理论上没有形成统一的体系，在实践上相互之间合作也甚少。比如国际教育语言学界的两大重要流派，即社会语言学取向的研究和功能语言学取向的研究之间，基本停留于仅仅知道对方存在的状态，相互之间的合作、交流十分罕见。这两大流派与

其他研究之间的合作交流更是罕见。如何加强各范式之间的相互借鉴、合作、融合，共同推进学科的发展，也是今后研究的一个重要问题。

第三，当前学界存在认为教育语言学就是研究语言教育教学，甚至外语教育教学的倾向。这一方面反映出学界对教育语言学学科内涵的认识不足，同时也反映了对语言教育在一般教育教学、个体发展和社会进步中的重大意义的认识不足。部分学者主要关注学习者个体的语言习得与能力发展因素，而对语言的社会文化环境、语言本体结构功能、语言理解的哲学本体意义对教育教学的意义关注不足。另一方面，这个意义上的语言教育教学研究往往缺乏语言学的理论基础，无视或轻视语言理论本身对于语言教育的启示，从而使得语言教育教学成为和语言（学）理论关系不大的一门学科。如何从纷繁复杂的语言学理论里汲取营养，从而指导或启示语言教育教学，是今后研究一个的重要方向。

第四，语言教育教学的语言理论基础涉及语言学理论的自洽性问题，即语言研究成为一个纯粹的理论研究，而与教育教学实践及任何实践都无关。对这个问题笔者认为也需要辩证看待。一方面，语言学理论当然应该有自己的目标和内容，这些目标和内容可以与具体的应用有关或者无关，毕竟应用研究不是理论语言学家的主要任务，理论研究也需要保持一定的纯粹性才更能保证其广泛的适用性。另一方面，教育语言学学者有必要也有可能从众多的现代语言学理论中寻找到对（语言）教育教学研究有所裨益的语言理论，毕竟不是所有的语言学理论都不关注应用，比如 Halliday 创立的系统功能语言学和 Hymes 创立的语言民族志的发展很大程度上就具有教育教学的动机，某些其他流派的语言学理论完全也有可能具有一定的教育教学动机。当然有些语言学理论无法直接应用于教育教学中，需要结合教育教学语境进行适当的调整、改进。如何汲取适用于教育教学研究的语言学理论，并用来指导教育教学研究实践，是今后学界研究的一个重要任务。

第五，第四点的讨论涉及对教育语言学根本属性的探讨。教育语言学认为问题（实践）导向是其根本特点之一，而教育实践问题的解决又需要理论，特别是语言理论来指导（这是教育语言学研究的根本出发点）。然而如第四点所述，理论语言学往往是自洽的，不太关注教育教学实践（包括语言教育教学实践）的需求。这种矛盾必然使教育语言学

第 5 章 教育语言学的本土化、范式与展望

陷入困境,在某种程度上成为一门寄于理论语言学樊篱之下的学科。这种困境正是应用语言学已经面临几十年的困境,因为正如学界所公认,应用语言学并不是语言学理论的应用。作为一门想要独立生存的学科,教育语言学这时更为可靠的出路看来只有建立适合自己的理论,包括适合于教育教学(包括语言教育教学)的语言描写体系和语言理论体系。这样的语言描写和语言理论体系建立的初衷就是为了适用于教育教学,既从教育教学中来,又应用到教育教学中去,从而不断完善、发展。这种适用于教育教学研究的语言理论应该属于 Halliday 所说的适用语言学理论(参见 1.3.1 节)。Halliday(2013:36,144)认为,适用语言学是用来处理问题并努力答疑解惑的理论,但这种问题不是由专业的语言学家提出的问题与疑惑,而是由以某种方式关心语言的其他人提出的问题与疑惑,无论他们的提问专业与否。教育语言学正是用来给教育实践答疑解惑的一门学科。把教育语言学建设成为兼具理论性与适用性、体系完整的独立学科,是未来教育语言学发展的终极方向。

  前面所讨论的局限性和发展方向具有普遍性,也适用于我国的教育语言学研究。然而我国教育语言学研究起步较晚,并且处于特定的国情之下,因而具有自己的独特性。笔者在此对我国教育语言学研究提一些个人想法。我国教育语言学的学科理论体系还处于初创阶段,学者们对于其学科内涵、外延、理论基础、研究方法等各方面基本问题众说纷纭,没有一致的意见。一方面存在着把原来应用语言学包罗万象的领域不假思索地囊括到教育语言学旗帜下的倾向,这容易使得教育语言学本身也变得杂乱;另一方面又存在着把教育语言学等同于语言教学,甚至外语教学研究的倾向,从而使得教育语言学的外延过窄,难以成为一门新兴的独立学科。其次,理论研究的不足也导致了我国实践研究的不足。表现在只把语言作为教育对象,缺乏对语言作为教育媒介的描述、解释,缺乏对教育政策、教学过程、教材、课程、大纲等各方面统一、完整、严谨、细致的语言学分析。最后,我国的具体问题研究很大程度上处于分散的状态。同时,我国从事教育语言学研究的学者来自教育界、外语界、汉语界、社会学、民族学等各领域,但各界之间各自为战,缺乏跨学科、跨学界的沟通、交流。比如教育界的研究缺乏坚实的语言学基础,而语言学界的研究缺乏坚实的教育理论基础,甚至汉语语

言学界与外国语言学界之间也交流不足。针对这些不足，今后我国教育语言学的研究有必要加强学科基础理论研究和学科体系建设，以理论指导实践，扩大研究视野和研究范围，加强各界之间的交流与合作，从而共同推动教育语言学在我国的健康发展。

参考文献

程然. 2016. 论隐喻与教育. 当代教育科学,（4）：15-18.
程晓堂. 2009. 英语教师课堂话语分析. 上海：上海外语教育出版社.
德莎. 1989. 民族教育中的语言问题. 民族教育研究,（1）：35-42.
邓世平. 2019. 斯波斯基的教育语言学思想. 云南师范大学学报（对外汉语教学与研究版）,（1）：57-63.
邓友超. 2009. 教育解释学. 北京：教育科学出版社.
范琳, 张德禄. 2004. 外语教育语言学理论建构的设想. 外语教学与研究,（4）：16-21.
冯广艺. 2013. 语言生态学引论. 北京：人民出版社.
高维. 2011. 教学隐喻在教师教育中的应用——以教学论课程为例. 天津大学学报（基础教育版）,（4）：11-15.
郭红伟, 杨雪燕. 2020. 多模态视阈下教师元话语与手势语的符际关系研究. 外语教学,（4）：52-57.
胡壮麟. 2012. 超学科研究和学科发展. 中国外语,（6）：1.
胡壮麟, 沈骑. 2018. 教育语言学的"超学科"研究方法. 俞理明主编. 教育语言学研究在中国. 上海：华东师范大学出版社, 46-57.
教育部语用所社会语言学与传媒语言研究室. 2006. 语言规划的理论与实践. 北京：语文出版社.
赖良涛. 2015a. 教育语言学：一个社会符号的模式. 北京：外语教学与研究出版社.
赖良涛. 2015b. 西方教育语言学研究述评. 外国语言文学,（2）：78-85.
赖良涛. 2018a. 教育语言学的四大范式及其对语言教育的启示. 中国外语,（5）：4-13.
赖良涛. 2018b. 教育语言学的语篇分析方法论. 外语与外语教学,（2）：15-21.
赖良涛. 2018c. 我国教育语言学研究综述. 俞理明主编. 教育语言学研究在中国. 上海：华东师范大学出版社, 19-27.
赖良涛, 2018d. 教育语言学的理论基础. 俞理明主编. 教育语言学研究在中国. 上海：华东师范大学出版社, 58-67.
赖良涛, 2018e. 悉尼学派的教育语言学理论与实践. 赖良涛主编. 教育语言学研究（第1卷）. 上海：华东师范大学出版社, 1-11.
赖良涛. 2019. 教育语言学的系统功能视角. 语言学研究,（2）：7-16.
赖良涛. 2020. 教育语言学的社会语言学路径：Spolsky的理论与启示. 中国外语,（6）：35-40.

赖良涛，俞理明，2015. 教育语言学的学科性. 俞理明主编. 大学外语教学研究（第4卷）. 上海：上海交通大学出版社，156-165.
李焰明. 2012. 语言多样性背景下的外语教学. 北京第二外国语学院学报，34（12）：85.
李政涛. 2006. 教育研究中的四种语言学取向——兼论通向语言的教育学之路. 教育研究与实践，（6）：1-5.
陆丙甫. 2010. 汉语的认知心理研究. 北京：商务印书馆.
陆珏璇，沈骑. 2018. 国外教育语言学研究综述（2007—2017）. 云南师范大学学报（对外汉语教学与研究版），（5）：59-67.
梅德明. 2012. 教育语言学的研究内涵及其研究领域. 当代外语研究，（11）：32-37，77-78.
梅德明. 2018. 教育语言学的学科内涵及研究领域. 俞理明主编. 教育语言学研究在中国. 上海：华东师范大学出版社，28-37.
钱亦斐. 2017. 国内外教育语言学发展现状及研究趋势综述（1972—2015）. 外语教学理论与实践，（1）：41-48.
沈骑. 2012. 教育语言学何为？教育语言学的学科特性及其启示. 当代外语研究（11）：38-42.
沈骑. 2016. 教育语言学的学科创新及对我国外语教育研究的学科意义. 外语与外语教学，（3）：7-13，144.
沈骑，邓世平. 2018. 教育语言学视域下的中国高校外语学科"双一流"建设. 中国外语，（5）：25-33.
舒白梅. 2005. 外语教育学纲要. 武汉：华中师范大学出版社.
宋德生. 2004. 体验认知与语言象似性. 外语教学，（1）：23-27.
苏新春，杜晶晶，关俊红，郑淑花. 2007. 教材语言的性质、特点及研究意义. 语言文字应用，（4）：86-91.
汪国胜. 2006. 语言教育论. 武汉：华中师范大学出版社.
王任华. 2018. 隐喻的教育功能. 南京工程学院学报（社会科学版），（33）：11-16.
王任华. 2019. 认知语言学对教育语言学的启示. 语言学研究，（2）：17-26.
王任华，周昌乐. 2011. 皮尔斯符号学视角下的隐喻及其意义. 北京林业大学学报（社会科学版），（4）：76-81.
王寅. 2007. 认知语言学. 上海：上海外语教育出版社.
王寅. 2009. 从后现代哲学的人本观看语言象似性——语言学研究新增长点之六：象似性的哲学基础与教学应用. 外语学刊，（6）：32-37.
吴宗杰. 1994. 外语课堂话轮类型析. 外语教学与研究，（2）：1-6，80.
伍轶，方小菊，宋军. 2014. 教育语言学视野下的学术英语教学策略研究. 东华大学学报（社会科学版），（3）：136-139.

夏侯富生，李玮. 2018. 教育语言学学科发展国外理论研究综述. 俞理明主编. 教育语言学研究在中国. 上海：华东师范大学出版社，5-15.

夏纪梅. 1999. 外语教学的学科属性研究——"语言教育学论"引发的思考. 语言教学与研究，（4）：4-14.

夏宁满. 2017. 教育语言学学科关联知识图谱研究. 外语电化教学，（5）：46-52，60.

夏宁满. 2018a. 国内外教育语言学学科研究综述. 外语与外语教学，（2）：22-33，148.

夏宁满. 2018b. 教育语言学的研究主题文献计量学分析. 中国外语，（5）：14-24.

谢登斌. 2005. 语言学取向的教育研究. 华东师范大学学报，（4）：24-31.

谢圣英，喻平. 2013. 数学教育中的隐喻研究. 数学教育学报，（2）：5-10.

谢延龙. 2012. 在通往语言途中的教育——语言论教育论纲. 北京：科学出版社.

严明. 2016. 角色与机制的融合：教育语言学视域中的教师发展. 外语与外语教学，（3）：14-20，144.

严明. 2018. 伸展与聚焦：教育语言学的研究领域. 俞理明主编. 教育语言学研究在中国. 上海：华东师范大学出版社，38-45.

严明. 2019. 教育语言学：后现代教师语言观的博弈视阈. 语言学研究，（2）：27-38.

杨金龙，梅德明. 2019. 教育语言学研究在中国：领域与方法. 外语教学理论与实践，（2）：37-42.

杨信彰. 2007. 系统功能语言学与教育语篇分析. 四川外语学院学报，（6）：17-20.

杨雪燕. 2009. 外语课堂上交换的五种信息类型. 外语教学，（1）：58-62.

杨雪燕，解敏. 2012. 外语教师课堂提问的互动性分析. 当代外语研究，（3）：142-148，162.

姚雪椿. 2006. 论语言象似性翻译观. 外语教学，（2）：68-72.

于晖. 2018. 系统功能语言学视阈下教育语言学研究范式. 解放军外国语学院学报，（4）：52-60.

俞理明. 2014. 教育语言学在中国读本. 上海：华东师范大学出版社.

俞理明. 2018a. 教育语言学研究在中国. 上海：华东师范大学出版社.

俞理明. 2018b. 教育语言学——我国语言教师的精神家园. 中国外语，（5）：1，12-13.

俞理明. 2018c. 教育语言学缘起的四大动因. 外语与外语教学，（2）：1-6，147.

俞理明. 2018d. 教育语言学研究在中国. 上海：华东师范大学出版社.

俞理明，严明. 2013. 教育语言学思想兴起、发展及在我国的前景. 外语与外语教学，（5）：1-4.

俞理明，袁平华. 2004. 应用语言学还是教育语言学？——对二语习得研究学科属性的思考. 现代外语，（3）：282-293，329.

张德禄，苗兴伟，李学宁. 2005. 功能语言学与外语教学. 北京：外语教学与研究出版社.

张东辉. 2008. 美国教育语言学的学科发展及其对我国的启示. 语言教学与研究，

(5): 8–15.

张发祥, 康立新, 赵文超. 2015. 话语分析: 理论与实践. 北京: 科学出版社.

张福荣. 2006. 隐喻: 语文教育价值探索. 江西教育科研, (10): 69–71.

张国扬, 朱亚夫. 1996. 外语教育语言学. 南宁: 广西教育出版社.

章兼中. 1993. 外语教育学. 杭州: 浙江教育出版社.

张焱. 2010. 语言变异与社会身份建构——以"'文革'英语"建构高校英语教师身份为例. 长春: 吉林大学博士学位论文.

张玉华. 1998. 语言教育学漫谈. 解放军外国语学院学报, (5): 3–5.

张正东. 1999. 外语教育学. 北京: 科学出版社.

赵清丽. 2021. 中小学物理教科书的知识建构. 厦门: 厦门大学出版社.

赵艳芳. 2005. 认知语言学概论. 上海: 上海外语教育出版社.

钟兰凤. 2010. 话语与身份: 赛博空间的教师形象. 南京: 南京大学出版社.

邹为诚. 2016. 教育语言学——我国外语/二语教师的精神家园. 外语与外语教学, (3): 1–6, 144.

Allen, J. P. B. & van Buren, P. 1971. *Chomsky: Selected Readings*. London: Oxford University Press.

Arnbjornsdottir, B. & Ingvarsdóttir, H. (Eds.). 2018. *Language Development Across the Life Span: The Impact of English on Education and Work in Iceland*. Heidelberg: Springer.

Arnó Macià, E., Soler Cervera, A. & Rueda Ramos, C. (Eds.). 2006. *Information Technology in Languages for Specific Purposes: Issues and Prospects*. Heidelberg: Springer.

Aronin, L., Hornsby, M. & Kiliańska-Przybyło, G. (Eds.). 2018. *The Material Culture of Multilingualism*. Heidelberg: Springer.

Bagga-Gupta, S., Golden, A., Holm, L., Laursen, H. P. & Pitkänen-Huhta, A. (Eds.). 2019. *Reconceptualizing Connections Between Language, Literacy and Learning*. Heidelberg: Springer.

Bahry, S., Niyozov, S. & Shamatov, D. A. 2008. Bilingual education in Central Asia. In J. Cummins & N. H. Hornberger (Eds.), *Bilingual Education*. Heidelberg: Springer, 205–224.

Bárcena, E., Read, T. & Arus, J. (Eds.). 2014. *Languages for Specific Purposes in the Digital Era*. Heidelberg: Springer.

Bartels, N. (Ed.). 2004. *Applied Linguistics and Language Teacher Education*. Boston: Springer Science & Business Media.

Bernstein, B. 1990. *The Structuring of Pedagogic Discourse: Class, Codes and Control IV*.

London: Routledge & Kegan Paul.

Bernstein, B. 2000. *Pedagogy, Symbolic Control and Identity: Theory, Research, Critique*. Lanham: Rowman & Littlefield Publishers.

Bianco, J. L. 2008. Language policy and education in Australia. In S. May & N. H. Hornberger (Eds.), *Language Policy and Political Issues in Education*. Heidelberg: Springer, 343–354.

Bianco, J. L. & Slaughter, Y. 2017. Language policy and education in Australia. In T. L. McCarty & S. May (Eds.), *Language Policy and Political Issues in Education*. Heidelberg: Springer, 449–462.

Bigelow, M. & Ennser-Kananen, J. (Eds.). 2015. *The Routledge Handbook of Educational Linguistics*. New York: Routledge.

Blackie, M. 2014. Creating semantic waves: Using Legitimation Code Theory as a tool to aid the teaching of chemistry. *Chemistry Education Research and Practice*, (15): 462–469.

Blackledge, A. & Creese, A. (Eds.). 2014. *Heteroglossia as Practice and Pedagogy*. Heidelberg: Springer.

Bowring, B. & Borgoiakova, T. 2017. Language policy and education in Russia. In T. L. McCarty & S. May (Eds.), *Language Policy and Political Issues in Education*. Heidelberg: Springer, 349–366.

Breeze, R. & Sancho Guinda, C. (Eds.). 2017. *Essential Competencies for English-medium University Teaching*. Heidelberg: Springer.

Brodkey, L. 1986. A context for revision: An ethnographic perspective. *Working Papers in Educational Linguistics*, 2 (1): 1–24.

Burnaby, B. 2008. Language policy and education in Canada. In S. May & N. H. Hornberger (Eds.), *Language Policy and Political Issues in Education*. Heidelberg: Springer, 331–342.

Butler, Y. 2011. Kanji acquisition among language minority students in Japan: A comparative study of Japanese-as-a-second-language students born in Japan. *Working Papers in Educational Linguistics*, 26 (1): 1–20.

Byrnes, H. 2009. *Advanced Language Learning: The Contribution of Halliday and Vygotsky*. London & New York: Continuum.

Cameron, L. 2003. *Metaphor in Educational Discourse*. London & New York: Continuum.

Cenoz, J. & Hornberger, N. H. (Eds.). 2008. *Knowledge About Language*. Heidelberg: Springer.

Cenoz, J., Gorter, D. & May, S. (Eds.). 2017. *Language Awareness and Multilingualism Language Testing and Assessment*. Heidelberg: Springer.

Cerrón-Palomino, R. 1992. Standardization in Andean languages. *Working Papers in Educational Linguistics, 8* (1): 31–44.

Chang-Wells, G. & Wells, G. 1993. Dynamics of discourse: Literacy and the construction of knowledge. In E. Forman, N. Minick & C. A. Stone (Eds.), *Contexts for Learning: Sociocultural Dynamics in Children's Development*. 2nd ed. Cambridge: Cambridge University Press, 59–90.

Chebanne, A. 2008. The language ecology of marginalised ethno-linguistic groups in Southern Africa. In A. Creese, P. Martin & N. H. Hornberger (Eds.), *Ecology of Language*. Heidelberg: Springer, 85–98.

Chick, J. K. 2001. Constructing a multicultural national identity: South African classrooms as sites of struggle between competing discourses. *Working Papers in Educational Linguistics, 17* (1–2): 27–45.

Chomsky, N. 1957. *Syntactic Structure*. The Hauge: Mouton.

Chomsky, N. 1959. A review of B. F. Skinner's verbal behaviour. *Language, 35*: 26–57.

Chomsky, N. 1965. *Aspects of the Theory of Syntax*. Cambridge: MIT Press.

Christie, F. (Ed.). 1993. *Literacy for a Changing World*. Victoria: Australian Council for Educational Research.

Christie, F. 2002. *Classroom Discourse Analysis: A Functional Perspective*. London & New York: Continuum.

Christie, F. 2016. Secondary school English literary studies: Cultivating a knower code. In K. Maton, S. Hood & S. Shay (Eds.), *Knowledge-building: Educational Studies in Legitimation Code Theory*. London & New York: Routledge, 157–175.

Christie, F. & Martin, J. R. 1997. *Genres and Institutions: Social Processes in the Workplace and School*. London: Pinter.

Christie, F. & Martin, J. R. 2007. *Language, Knowledge and Pedagogy: Functional Linguistics and Sociological Perspectives*. London: Continuum.

Christie, F. & Martin, J. R. (Eds.). 2008. *Language, Knowledge, and Pedagogy: Functional Linguistics and Sociological Perspectives*. London & New York: Continuum.

Christie, F. & Maton, K. (Eds.). 2011a. *Disciplinarity: Functional Linguistics and Sociological Perspectives*. London & New York: Continuum.

Christie, F. & Maton, K. 2011b. Why disciplinarity?. In F. Christie & K. Maton

(Eds.), *Disciplinarity: Functional Linguistics and Sociological Perspectives*. London & New York: Continuum, 1–9.

Christie, F. & Unsworth, L. 2005. Developing dimensions of an educational linguistics. In R. Hasan, C. Matthiessen & J. Webster (Eds.), *Continuing Discourse on Language* (Vol. 1): *A Functional Perspective*. London & Oakville: Equinox, 217–250.

Christine, W., Sioux, M. & Kirstin, W. 2020. *Building Knowledge in Higher Education: Enhancing Teaching and Learning with Legitimation Code Theory*. London & New York: Routledge.

Cirocki, A., Madyarov, I. & Baecher, L. (Eds.). 2019. *Current Perspectives on the TESOL Practicum*. Heidelberg: Springer.

Clapham, C. & Corson, D. (Eds.). 1997. *Language Testing and Assessment*. Heidelberg: Springer Science & Business Media.

Clarence, S. 2014. *Enabling cumulative knowledge-building through teaching: A legitimation code theory analysis of pedagogic practice in law and political science*. Unpublished doctoral dissertation. Grahamstown: Rhodes University.

Cohen, A. 1995. The role of language of thought in foreign language learning. *Working Papers in Educational Linguistics*, 11 (2): 1–24.

Collins, J. T. 2008. Language ecology and language communities in the Malay world. In A. Creese, P. Martin & N. H. Hornberger (Eds.), *Ecology of Language*. Heidelberg: Springer, 159–168.

Cooper, R. L. 1989. *Language Planning and Social Change*. Cambridge: Cambridge University Press.

Creese, A. & Martin, P. 2008. Classroom ecologies: A case study from a Gujarati complementary school in England. In A. Creese, P. Martin & N. H. Hornberger (Eds.), *Ecology of Language*. Heidelberg: Springer, 263–290.

Creese, A., Martin, P. & Hornberger, N. H. (Eds.). 2008. *Ecology of Language*. Heidelberg: Springer.

Croft, W. & Cruse, D. 2006. *Cognitive Linguistics*. Beijing: Peking University Press.

Cruickshank, K. 2008. Arabic-English bilingualism in Australia. In J. Cummins & N. H. Hornberger (Eds.), *Bilingual Education*. Heidelberg: Springer, 281–294.

Cummins, J. & Corson, D. (Eds.). 1997. *Bilingual Education*. Dordrecht: Kluwer Academic Publishers.

Cummins, J. & Hornberger, N. H. (Eds.). 2008. *Bilingual Education*. Heidelberg: Springer.

Daniels, H., Cole, M. & Wertsch, J. V. (Eds.). 2007. *The Cambridge Companion to Vygotsky*. Cambridge: Cambridge University Press.

Davies, B. & Corson, D. (Eds.). 1997. *Oral Discourse and Education*. Heidelberg: Springer Science & Business Media.

de Guerrero, M. C. M. 2005. *Inner Speech—L2: Thinking Words in a Second Language*. Heidelberg: Springer.

De León, L. 2017. Indigenous language policy and education in Mexico. In T. L. McCarty & S. May (Eds.), *Language Policy and Political Issues in Education*. Heidelberg: Springer, 415–434.

Deusen-Scholl, N. V. & Hornberger, N. H. (Eds.). 2008. *Second and Foreign Language Education*. Heidelberg: Springer.

Devos, N. J. 2016. *Peer Interactions in New Content and Language Integrated Settings*. Heidelberg: Springer.

Dewey, J. 1997. *Experience and Education*. New York: Free Press.

Dimova, S. & Kling, J. (Eds.). 2020. *Integrating Content and Language in Multilingual Universities*. Heidelberg: Springer.

Dong, J. 2006. Teachers' perspectives on professional development: A case study of innovation at a Chinese university. *Working Papers in Educational Linguistics*, 21 (2): 25–44.

Doran, Y. J. 2017. The role of mathematics in physics: Building knowledge and describing the empirical world. *Onomázein Special Issue SFL and LCT on Education and Knowledge*, (1): 209–226.

Doughty, P., Pearce, J. & Thornton, G. 1971. *Language in Use*. London & Melbourne: Schools Council Programme in Linguistics and English Teaching—Language in Use.

Duff, P. A. & Hornberger, N. H. (Eds.). 2008. *Language Socialization*. Heidelberg: Springer.

Duff, P. A. & May, S. (Eds.). 2017. *Language Socialization*. 2nd ed. Heidelberg: Springer.

East, M. 2016. *Assessing Foreign Language Students' Spoken Proficiency*. Heidelberg: Springer.

Edwards, V. & Corson, D. (Eds.). 1997. *Literacy*. Heidelberg: Springer Science & Business Media.

Elisabet, A. M., Cervera, A. S. & Ramos, C. R. 2006. (Eds.). *Information Technology in Languages for Specific Purposes: Issues and Prospects*. Heidelberg: Springer.

参考文献

Erickson, F. 1988. Discourse coherence, participation structure, and personal display in a family dinner table conversation. *Working Papers in Educational Linguistics, 4* (1): i-xxvi.

Extra, G. 2017. Language policy and education in the new Europe. In T. L. McCarty & S. May (Eds.), *Language Policy and Political Issues in Education*. Heidelberg: Springer, 331–348.

Fairclough, N. 1989. *Language and Power*. London & New York: Longman.

Ferguson, C. A. 1968. Language development. In J. Fishman, C. A. Ferguson & J. Das Gupta (Eds.), *Language Problems of Developing Nations*. New York: John Wiley & Sons, 27–35.

Ferguson, G. 2006. *Language Planning and Education*. Edinburg: Edinburgh University Press.

Figueroa, A, M. 2017. Ethnography and language education. In K. King, Y. Lai & S. May (Eds.), *Research Methods in Language and Education*. Heidelberg: Springer, 269–281.

Fishman, J. A. 1993. In praise of my language. *Working Papers in Educational Linguistics, 9* (2): 1–11.

Forsyth, I. & Wood, K. 1977. *Language and Communication 1*. London: Longman.

Forsyth, I. & Wood, K. 1980a. *Language and Communication 2*. London: Longman.

Forsyth, I. & Wood, K. 1980b. *Language and Communication 3*. London: Longman.

Foucault, M. 1981. The order of discourse. In R. Young (Ed.), *Untying the Text: A Poststructuralist Reader*. London: Routledge & Kegan Paul, 48–77.

Freeman, R. 1994. Language planning and identity planning: An emergent understanding. *Working Papers in Educational Linguistics, 10* (1): 1–20.

Freire, P. 1970. The adult literacy process as cultural action for freedom. *Harvard Educational Review, 40* (2), 205–225.

Friesen, N., Henriksson, C. & Saevi, T. (Eds.). 2012. *Hermeneutic Phenomenology in Education: Method and Practice*. Rotterdam: Sense Publishers.

Fujita-Round, S. & Maher, J. C. 2008. Language education policy in Japan. In S. May & N. H. Hornberger (Eds.), *Language Policy and Political Issues in Education*. Heidelberg: Springer, 393–404.

Fujita-Round, S. & Maher, J. C. 2017. Language policy and education in Japan. In T. L. McCarty & S. May (Eds.), *Language Policy and Political Issues in Education*. Heidelberg: Springer, 491–506.

Gadamer, H. G. 1976. *Philosophical Hermeneutics*. D. E. Linge. trans. Berkeley &

Los Angeles: University of California Press.
Gadamer, H. G. 1999. *Truth and Method*. G. Barden et al. trans. Beijing: China Social Sciences Publishing House.
Gallagher, S. 1992. *Hermeneutics and Education*. New York: State University of New York Press.
Garcez, P. M. 2017. Microethonography in the classroom. In K. King, Y. Lai, & S. May (Eds.), *Research Methods in Language and Education*. Heidelberg: Springer, 435–447.
Garcia, O., Lin, A. M. Y. & May, S. (Eds.). 2017. *Bilingual and Multilingual Education Language Testing and Assessment*. Heidelberg: Springer.
Gee. J. P. 2000. *An Introduction to Discourse Analysis: Theory and Method*. Beijing: Foreign Language Teaching and Research Press.
Genesee, F. & Lindholm-Leary, K. 2008. Dual language education in Canada and the USA. In J. Cummins & N. H. Hornberger (Eds.), *Bilingual Education*. Heidelberg: Springer, 253–266.
Georgiou, H. 2016. Putting physics knowledge in the hot seat: The semantics of student understandings of thermodynamic. In K. Maton, S. Hood & S. Shay (Eds.), *Knowledge-building: Educational Studies in Legitimation Code Theory*. London & New York: Routledge, 176–192.
Godenzzi, J. C. 2008. Language policy and education in the Andes. In S. May & N. H. Hornberger (Eds.), *Language Policy and Political Issues in Education*. Heidelberg: Springer, 315–330.
Gorter, D., Zenotz, V. & Cenoz, J. (Eds.). 2014. *Minority Languages and Multilingual Education: Bridging the Local and the Global*. Heidelberg: Springer.
Green, B. & Erixon, P. (Eds.). 2020. *Rethinking L1 Education in a Global Era: Understanding the (Post-)National L1 Subjects in New and Difficult Times*. Heidelberg: Springer.
Gregersen, T. S. & MacIntyre, P. D. (Eds.). 2017. *Innovative Practices in Language Teacher Education*. Heidelberg: Springer.
Gumperz, J. J. 1972. Verbal strategies in multilingual communication. In R. Abrahams & R. C. Troike (Eds.), *Language and Cultural Diversity in American Education*. Englewood Cliffs: Prentice Hall, 184–195.
Gumperz, J. J. & Hymes, D. H. (Eds.). 1964. *The Ethnography of Communication*. Washington D. C.: American Anthropological Association.
Gupta, A. F. 2008. The language ecology of Singapore. In A. Creese, P. Martin & N.

H. Hornberger (Eds.), *Ecology of Language*. Heidelberg: Springer, 99–112.

Haboud, M. & Limerick, N. 2017. Language policy and education in the Andes. In T. L. McCarty & S. May (Eds.), *Language Policy and Political Issues in Education*. Heidelberg: Springer, 435–448.

Hadley, G. 2015. *English for Academic Purposes in Neoliberal Universities: A Critical Grounded Theory*. Heidelberg: Springer.

Halliday, M. A. K. 1966. General linguistics and its application to language teaching. In A. McIntosh & M. A. K. Halliday (Eds.), *Patterns of Language: Papers in General, Descriptive and Applied Linguistics*. London: Longman, 1–41.

Halliday, M. A. K. 1973. *Explorations in the Functions of Language*. London: Edward Arnold.

Halliday, M. A. K. 1975. *Learning How to Mean: Explorations in the Development of Language*. London: Edward Arnold.

Halliday, M. A. K. 1978. *Language as Social Semiotic: The Social Interpretation of Meaning*. London: Edward Arnold.

Halliday, M. A. K. 1985. Systemic background. In J. D. Benson & W. S. Greaves (Eds.), *Systemic Perspectives on Discourse* (Vol. 1). Norwood: Ablex Publishing Corporation, 1–15.

Halliday, M. A. K. 1988. Some basic concepts of educational linguistics. In V. Bickley (Ed.), *Languages in Education in a Bi-lingual or Multi-lingual Setting*. Hong Kong: the Institute of Language in Education, 3–16.

Halliday, M. A. K. 1990. On the concept of "educational linguistics". In R. Giblett & J. O'Carroll (Eds.), *Discipline-Dialogue-Difference: Proceedings of the Language in Education Conference*. Murdoch: 4D Duration Publications, 23–42.

Halliday, M. A. K. 1991. The notion of "context" in language education. In T. Le & M. McCausland (Eds.), *Language Education: Interaction and Development, Proceedings of the International Conference, Vietnam*. Launceston: University of Tasmania, 1–26.

Halliday, M. A. K. 1993. Towards a language-based theory of learning. *Linguistics and Education*, 5 (2): 93–116.

Halliday, M. A. K. 1994a. A language development approach to education. In N. Bird (Ed.), *Language and Learning*. Hong Kong: The Hong Kong Institute of Education, 5–17.

Halliday, M. A. K. 1994b. *An Introduction to Functional Grammar*. London: Edward Arnold.

Halliday, M. A. K. 1996. Literacy and linguistics: A functional perspective. In R. Hasan & G. Williams (Eds.), *Literacy in Society*. London: Longman, 339–376.

Halliday, M. A. K. 2003. Introduction: On the "architecture" of human language. In J. Webster (Ed.), *On Language and Linguistics*. London & New York: Continuum, 1–29.

Halliday, M. A. K. 2004. *The Language of Early Childhood*. London & New York: Continuum.

Halliday, M. A. K. 2006. Some theoretical considerations underlying the teaching of English in China. *The Journal of English Studies*, 4: 7–20.

Halliday, M. A. K. 2007. *Language and Education*. London & New York: Continuum.

Halliday, M. A. K. 2008. Working with meaning: Towards appliable linguistics. In J. J. Webster (Ed.), *Meaning in Context: Implementing Intelligent Applications of Language Studies*. London: Continuum, 7–23.

Halliday, M. A. K. 2013. *Halliday in the 21st Century*. London: Bloomsbury.

Halliday, M. A. K. & Hasan, R. 1985. *Language, Text and Context: Aspects of Language in a Social Semiotic Perspective*. Geelong: Deakin University Press.

Halliday, M. A. K. & Martin, J. R. (Eds.). 1993. *Writing Science: Literacy and Discursive Power*. London: Palmer.

Halliday, M. A. K. & Matthiessen, C. 1999. *Construing Experience Through Meaning—A Language-Based Approach to Cognition*. London: Cassell.

Halliday, M. A. K. & Matthiessen, C. 2004/2014. *An Introduction to Functional Grammar*. London: Hodder Arnold.

Halliday, M. A. K., McIntosh, A. & Strevens, P. 1964. *The Linguistic Sciences and Language Teaching*. London: Longman.

Hamel, R. E. 2008a. Bilingual education for indigenous communities in Mexico. In J. Cummins & N. H. Hornberger (Eds.), *Bilingual Education*. Heidelberg: Springer, 311–322.

Hamel, R. E. 2008b. Indigenous language policy and education in Mexico. In S. May & N. H. Hornberger (Eds.), *Language Policy and Political Issues in Education*. Heidelberg: Springer, 301–314.

Harman, R. (Ed.). 2018. *Bilingual Learners and Social Equity: Critical Approaches to Systemic Functional Linguistics*. Heidelberg: Springer.

Hasan, R. 1992. Meaning in sociolinguistic theory. In K. Bolton & H. Kwok (Eds.), *Sociolinguistics Today: International Perspectives*. London: Routledge, 81–119.

Hasan, R. 2005. *Language, Society and Consciousness*. Oakville: Continuum.

Hasan, R. 2011. *Selected Works of Ruqaiya Hasan on Applied Linguistics*. Beijing: Foreign Language Teaching and Research Press.

Haugen, E. 1972. *The Ecology of Language*. Stanford: Stanford University Press.

Haugen, E. 1973. The curse of Babel. In M. Bloomfield & E. Haugen (Eds.), *Language as a Human Problem*. New York: W. W. Norton & Company, 33–43.

Heath, S. B. 1976. A national language academy? Debate in the new nation. *International Journal of the Sociology of Language, 11*, 9–43.

Heath, S. B., Street, B. V. & Mills, M. 2008. *Ethnography: Approaches to Language and Literacy Research*. New York: Teachers College Press.

Heidegger, M. 1982. *On the Way to Language*. P. D. Hertz. trans. New York & London: Harper & Row Publishers.

Hellermann, J., Eskildsen, S. W., Pekarek Doehler, S. & Piirainen-Marsh, A (Eds.). 2019. *Conversation Analytic Research on Learning-in-Action: The Complex Ecology of Second Language Interaction "in the Wild"*. Heidelberg: Springer.

Heugh, K. 2008. Language policy and education in Southern Africa. In S. May & N. H. Hornberger (Eds.), *Language Policy and Political Issues in Education*. Heidelberg: Springer, 355–368.

Hill, C. 1987. "Leda and the swan": Where description ends and interpretation begins. *Working Papers in Educational Linguistics, 3* (1): 1–34.

Hjelmslev, L. 1961. *Prolegomena to a Theory of Language*. Madison, Milwaukee & London: University of Wisconsin Press.

Holme, R. 2009. *Cognitive Linguistics and Language Teaching*. New York: Palgrave Macmillan.

Hood, S. 2011. Writing discipline: Comparing inscriptions of knowledge and knowers in academic writing. In F. Christie & K. Maton (Eds.), *Disciplinarity*. London: Continuum, 106–128.

Hood, S. 2016. Ethnographies on the move, stories on the rise: Methods in the humanities. In K. Maton, S. Hood & S. Shay (Eds.), *Knowledge-Building: Educational Studies in Legitimation Code Theory*. London & New York: Routledge.

Hood, S. 2017. Live lectures: The significance of presence in building disciplinary knowledge. *Onomázein Special Issue SFL and LCT on Education and Knowledge*, (1): 179–208.

Hornberger, N. H. 1989. Continua of biliteracy. *Review of Educational Research, 59* (3): 271–296.

Hornberger, N. H. 1990. Creating successful learning contexts for bilingual literacy. *Teachers College Record, 92* (2): 212–229.

Hornberger, N. H. 2001. Educational linguistics as a field: A view from Penn's program on the occasion of its 25th anniversary. *Working Papers in Educational Linguistic, 17* (1): 1–26.

Hornberger, N. H. 2002a. Multilingualism as resource and the ecology of language: Three cases of language education reform. *TESOLANZ Journal,* (10): 1–21.

Hornberger, N. H. 2002b. Multilingual language policies and the continua of biliteracy: An ecological approach. *Language Policy, 1* (1): 27–51.

Hornberger, N. H. 2005. Student voice and the media of biliteracy in bi (multi)-lingual/multicultural classrooms. In T. McCarty (Ed.), *Language, Literacy, and Power in Schooling*. Mahwah: Lawrence Erlbaum, 151–167.

Hornberger, N. H. 2006. Voice and biliteracy in indigenous language revitalization: Contentious educational practices in Quechua, Guarani, and Maori contexts. *Journal of Language, Identity, and Education, 5* (4): 277–292.

Hornberger, N. H. 2009a. Hymes' linguistics and ethnography in education. *Text & Talk, 29* (3): 347–358.

Hornberger, N. H. 2009b. Multilingual education policy and practice: Ten certainties (grounded in indigenous experience). *Language Teaching, 42* (2): 197–211.

Hornberger, N. H. 2010. Language shift and language revitalization. In R. B. Kaplan (Ed.), *The Oxford Handbook of Applied Linguistics*. 2nd ed. Oxford: Oxford University Press, 412–420.

Hornberger, N. H. (Ed.). 2011. *Educational Linguistics: Critical Concepts in Linguistics* (Vols. 1–6). New York: Routledge.

Hornberger, N. H. (Ed.). 2012a. *Language Acquisition*. London & New York: Routledge.

Hornberger, N. H. (Ed.). 2012b. *Language Diversity*. London & New York: Routledge.

Hornberger, N. H. (Ed.). 2012c. *Language Teaching*. London & New York: Routledge.

Hornberger, N. H. (Ed.). 2012d. *Language Policy*. London & New York: Routledge.

Hornberger, N. H. (Ed.). 2012e. *Language Ecology*. London & New York: Routledge.

Hornberger, N. H. (Ed.). 2012f. *Language Identity*. London & New York: Routledge.

Hornberger, N. H. 2013. On not taking language inequality for granted: Hymesian traces in ethnographic monitoring of South Africa's multilingual language policy. *Working Papers in Educational Linguistics*, 28 (1): 1–21.

Hornberger, N. H. 2017. Researching the continua of biliteracy. In K. King, Y. Lai & S. May (Eds.), *Research Methods in Language & Education*. Cham: Springer International Publishing, 1–18.

Hornberger, N. H. & Corson, D. (Eds.). 1997. *Research Methods in Language and Education*. Heidelberg: Springer Science & Business Media.

Hornberger, N. H. & DeKorne, H. 2017. Is revitalization through education possible? In L. Hinton, L. Huss & G. Roche (Eds.), *The Routledge Handbook of Language Revitalization*. New York: Routledge, 94–103.

Hornberger, N. H. & Dueñas, F. K. 2017. From student shyness to student voice: Mapping biliteracy teaching in indigenous contexts. *Working Papers in Educational Linguistics*, 32 (1): 1–23.

Hornberger, N. H. & Dueñas, F. K. 2019. Mapping biliteracy teaching in Indigenous contexts: From student shyness to student voice. *Anthropology and Education Quarterly*, 50 (1): 6–25.

Hornberger, N. H. & Hult, F. M. 2008. Ecological language education policy. In B. Spolsky & F. M. Hult (Eds.), *Handbook of Educational Linguistics*. Oxford: Blackwell, 280–296.

Hornberger, N. H. & Johnson, D. C. 2007. Slicing the onion ethnographically: Layers and spaces in multilingual language education policy and practice. *TESOL Quarterly*, 41 (3): 509–532.

Hornberger, N. H. & Johnson, D. C. 2011. The ethnography of language policy. In T. L. McCarty (Ed.), *Ethnography and Language Policy*. New York: Routledge, 273–289.

Hornberger, N. H. & Limerick, N. 2019. Teachers, textbooks, and orthographic choices in Quechua: Comparing bilingual intercultural education in Peru and Ecuador across decades. *Compare: A Journal of Comparative and International Education*, 51 (3): 319–336.

Hornberger, N. H. & Link, H. 2012. Translanguaging and transnational literacies in multilingual classrooms: A biliteracy lens. *International Journal of Bilingual Education and Bilingualism*, 15 (3): 261–278.

Hornberger, N. H. & McKay, S. L. (Eds.). 2010. *Sociolinguistics and Language Education*. Bristol: Multilingual Matters.

Hornberger, N. H. & Skilton-Sylvester, E. 2000. Revisiting the continua of biliteracy: International and critical perspectives. *Language and Education: An International Journal, 14* (2): 96–122.

Hornberger, N. H., Tapia, A. A, Hanks, D. H., Dueñas, F. K. & Lee, S. 2018. Ethnography of language planning and policy. *Language Teaching, 51* (2): 152–186.

Hornberger, N. H. & Vaish, V. 2009. Multilingual language policy and school linguistic practice: Globalization and English-language teaching in India, Singapore, and South Africa. *Compare: A Journal of Comparative Education,* 39 (3): 305–320.

Hornberger, N. H. & Yu, L. 2018. Educational linguistics in China. In L. Yu (Ed.), *Studies on Educational Linguistics in China.* Shanghai: East China Normal University Press, i–vii.

Howard, K. 2007. Temporal landscapes of moral evaluation in parent-teacher conferences. *Working Papers in Educational Linguistics, 22* (2): 1–24.

Hudson, R. 2004. Why education needs linguistics (and vice versa). *Journal of Linguistics,* (40): 105–130.

Hudson, R. 2008. Linguistic theory. In B. Spolsky & F. M. Hult (Eds.), *The Handbook of Educational Linguistics.* Oxford: Blackwell, 54–65.

Huguet, A. Lasagabaster, D. & Vila, I. 2008. Bilingual education in Spain: Present realities and future challenges. In J. Cummins & N. H. Hornberger (Eds.), *Bilingual Education.* Heidelberg: Springer, 225–238.

Hult, F. M. (Ed.). 2010. *Directions and Prospects for Educational Linguistics.* Heidelberg: Springer.

Hult, F. M. 2003. English on the streets of Sweden: An ecolinguistic view of two cities and a language policy. *Working Papers in Educational Linguistics, 19* (1): 43–63.

Hult, F. M. 2008. The history and development of educational linguistics. In B. Spolsky & F. M. Hult (Eds.), *The Handbook of Educational Linguistics.* Oxford: Blackwell, 10–24.

Hult, F. M. & King, K. A. 2011. *Educational Linguistics in Practice: Applying the Local Globally and the Global Locally.* Bristol: Multilingual Matters.

Huss, L. 2017. Language education policies and the indigenous and minority languages of northernmost Scandinavia and Finland. In T. L. McCarty & S. May (Eds.), *Language Policy and Political Issues in Education.* Heidelberg: Springer, 367–382.

Hymes, D. H. 1987. A note on ethnopoetics and sociolinguistics. *Working Papers in Educational Linguistics, 3* (2): i–xxi.

Hymes, D. H. 1962. The ethnography of speaking. In T. Gladwin & W. C. Sturtevant (Eds.), *Anthropology and Human Behavior*. Washington D. C.: Anthropological Society of Washington, 13–53.

Hymes, D. H. 1964. Towards ethnographies of communication. *American Anthropologist, 66* (6): 1–34.

Hymes, D. H. 1972. On communicative competence. In J. B. Pride & J. Holmes (Eds.), *Sociolinguistics: Selected Readings*. Harmondsworth: Penguin Books, 54–73.

Hymes, D. H. 1967. Models of interaction of language and social setting. *Journal of Social Issues, 33* (2): 8–28.

Hymes, D. H. 1972. Models of interaction of language and social life. In J. J. Gumperz & D. Hymes (Eds.), *Directions in Sociolinguistics: Ethnography of Communication*. New York: Holt, Rinehart & Winston, 35–71.

Hymes, D. H. 1974. *Foundations in Sociolinguistics*. Philadelphia: University of Pennsylvania Press.

Hymes, D. H. 1976. Toward educational linguistics. *Working Papers in Education* (Vol. I). Philadelphia: Graduate School of Education, University of Pennsylvania.

Hymes, D. H. 1979. Language in education: Forward to fundamentals. In O. Garnica & M. King (Eds.), *Language, Children, and Society: The Effect of Social Factors on Children Learning to Communicate*. Oxford & New York: Pergamon Press, 1–19.

Hymes, D. H. 1980a. *Language in Education: Ethnolinguistic Essays*. Washington D. C.: Center for Applied Linguistics.

Hymes, D. H. 1980b. Review. *Language in Society, 9* (1): 96–100.

Hymes, D. H. 1984. Forward. In C. Doughty. (Ed.) *Working Papers in Educational Linguistics* (Vol. 1). Philadelphia: University of Pennsylvania, i–iii.

Hymes, D. H. 1992. Inequality in language: Taking for granted. *Penn Working Papers in Educational Linguistics, 8* (1): 1–30.

Hymes, D. H. 1996. *Ethnography, Linguistics, Narrative Inequality: Toward an Understanding of Voice*. London: Taylor & Francis.

Jaatinen, R. 2007. *Learning Languages, Learning Life Skills: Autobiographical Reflexive Approach to Teaching and Learning a Foreign Language*. Heidelberg: Springer.

Jaffe, A. 2008. Language ecologies and the meaning of diversity: Corsican bilingual education and the concept of "polynomie". In A. Creese, P. Martin & N. H. Hornberger (Eds.), *Ecology of Language*. Heidelberg: Springer, 225–236.

Jakobson, R. 1960. Linguistics and poetics. In T. A. Sebeok (Ed.), *Style in Language*. New York & London: MIT Press; New York: John Wiley & Sons, 350–377.

Jiménez Catalán, R. (Ed.). 2014. *Lexical Availability in English and Spanish as a Second Language*. Heidelberg: Springer.

Jong, T., Gog, T. & Kathleen, J. 2009. *Explorations in Learning and the Brain: On the Potential of Cognitive Neuroscience for Educational Science*. New York: Springer.

Juan-Garau, M. & Salazar-Noguera, J. (Eds.). 2015. *Content-based Language Learning in Multilingual Educational Environments*. Heidelberg: Springer.

Kalaja, P. & Ferreira Barcelos, A. M. (Eds.). 2004. *Beliefs About SLA: New Research Approaches*. Heidelberg: Springer.

Kanno, Y. 2008. Language minority education in Japan. In A. Creese, P. Martin & N. H. Hornberger (Eds.), *Ecology of Language*. Heidelberg: Springer, 237–248.

Kecskes, I. (Ed.) 2017. *Explorations into Chinese as a Second Language*. Heidelberg: Springer.

Khubchandani, L. 2008. Language policy and education in the Indian subcontinent. In S. May & N. H. Hornberger (Eds.), *Language Policy and Political Issues in Education*. Heidelberg: Springer, 369–382.

King, K. A. & Hornberger, N. H. (Eds.). 2008. *Research Methods in Language and Education*. Heidelberg: Springer.

King, K. A, Lai, Y. & May, S. (Eds.). 2017. *Research Methods in Language and Education*. Heidelberg: Springer.

Kipp, S. 2008. The language ecology of Australia's community languages. In A. Creese, P. Martin & N. H. Hornberger (Eds.), *Ecology of Language*. Heidelberg: Springer, 69–84.

Kloss, H. 1966. German-American language maintenance efforts. In J. Fishman (Ed.), *Language Loyalty in the United States*. The Hague: Mouton, 206–252.

Kosonen, K. 2017. Language policy and education in Southeast Asia. In T. L. McCarty & S. May (Eds.), *Language Policy and Political Issues in Education*. Heidelberg: Springer, 477–490.

Kress, G. 1985. *Linguistic Processes in Sociocultural Practice*. Burwood: Deakin University Press.

Kunitz, S., Markee, N. & Sert, O. (Eds.). 2020. *Classroom-based Conversation Analytic Research: Theoretical and Applied Perspectives on Pedagogy*. Heidelberg:

Springer.

Lakoff, G. & Johnson, M. 1987. *Metaphors We Live By*. Chicago & London: University of Chicago Press.

Lakoff, G. 1993. The contemporary theory of metaphor. In A. Ortony (Ed.), *Metaphor and Thought*. Cambridge: Cambridge University Press, 374–379.

Lakoff, G. & Johnson, M. 1999. *Philosophy in the Flesh: The Embodied Mind and Its Challenge to Western Thought*. New York: Basic Books.

Lam, A. S. L. 2008. Language education policy in Greater China. In S. May & N. H. Hornberger (Eds.), *Language Policy and Political Issues in Education*. Heidelberg: Springer, 405–418.

Lambert, W. E. & Tucker, G. R. 1972. *Bilingual Education of Children: The St. Lambert Experiment*. Rowley: Newbury House Publishers.

Langaker, R. W. 2000. *Grammar and Conceptualization*. Berlin: Mouton de Gruyter.

Langman, J. & Hansen-Thomas, H. (Eds.). 2017. *Discourse Analytic Perspectives on STEM Education: Exploring Interaction and Learning in the Multilingual Classroom*. Heidelberg: Springer.

Lau, S. M. C. & Van Viegen, S. (Eds.). 2020. *Plurilingual Pedagogies: Critical and Creative Endeavors for Equitable Language in Education*. Heidelberg: Springer.

Leather, J. H. & van Dam, J. (Eds.). 2003. *Ecology of Language Acquisition*. Heidelberg: Springer.

Lin, A. M. Y. 2008. The ecology of literacy in Hong Kong. In A. Creese, P. Martin & N. H. Hornberger (Eds.), *Ecology of Language*. Heidelberg: Springer, 291–304.

Little, M. E. R. & McCarty, T. L. 2006. *Language Planning Challenges and Prospects in Native American Communities and Schools*. Tempe: Educational Policy Studies Laboratory.

Littlemore, J. 2009. *Applying Cognitive Linguistics to Second Language Learning and Teaching*. New York: Palgrave Macmillan.

Liu, Yeting. 2015. Foreign language education planning in China since 1949: A recurrent instrumentalist discourse. *Working Papers in Educational Linguistics*, 30 (1): 65–85.

Llurda, E. (Ed.). 2005. *Non-Native Language Teachers: Perceptions, Challenges and Contributions to the Profession*. Heidelberg: Springer.

Lo Bianco, J. & Aronin, L. (Eds.). 2020. *Dominant Language Constellations: A New Perspective on Multilingualism*. Heidelberg: Springer.

López, L. E. & Sichra, I. 2008. Intercultural bilingual education among indigenous peoples in Latin America. In J. Cummins & N. H. Hornberger (Eds.), *Bilingual Education*. Heidelberg: Springer, 295–310.

Mackay, D., Thompson, B. & Schaub, P. 1970. *Breakthrough to Literacy*. London: Longman.

Macnaught, L., Maton, K., Martin, J. R. & Matruglio, E. 2013. Jointly constructing semantic waves: Implications for teacher training. *Linguistics and Education*. 24 (1): 50–63.

Mahboob, A. & Knight, N. K. (Eds.). 2010. *Appliable Linguistics*. London & New York: Continuum.

Makalela, L. 2017. Language policy and education in Southern Africa. In T. L. McCarty & S. May (Eds.), *Language Policy and Political Issues in Education*. Heidelberg: Springer, 519–530.

Malinowski, D., Maxim, H. H. & Dubreil, S. (Eds.). 2020. *Language Teaching in the Linguistic Landscape: Mobilizing Pedagogy in Public Space*. Heidelberg: Springer.

Martin, J. L. 2016. Musicality and musicianship: Specialization in jazz studies. In K. Maton, S. Hood & S. Shay (Eds.), *Knowledge-Building: Educational Studies in Legitimation Code Theory*. London & New York: Routledge.

Martin, J. R. 1985. *Factual Writing: Exploring and Challenging Social Reality*. Oxford: Oxford University Press.

Martin, J. R. 1992. *English Text: System and Structure*. Philadelphia: John Benjamins.

Martin, J. R. 1993a. Genre and literacy—Modelling context in educational linguistics. *Annual Review of Applied Linguistics*, 13: 141–172.

Martin, J. R. 1993b. Literacy in science: Learning to handle text as a technology. In F. Christie (Ed.), *Literacy for a Changing World*. Hawthorn: Australian Council for Educational Research, 79–117.

Martin, J. R. 1999. Mentoring semogenesis: Genre-based literacy pedagogy. In F. Christie (Ed.), *Pedagogy and the Shaping of Consciousness: Linguistic and Social Processes*. London: Cassell, 123–155.

Martin, J. R. 2000. Grammar meets genre—reflections on the "Sydney School". *Arts: The Journal of the Sydney University Arts Association*, 22: 47–95.

Martin, J. R. 2007a. Genre and field: Social processes and knowledge structures in systemic functional semiotics. In L. Barbara & T. B. Sardinha (Eds.), *Proceedings of the 33rd International Systemic Functional Congress*. São Paulo: PUCSP, 1–35.

Martin, J. R. 2007b. Construing knowledge: A functional perspective. In F.

Christie & J. R. Martin (Eds.), *Language, Knowledge and Pedagogy: Functional Linguistic and Sociological Perspectives*. London & New York: Continuum, 34–64.

Martin, J. R. 2010. Semantic variation: Modelling realization, instantiation and individuation in social semiosis. In M. Bednarek & J. R. Martin (Eds.), *New Discourse on Language: Functional Perspectives on Multimodality, Identity, and Affiliation*. London & New York: Continuum, 549–583.

Martin, J. R. 2011. Bridging troubled waters: Interdisciplinarity and what makes it stick. In F. Christie & K. Maton (Eds.), *Disciplinarity: Functional Linguistics and Sociological Perspectives*. London & New York: Continuum, 35–61.

Martin, J. R. 2013. Embedded literacy: Knowledge as meaning. *Linguistics and Education*, 24 (1): 23–37.

Martin, J. R. 2017. Revisiting field: Specialized knowledge in secondary school science and humanities discourse. *Onomázein Special Issue SFL and LCT on Education and Knowledge*: 111–148.

Martin, J. R. & Maton, K. (Eds.). 2013. Special issue: Cumulative knowledge-building in secondary schooling. *Linguistics and Education*, 24 (1): 1–74.

Martin, J. R. & Maton, K. 2017. Systemic functional linguistics and legitimation code theory on education: Rethinking field and knowledge structure. *Onomázein Special Issue SFL and LCT on Education and Knowledge*: 12–45.

Martin, J. R., Maton, K. & Doran, Y. J. (Eds.). 2020. *Accessing Academic Discourse: Systemic Functional Linguistics and Legitimation Code Theory*. London & New York: Routledge.

Martin, J. R. & Matruglio, E. 2011. Flights of fancy: A functional linguistic interpretation of semantic gravity and semantic density in secondary school history teaching.

Martin, J. R. & Rose, D. 2005. Designing literacy pedagogy: Scaffolding asymmetries. In R. Hasan, C. M. I. M. Matthiessen & J. Webster (Eds.), *Continuing Discourse on Language*. London: Equinox, 251–280.

Martin, J. R. & Rose, D. 2007. Interacting with text: The role of dialogue in learning to read and write. *Foreign Languages in China*, 4 (5): 66–80.

Martin, J. R. & Rose, D. 2008. *Genre Relations: Mapping Culture*. London: Equinox.

Martin, J. R. & Rose, D. 2012. *Learning to Write, Reading to Learn: Genre, Knowledge and Pedagogy in the Sydney School*. London: Equinox.

Martin, J. R. & Rothery, J. 1986. What a functional approach to the writing task can show teachers about "good writing". In B. Couture (Ed.), *Functional*

Approaches to Writing: Research Perspectives. London: Pinter, 241–265.

Martin, J. R. & Veel, R. 1998. *Reading Science: Critical and Functional Perspectives on Discourse of Science*. London: Routledge.

Martin, J. R. & White, P. R. R. 2005. *The Language of Evaluation: Appraisal in English*. London: Palgrave.

Martin-Jones, M., Mejía, A. & Hornberger, N. H. (Eds.). 2008. *Discourse and Education*. Heidelberg: Springer.

Maton, K. 2004. *The Field of Higher Education: A Sociology of Reproduction, Transformation, Change and the Conditions of Emergence for Cultural Studies*. Cambridge: University of Cambridge.

Maton, K. 2010. Analyzing knowledge claims and practices: Languages of legitimation. In K. Maton & R. Moore (Eds.), *Socialism, Knowledge and the Sociology of Education: Coalitions of the Mind*. London & New York: Continuum, 35–59.

Maton, K. 2011. Theories and things: The semantics of disciplinarity. In F. Christie & K. Maton (Eds.), *Disciplinarity: Functional Linguistics and Sociological Perspectives*. London & New York: Continuum, 62–84.

Maton, K. 2013a. Making semantic waves: A key to cumulative knowledge-building. *Linguistics and Education*, 24 (1): 8–22.

Maton, K. 2013b. Knowledge-building: Analysing the cumulative development of ideas. In G. Ivinson, B. Davies & J. Fitz (Eds.), *Bernstein's Sociology of Knowledge*. London & New York: Routledge, 23–38.

Maton, K. 2014. *Knowledge and Knowers: Towards a Realist Sociology of Education*. London & New York: Routledge.

Maton, K. & Chen, R. T-H. 2016. LCT in qualitative research: Creating a translation device for studying constructivist pedagogy. In K. Maton, S. Hood & S. Shay (Eds.), *Knowledge-Building: Educational Studies in Legitimation Code Theory*. London & New York: Routledge, 27–48.

Maton, K. & Doran, Y. J. 2017a. Semantic density: A translation device for revealing complexity of knowledge practices in discourse, part 1—wording. *Onomázein Special Issue SFL and LCT on Education and Knowledge*: 46–76.

Maton, K. & Doran, Y. J. 2017b. Condensation: A translation device for revealing complexity of knowledge practices in discourse, part 2—clausing and sequencing. *Onomázein Special Issue SFL and LCT on Education and Knowledge*: 77–110.

Maton, K., Hood, S. & Shay, S. (Eds.). 2016. *Knowledge-Building: Educational Studies* in *Legitimation Code Theory*. London & New York: Routledge.

Maton, K., Martin, J. R. & Doran, Y. J. (Eds.). 2021. *Teaching Science: Knowledge, Language, Pedagogy*. London & New York: Routledge.

Maton, K., Martin, J. R. & Matruglio, E. 2016. LCT and systemic functional linguistics: Enacting complementary theories for explanatory power. In K. Maton, S. Hood & S. Shay (Eds.), 2016. *Knowledge-Building: Educational Studies in Legitimation Code Theory*. London & New York: Routledge, 93–114.

Matruglio, E., Maton, K. & Martin, J. R. 2013. Time travel: The role of temporality in enabling semantic waves in secondary school teaching. *Linguistics and Education, 24* (1): 38–49.

May, S. & Hornberger, N. H. (Eds.). 2008. *Language Policy and Political Issues in Education*. Heidelberg: Springer.

McCarty, T. L. 2008. Bilingual education by and for American Indians, Alaska natives and native Hawaiians. In J. Cummins & N. H. Hornberger (Eds.), *Bilingual Education*. Heidelberg: Springer, 239–252.

McCarty, T. L. & May, S. (Eds.). 2017. *Language Policy and Political Issues in Education*. Heidelberg: Springer.

McKenzie, R. M. 2010. *The Social Psychology of English as a Global Language: Attitudes, Awareness and Identity in the Japanese Context*. Heidelberg: Springer.

Meidell Sigsgaard, A. V. 2013. *Who Knows What? The Teaching of Knowledge and Knowers in a Fifth Grade Danish As a Second Language Classroom*. Aarhus: Aarhus University.

Mejía, A. M. 2008. Enrichment bilingual education in South America. In J. Cummins & N. H. Hornberger (Eds.), *Bilingual Education*. Heidelberg: Springer, 323–332.

Mercer, S. 2011. *Towards an Understanding of Language Learner Self-Concept*. Heidelberg: Springer.

Mirhosseini, S. (Ed.). 2017. *Reflections on Qualitative Research in Language and Literacy Education*. Heidelberg: Springer.

Mohanty, A. 2008. Multilingual Education in India. In J. Cummins & N. H. Hornberger (Eds.), *Bilingual Education*. Heidelberg: Springer, 165–174.

Mohanty, A. K. & Panda, M. 2017. Language policy and education in the Indian Subcontinent. In T. L. McCarty & S. May (Eds.), *Language Policy and Political Issues in Education*. Heidelberg: Springer, 507–518.

Moore, R. 2011. Making the break: Disciplines and inter-disciplinarity. In F.

Christie & K. Maton (Eds.), *Disciplinarity: Functional Linguistics and Sociological Perspectives*. London & New York: Continuum, 87–105.

Nikolov, M. (Ed.). 2016. *Assessing Young Learners of English: Global and Local Perspectives*. Heidelberg: Springer.

Njoroge, M. C. 2008. Variations in spoken English used by teachers in Kenya: Pedagogical implications. *Working Papers in Educational Linguistics, 23* (2): 75–103.

Nortier, J. 2008. The Moroccan community in the Netherlands. In A. Creese, P. Martin & N. H. Hornberger (Eds.), *Ecology of Language*. Heidelberg: Springer, 195–206.

Obondo, M. A. 2008. Bilingual education in Africa: An overview. In J. Cummins & N. H. Hornberger (Eds.), *Bilingual Education*. Heidelberg: Springer, 151–164.

Olshtain, E. 1994. From interpersonal to classroom discourse: Developing research methods. *Working Papers in Educational Linguistics, 10* (2): 1–8.

Or, I. G. 2017. Language policy and education in the Middle East and North Africa. In T. L. McCarty & S. May (Eds.), *Language Policy and Political Issues in Education*. Heidelberg: Springer, 531–544.

Oteíza, T. 2020. Historical events and processes in the discourse of disciplinary history and classroom interaction. In J. R.Martin, K. Maton & Y. J. Doran (Eds.), *Accessing Academic Discourse: Systemic Functional Linguistics and Legitimation Code Theory*. London & New York: Routledge, 177–206.

Pahl, K. 2008. The ecology of literacy and language: Discourses, identities and practices in homes, schools and communities. In A. Creese, P. Martin & N. H. Hornberger (Eds.), *Ecology of Language*. Heidelberg: Springer, 305–316.

Painter, C. 1990. *Learning the Mother Tongue*. Geelong: Deakin University Press.

Painter, C. 1999. *Learning Language in Early Childhood*. London & New York: Cassell.

Pakir, A. 2008. Bilingual education in Singapore. In N. H. Hornberger (Eds.), *Encyclopedia of Language and Education*. Boston: Springer, 191–204.

Patrick, D. 2017. Language policy and education in Canada. In T. L. McCarty & S. May (Eds.), *Language Policy and Political Issues in Education*. Heidelberg: Springer, 401–414.

Pérez Cañado, M. L. (Ed.). 2013. *Competency-based Language Teaching in Higher Education*. Heidelberg: Springer.

Philips, S. 1972. Participant structures and communicative competence: Warm Springs children in community and classroom. In C. Cazden, V. John &

D. Hymes (Eds.), *Functions of Language in the Classroom*. New York: Teachers College Press, 370–394.

Phillipson, R. 2008. Language policy and education in the European Union. In S. May & N. H. Hornberger (Eds.), *Language Policy and Political Issues in Education*. Heidelberg: Springer, 255–266.

Pica, T. 1997. Second language teaching and research relationships: A North American view. *Language Teaching Research, 1* (1): 48–72.

Pica, T. 2008a. SLA in the instructional environment. *Working Papers in Educational Linguistics, 23* (1): 1–27.

Pica, T. 2008b. Task-based teaching and learning. In B. Spolsky & F. M. Hult (Eds.), *The Handbook of Educational Linguistics*. Oxford: Blackwell, 525–538.

Pica, T. 2010. Educating language learners for a world of change and opportunity: Policy concerns-Research responses-Practical applications. *Working Papers in Educational Linguistics, 25* (2): 1–21.

Poehner, M. E. 2008. *Dynamic Assessment: A Vygotskian Approach to Understanding and Promoting L2 Development*. Heidelberg: Springer.

Poehner, M. E. & Inbar-Lourie, O. (Eds.). 2020. *Toward a Reconceptualization of Second Language Classroom Assessment: Praxis and Researcher-teacher Partnership*. Heidelberg: Springer.

Pomerantz, A. 2008. Señora, boys just cannot speak Spanish: Negotiating masculine identities in a foreign language classroom. *Working Papers in Educational Linguistics, 23* (2): 1–23.

Poulet, C. 2016. Knowledge and knowers in tacit pedagogic contexts: Freemasonry in France. In K. Maton, S. Hood & S. Shay (Eds.), *Knowledge-Building: Educational Studies in Legitimation Code Theory*. London & New York: Routledge, 214–230.

Probyn, M. 2008. Policy, practice and power: Language ecologies of South African classrooms. In A. Creese, P. Martin & N. H. Hornberger (Eds.), *Ecology of Language*. Heidelberg: Springer, 207–224.

Rahman, T. 2008. Language policy and education in Pakistan. In S. May & N. H. Hornberger (Eds.), *Language Policy and Political Issues in Education*. Heidelberg: Springer, 383–392.

Rassool, N. 2008. Language policy and education in Britain. In T. L. McCarty & S. May (Eds.), *Language Policy and Political Issues in Education*. Heidelberg: Springer, 267–284.

Reisigl, M. & Wodak, R. 2009. The discourse-historical approach. In R. Wodak & M. Meyer (Eds.), *Methods of Critical Discourse Analysis*. 2nd ed. London: Sage, 87–121.

Ricento, T. & Wright, W. 2008. Language policy and education in the United States. In S. May & N. H. Hornberger (Eds.), *Language Policy and Political Issues in Education*. Heidelberg: Springer, 285–300.

Romero-Trillo, J. (Ed.). 2012. *Pragmatics and Prosody in English Language Teaching*. Heidelberg: Springer.

Rorty, R. M. (Ed.). 1967. *The Linguistic Turn: Essays in Philosophical Method*. Chicago: University of Chicago Press.

Rose, D. 2020a. Building a pedagogic metalanguage I: Curriculum genres. In J. R. Martin, K. Maton & Y. J. Doran (Eds.), *Accessing Academic Discourse: Systemic Functional Linguistics and Legitimation Code Theory*. London & New York: Routledge, 236–267.

Rose, D. 2020b. Building a pedagogic metalanguage II: Knowledge genres. In J. R. Martin, K. Maton & Y. J. Doran (Eds.), *Accessing Academic Discourse: Systemic Functional Linguistics and Legitimation Code Theory*. London & New York: Routledge, 268–302.

Rymes, B. 2003. Relating word to world: Indexicality during literacy events. In S. Wortham & B. Rymes (Eds.), *The Linguistic Anthropology of Education*. Connecticut: Praeger, 121–150.

Rymes, B. 2010. Classroom discourse analysis: A focus on communicative repertoires. In N. H. Hornberger & S. McKay (Eds.), *Sociolinguistics and Language Education*. Clevendon: Multilingual Matters, 528–548.

Rymes, B. 2011. Mass media and schooling/Mass mediatization of schooling. *Working Papers in Educational Linguistics*, 26 (2): 1–5.

Saville-Troike, M. 2003. *The Ethnography of Communication: An Introduction*. Oxford: Blackwell.

Saxena, M. 2008. Ideology, policy and practice in bilingual classrooms: Brunei Darussalam. In A. Creese, P. Martin & N. H. Hornberger (Eds.), *Ecology of Language*. Heidelberg: Springer, 249–262.

Schleppegrell, M. J. 2004. *The Language of Schooling: A Functional Linguistics Perspective*. Mahwah: Lawrence Erlbaum Associates.

Schleppegrell, M. J. & Colombi, M. C. (Eds.). 2002. *Developing Advanced Literacy in First and Second Languages: Meaning with Power*. Mahwah: Erlbaum.

Sercombe, P. G. 2008. Small worlds: The language ecology of the Penan in Borneo. In A. Creese, P. Martin & N. H. Hornberger (Eds.), *Ecology of Language*. Heidelberg: Springer, 183–194.

Sheen, Y. 2011. *Corrective Feedback, Individual Differences and Second Language Learning*. Heidelberg: Springer.

Shohamy, E. & Hornberger, N. H. (Eds.). 2008. *Language Testing and Assessment*. Heidelberg: Springer.

Shohamy, E., Or, I. G. & May, S. (Eds.). 2017. *Language Testing and Assessment*. 2nd ed. Heidelberg: Springer.

Shumway, D. R. & Messer-Davidow, E. 1991. Disciplinarity: An introduction. *Poetics Today*, 12 (2): 201–225.

Spolsky, B. 1974a. Linguistics and the language barrier to education. In T. A. Sebeok (Ed.), *Current Trends in Linguistics: Linguistics and Adjacent Arts and Sciences 12*. The Hague: Mouton, 2027–2038.

Spolsky, B. 1974b. The Navajo reading study: An illustration of the scope and nature of educational linguistics. In J. Quistgaard, H. Schwarz & H. Spong-Hanssen (Eds.), *Applied Linguistics: Problems and Solutions: Proceedings of the Third Congress on Applied Linguistics, Copenhagen 3*. Heidelberg: Julius Gros Verlag, 553–565.

Spolsky, B. 1978. *Educational Linguistics: An Introduction*. Rowley: Newbury.

Spolsky, B. 1980. The scope of educational linguistics. In R. B. Kaplan (Ed.), *On the Scope of Applied Linguistics*. Rowley: Newbury House, 67–73.

Spolsky, B. 1985. Linguistics: Educational. In T. Husen & T. N. Postlethwaite (Eds.), *The International Encyclopedia of Education: Research and Studies* (Vol. 10). New York: Pergamon Press, 3095–3100.

Spolsky, B. (Ed.). 1999a. *Concise Encyclopedia of Educational Linguistics*. Amsterdam & New York: Elsevier.

Spolsky, B. 1999b. General introduction: The field of educational linguistics. In B. Spolsky (Ed.), *Concise Encyclopedia of Educational Linguistics*. Amsterdam & New York: Elsevier, 1–6.

Spolsky, B. 2003. Educational linguistics. In W. J. Frawley (Ed.), *International Encyclopedia of Linguistics* (Vol. 1). Oxford: Oxford University Press, 502–505.

Spolsky, B. 2004. *Language Policy*. Cambridge: Cambridge University Press.

Spolsky, B. 2006. Family language management: Some preliminaries. In A. Stavans & I. Kupferberg (Eds.), *Studies in Language and Language Education:*

Essays in Honor of Elite Olshtain. Jerusalem: Magnes Press, 429–449.

Spolsky, B. 2007. Towards a theory of language policy. *Working Papers in Educational Linguistics, 22* (1): 1–14.

Spolsky, B. 2008a. Introduction: What is educational linguistics?. In B. Spolsky & F. M. Hult (Eds.), *The Handbook of Educational Linguistics*. Oxford: Blackwell, 1–9.

Spolsky, B. 2008b. Investigating language education policy. In K. A. King & N. H. Hornberger (Eds.), *Research Methods in Language and Education*. Heidelberg: Springer, 27–40.

Spolsky, B. 2009. *Language Management*. Cambridge: Cambridge University Press.

Spolsky, B. 2012. Family language policy—The critical domain. *Journal of Multilingual and Multicultural Development, 33* (1): 3–11.

Spolsky, B. 2014. Language management in the People's Republic of China. *Language, 90* (4): 165–179.

Spolsky, B. 2017a. Language policy in education: Practices, ideology, and management. In T. L. McCarty & S. May (Eds.), *Language Policy and Political Issues in Education*. Heidelberg: Springer, 3–16.

Spolsky, B. 2017b. Social dimensions of assessment and teaching. In E. Hinkel (Ed.), *Handbook of Research in Second Language Teaching and Learning*. New York: Routledge, 455–462.

Spolsky, B. 2017c. Investigating language education policy. In K. King, Y. Lai & S. May (Eds.), *Research Methods in Language and Education*. Cham: Springer, 39–52.

Spolsky, B. 2018a. A modified and enriched theory of language policy (and management). *Language Policy, 18*: 323–338.

Spolsky, B. 2018b. Language policy: From planning to management. In P. Chew, C. Chua, K. Taylor-Leech & C. Williams (Eds.), *Un (intended) Language Planning in a Globalising World: Multiple Levels of Players at Work*. Berlin: Mouton de Gruyter, 301–309.

Spolsky, B. & Hult, F. M. (Eds.). 2008. *The Handbook of Educational Linguistics*. Oxford: Blackwell.

Spolsky, B. & Saiegh-Haddad, E. 2013. Acquiring literacy in a diglossic context: Problems and prospects. In E. Saiegh-Haddad & H. M. Joshi (Eds.), *Handbook of Arabic Literacy: Research Insights and Prospects*. Dordrecht: Springer, 225–240.

Street, B. 2009. "Hidden" features of academic paper writing. *Working Papers in Educational Linguistics, 24* (1): 1–17.

Street, B. V. & May, S. (Eds.). 2017. *Literacies and Language Education*. Heidelberg: Springer.
Street, S. & Hornberger, N. H. (Eds.). 2008. *Literacy*. Heidelberg: Springer.
Stubbs, M. 1976. *Language, Schools and Classrooms*. London: Methuen.
Stubbs, M. 1980. *Language and Literacy: The Sociolinguistics of Reading and Writing*. London: Routledge & Kegan Paul.
Stubbs, M. 1986. *Educational Linguistics*. Oxford: Blackwell.
Stubbs, M. 1990. Language in education. In N. E. Collinge (Ed.), *An Encyclopedia of Language*. London & New York: Routledge, 551–589.
Stubbs, M. 1991. Educational language planning in England and Wales: Multicultural rhetoric and assimilationist assumptions. In F. Coulmas (Ed.), *A Language Policy for the European Community*. Berlin & New York: Mouton de Gruyter, 215–239.
Suleiman, S. 2008. The Language ecology of the Middle East: Jordan as a case study. In A. Creese, P. Martin & N. H. Hornberger (Eds.), *Ecology of Language*. Heidelberg: Springer, 125–140.
Swaffar, J. & Urlaub, P. (Eds.). 2014. *Transforming Postsecondary Foreign Language Teaching in the United States*. Heidelberg: Springer.
Tarnopolsky, O. 2000. EFL teaching and EFL teachers in the global expansion of English. *Working Papers in Educational Linguistics*, 16 (2): 25–42.
Thorne, S. L. & May, S. (Eds.). 2017. *Language, Education and Technology*. Heidelberg: Springer.
Tian, Z., Aghai, L., Sayer, P. & Schissel, J. L. (Eds.). 2020. *Envisioning TESOL Through a Translanguaging Lens*. Heidelberg: Springer.
Toohey, K. 2008. Ethnography and language education. In K. A. King & N. H. Hornberger (Eds.), *Research Methods in Language and Education*. Heidelberg & New York: Springer, 1–9.
Tosi, A. 2008. Language survival and language death in multilingual Italy. In A. Creese, P. Martin & N. H. Hornberger (Eds.), *Ecology of Language*. Heidelberg: Springer, 113–124.
Trotzke, A. & Kupisch, T. (Eds.). 2020. *Formal Linguistics and Language Education: New Empirical Perspectives*. Heidelberg: Springer.
Trusting, K. 2008. Ecologies of new literacies: Implications for education. In A. Creese, P. Martin, P. & N. H. Hornberger (Eds.), *Ecology of Language*. Heidelberg: Springer, 317–330.

Tucker, G. R. & Corson, D. (Eds.). 1997. *Second Language Education*. Dordrecht: Kluwer Academic Publishers.

Tusting, K. 2008. Ecologies of new literacies: Implications for education. In A. Creese, P. Martin, P. & N. H. Hornberger (Eds.), *Ecology of Language*. Heidelberg: Springer, 317–330.

UNESCO. 2003. Education in a multilingual world: UNESCO education position paper. From UNESCO website.

UNESCO. 2006. UNESCO guidelines on intercultural education. From UNESCO website.

UNESCO. 2007. Mother tongue matters: Local language as a key to effective learning. From UNESCO website.

UNESCO. 2009. Report by the Director-General on a strategy concerning the role of languages in achieving Education for All (EFA) in the context of sustainable development. From UNESCO website.

UNESCO. 2011. Enhancing learning of children from diverse language backgrounds: Mother tongue-based bilingual or multilingual education in the early years. From UNESCO website.

UNESCO. 2016. If you don't understand, how can you learn? Global education monitoring report policy paper. From UNESCO website.

UNESCO. 2020a. Approaches to language in education for migrants and refugees in the Asia-Pacific region. From UNESCO website.

UNESCO. 2020b. Mother tongue and early childhood care and education: Synergies and challenge. From UNESCO website.

van Deusen-Scholl, N. & May, S. (Eds.). 2017. *Second and Foreign Language Education*. Heidelberg: Springer.

van Dijk, T. 2001. Critical discourse analysis. In D. Schiffrin, D. Tannen & H. E. Hamilton (Eds.), *The Handbook of Discourse Analysis*. Oxford: Blackwell Publishers, 352–371.

van Lier, L. 1994. Educational linguistics: Field and project. In J. E. Alatis (Ed.), *Georgetown University Round Table on Languages and Linguistics 1994: Educational Linguistics, Crosscultural Communication, and Global Interdependence*. Washington D. C.: Georgetown University Press, 197–209.

van Lier, L. 2004. *The Ecology and Semiotics of Language Learning: A Sociocultural Perspective*. Heidelberg: Springer.

van Lier, L. 2008. Ecological-semiotic perspectives on educational linguistics. In

B. Spolsky & F. M. Hult (Eds.), *The Handbook of Educational Linguistics*. Oxford: Blackwell, 596–605.

van Lier, L. & Corson, D. (Eds.). 1997. *Knowledge About Language*. Dordrecht: Kluwer Academic Publishers.

van Manen. M. 2002. Introduction: The pedagogical task of teaching. *Teaching and Teacher Education, 18* (2): 135–138.

Vidal Lizama, M. 2014. *Theorizing Popular Education As a Knowledge Practice: The Case of Chile*. Sydney: University of Technology.

Vidal Lizama, M. 2017a. Introducción. *Onomázein Special Issue SFL and LCT on Education and Knowledge*: 1–11.

Vidal Lizama, M. 2017b. Knowledge in your classroom: A model of analysis for specialization codes in classroom discourse. *Onomázein Special Issue SFL and LCT on Education and Knowledge*: 149–178.

Vygotsky, L. S. 1978. *Mind in Society*. Cambridge: Harvard University Press.

Vygotsky, L. S. 1981. The instrumental psychology. In J. V. Wertsch (Ed.), *The Concept of Activity in Soviet Psychology*. Armonk: M. E. Sharpe, 134–143.

Vygotsky, L. S. 1982–1984. *Sobranie so_inenii (Complete Works)* (Vols. I-VI). Moscow: Pedagogika.

Vygotsky, L. S. 1986. *Thought and language*. Cambridge: MIT Press.

Vygotsky, L. S. 1997a. *Educational Psychology*. Florida: St. Lucie Press.

Vygotsky, L. S. 1997b. *Problems of the Theory and History of Psychology*. New York: Springer Science & Business Media.

Vygotsky, L. S. 1998. Part 2: Problems of Child (Development) Psychology. In R. W. Beiber (Ed.), *Child Psychology*. New York: Pleum Publishers, 10.

Vygotsky, L. S. & Luria, A. R. 1993. *Studies in the History of Behavior (Primates, Primitive Man, the Child)*. Moscow: Pedagogika Publishers.

Wang, G. 2015. Ethnic multilingual education in China: A critical observation. *Working Papers in Educational Linguistics, 30* (2): 35–47.

Wang, S. C. 2008. The ecology of the Chinese language in the United States. In A. Creese, P. Martin & N. H. Hornberger (Eds.), *Ecology of Language*. Heidelberg: Springer, 169–182.

Wang, X. Y. 2019. Analyzing co-teacher turns as interactional resources. *Working Papers in Educational Linguistics,* (34): 83–101.

Weideman, A. 2017. *Responsible Design in Applied Linguistics: Theory and Practice*. Heidelberg: Springer.

Wells, G. 2004. *Dialogic Inquiry: Toward a Sociocultural Practice and Theory of Education*. Cambridge: Cambridge University Press.

Wells, G. 2009. *The Meaning Makers Learning to Talk and Talking to Learn*. Bristol: Multilingual Matters.

Wertsch, J. V. 2007. Mediation. In H. Daniels, M. Cole & J. Wertsch (Eds.), *The Cambridge Companion to Vygotsky*. Cambridge: University of Cambridge Press, 178–192.

Whong, M., Gil, K. H. & Marsden, H. (Eds.). 2013. *Universal Grammar and the Second Language Classroom*. Heidelberg: Springer.

Widdowson, H. G. 1984. *Explorations in Applied Linguistics 2*. Oxford: Oxford University Press.

Winberg, C., McKenna, S. & Wilmot, K. (Eds.). 2020. *Building Knowledge in Higher Education: Enhancing teaching and learning with Legitimation Code Theory*. London & New York: Routledge.

Winke, P. & Gass, S. M. (Eds.). 2019. *Foreign Language Proficiency in Higher Education*. Heidelberg: Springer.

Wodak, R. & Corson, D. (Eds.). 1997. *Language Policy and Political Issues in Education*. Dordrecht: Kluwer Academic Publishers.

Wolfson, N. 1990. Intercultural communication and the analysis of conversion. *Working Papers in Educational Linguistics, 6* (2): 1–19.

Wortham, S. 2001a. Language ideology and educational research. *Linguistics and Education*, 12 (2), 253–259.

Wortham, S. 2001b. Ventriloquating Shakespeare: Ethical positioning in classroom literature discussions. *Working Papers in Educational Linguistics, 17* (1–2): 47–64.

Wortham, S. 2003. Introduction. In S. Wortham & B. Rymes (Eds.), *Linguistic Anthropology of Education*. Connecticut: Praeger, 1–30.

Wortham, S., Kim, D. & May, S. (Eds.). 2017. *Discourse and Education*. Heidelberg: Springer.

Wright, W. E. & Ricento, T. 2017. Language policy and education in the USA. In T. L. McCarty, & S. May (Eds.), *Language Policy and Political Issues in Education*. Heidelberg: Springer, 383–400.

Yazan, B. & Rudolph, N. (Eds.). 2018. *Criticality, Teacher Identity, and (In)equity in English Language Teaching*. Heidelberg: Springer.

Yu, L. M. 2008. English–Chinese bilingual education in China. In J. Cummins & N.

H. Hornberger (Eds.), *Bilingual Education*. Heidelberg: Springer, 175–190.

Zhang, D. H. 2004. Home language maintenance among second generation Chinese American children. *Working Papers in Educational Linguistics, 19* (2): 33–53.

Zhou, M. L. 2017. Language policy and education in greater China. In T. L. McCarty & S. May (Eds.), *Language Policy and Political Issues in Education*. Heidelberg: Springer, 463–476.

术 语 表

白话	vernacular
编码倾向	coding orientation
变体	variety
标准语言	standard language
表达实体	expression-substance
参与者观察	participant observation
参与者	participant
超语言使用	translanguaging
沉浸式	immersion
等级知识结构	hierarchical knowledge structure
读写(能力)	literacy
多言	multidialectal
多语	multilingual
多语主义	multilingualism
二元语言教育	dual-language education
发话者	addresser
方法论	methodology
方言	dialect
访谈	interview
分类	classification
分类报告	classificatory report
符号的	semiotic
符号学	semiotics
概念元功能	ideational metafunction
高级心理功能	higher mental function
个体间	inter-organism
个体内	intra-organism
个体语义发生	ontogenesis
瓜拉尼语	Guarani
官方语言	official language

行动研究	action research
合法化机制	legitimation device
合法化语码理论	legitimation code theory
横向话语	horizontal discourse
横向知识结构	horizontal knowledge structure
宏观语类	macrogenre
话语	discourse
话语场域	field of discourse
话语方式	mode of discourse
活动理论	activity theory
机构语言学	institutional linguistics
基调	key
记事	recount
架构	framing
建构主义	constructivism
交叉学科性	inter-disciplinarity
交际干预	communicative interference
交际民族志	ethnography of communication
交际能力	communicative competence
交际事件	communicative event
教育话语	pedagogic discourse
教育机制	pedagogic device
教育社会学	sociology of education
教育心理学	educational psychology
教育语言学	educational linguistics
教育中的语言	language in education
结构	structure
结构报告	compositional report
结构二重性	double articulation
结果解释	consequential explanation
解释学	hermeneutics
紧密性	density
进步主义	progressivism
精密语码	elaborate code
精英语码	elite code

局限语码	restricted code
克里奥语	creole
克丘亚语	Quechua
理论语言学	theoretical linguistics
历史记事	historical recount
立论文	exposition
毛利语	Maori
媒介	medium
描述报告	descriptive report
民族语言	national language
民族志	ethnography
母语	mother tongue
内容话语	instructional discourse
内容实体	content-substance
内容形式	content-form
内在化	internalization
皮钦语	pidgin
评价理论	appraisal theory
去语境化	decontextualize
人际元功能	interpersonal metafunction
人物传	biographical recount
认知关系	epistemic relation
认知–教育机制	epistemic-pedagogic device
少数族裔语言	ethnic minority language
社会关系	social relation
社会化	socialization
社会语言学	sociolinguistics
社会语言学干预	sociolinguistic interference
生成语义学	generative semantics
时间性	temporality
示能性	affordance
适用语言学	appliable linguistics
受话者	addressee
双言	diglossia
双语	bilingual

双语读写（能力）	biliteracy
双语读写连续体	continua of biliteracy
顺序解释	sequential explanation
讨论文	discussion
调控话语	regulative discourse
通用语	lingua franca
通用语	lingua franca
土著语言	indigenous language
拓扑	topology
微观语类	microgenre
文化化	enculturation
系	system
系统(语义)发生	phylogenesis
系统功能语言学	systemic functional linguistics
显性中介	explicit mediation
相对主义语码	relativist code
心理语言学	psycholinguistics
新闻故事	news story
形成性	emergence
叙事	narrative
学科	discipline
学科性	disciplinarity
言语	utterance
言语社区	speech community
轶事	anecdote
意义潜势	meaning potential
因素解释	factorial explanation
隐性中介	implicit mediation
印地语	Hindi
应用语言学	applied linguistics
语法学	grammatics
语法隐喻	grammatical metaphor
语境	context
语境化	contextualize
语境重构	recontextualization

语类	genre
语码	code
语码转换	code switch
语篇	text
语篇语义	discourse semantics
语篇语义发生	logogenesis
语篇元功能	textual metafunction
语言保持	language maintenance
语言濒危	language endangerment
语言帝国主义	linguistic imperialism
语言多样性	language diversity
语言复兴	language revitalization
语言管理	language management
语言规划	language planning
语言接触	language contact
语言进化	language evolution
语言景观	language landscape
语义具象	semantic iconization
语言民族志	ethnography of language
语言能力	language competence
语言能力库	linguistic repertoire
语义浓缩	semantic condensation
语言迁移	language shift
语言情景	language situation
语言人类学	linguistic anthropology
语言生态	ecology of language
语言态度	language attitude
语言习得	language acquisition
语言信念	language belief
语言运用	language performance
语言政策	language policy
语言主义	linguicism
语义变异	semantic variation
语义波	semantic wave
语义发生	semogenesis

语义密度	semantic density
语义学	semantics
语义重力	semantic gravity
语域	register
语旨	tenor of discourse
寓言	exemplum
原始语言	proto-language
知多者	more knowledgeable one
知少者	less knowledgeable one
知识结构	knowledge structure
知识语码	knowledge code
知者结构	knower structure
知者语码	knower code
重构	reconstruction
专业性	specialization
转换工具	translation device
自传	autobiographical recount
自由变异	free variation
自主性	autonomy
纵向话语	vertical discourse
最近发展区	zone of proximal development
中介语	interlanguage